DE JONGE HELDEN VAN DE SOVJET-UNIE

EEN CONFRONTATIE MET HET VERLEDEN

ALEX HALBERSTADT

De jonge helden van de Sovjet-Unie

Een confrontatie met het verleden

Vertaald door Leen Van Den Broucke en Gretske de Haan

UITGEVERIJ PLUIM
AMSTERDAM/ANTWERPEN

De jonge helden van de Sovjet-Unie is waargebeurd.
Sommige namen en herkenbare details zijn veranderd.

Noordelijke elegieën van Anna Achmatova is opgenomen
met de toestemming van Margarita Novgorodova,
waarvoor mijn hartelijke dank.
De Nederlandse vertaling is van Kees Verheul
en is verschenen in *Tirade* 251, jaargang 23, december 1979.

Eerste druk, november 2020

Oorspronkelijke titel *Young Heroes of the Soviet Union. A Memoir and A Reckoning*
Oorspronkelijke uitgever Vintage Publishing
Omslagontwerp Loudmouth
Typografie binnenwerk Michiel Niesen, Haarlem
Productiebegeleiding Tim Beijer
Drukkerij Wilco, Amersfoort

ISBN 978 90 830 7351 4
NUR 302

www.uitgeverijpluim.nl

Voor mijn grootouders

Jullie die je de overgang
uit de andere wereld niet herinneren
ik zeg jullie ik kon weer spreken: wat er ook
terugkeert uit vergetelheid keert terug
om stem te vinden.

Louise Glück, 'De wilde iris'
Vertaling Erik Menkveld

INHOUD

STAMBOMEN

VAN VADERSKANT

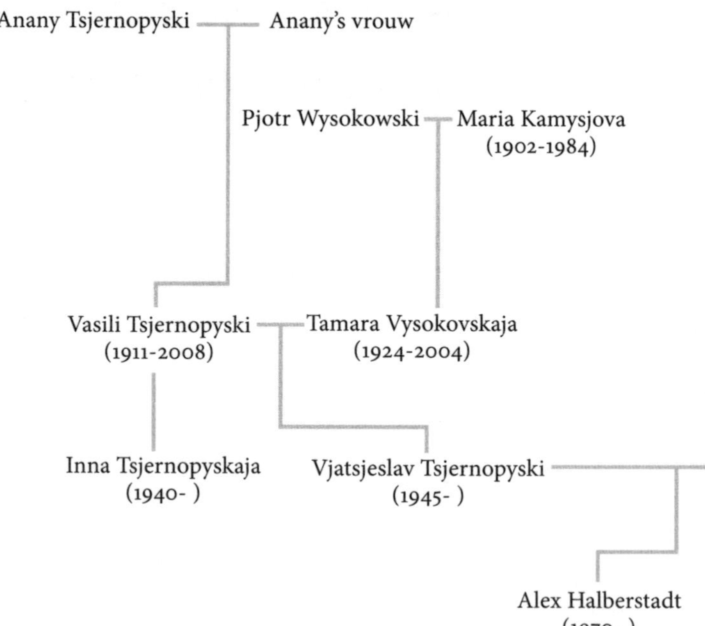

VAN MOEDERSKANT

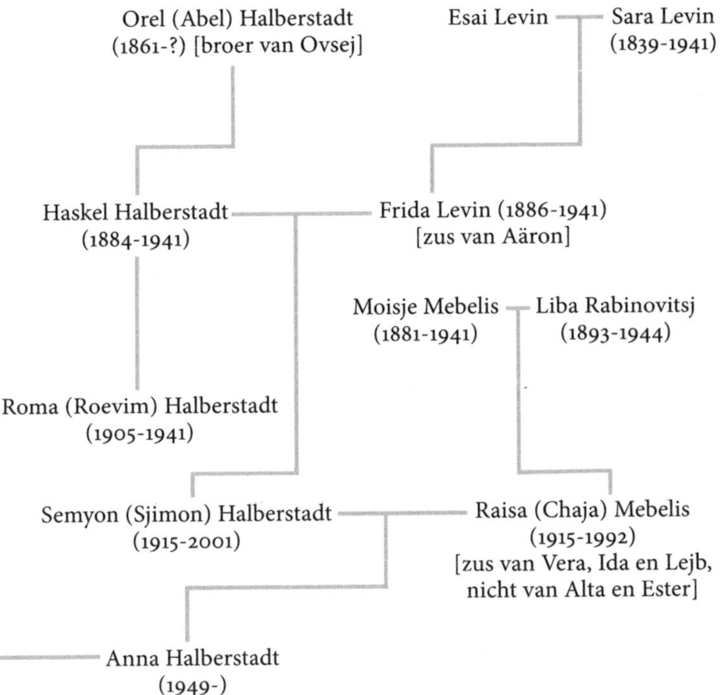

PROLOOG
DE VERGETENEN

Wanneer we ons verward of verloren voelen, kunnen verhalen betekenis geven aan onze ontregeling. Zo'n verhaal kwam ik niet lang geleden tegen in een wetenschappelijk tijdschrift. Het was alsof het op mij lag te wachten. Er stond in dat een onderzoeksteam aan Emory University in Atlanta bij muizenjongen een kersenbloesemgeurtje de kooi in had geblazen en tegelijk hun pootjes een elektrische schok had toegediend. Op den duur leerden de muizen de geur van kersenbloesem met pijn te associëren en beefden ze van angst wanneer ze die roken. De verrassing kwam echter nadat ze zelf jongen hadden gekregen. De muizen van de tweede generatie begonnen ook te trillen wanneer ze werden blootgesteld aan de geur, al hadden zij nooit een schok gekregen. Ook lichamelijk waren ze veranderd. Ze waren geboren met meer geurwaarnemende neuronen in hun neus, en de hersenstructuren die de signalen van die neuronen ontvangen, waren groter geworden.

De wetenschappers stonden perplex van dit resultaat en waren bang dat het een onregelmatigheid was. Dus zorgden ze ervoor dat de volgende generatie muizen geen contact had met de ouders: de kleinkinderen werden in vitro bevrucht in een lab aan de andere kant van de campus. Maar ook deze muizen beefden bij het ruiken van de kersenbloesemgeur en vertoonden identieke wijzigingen in hun hersenen. Het experiment toonde aan dat het trauma van de eerste generatie in de fysiologie van de kinderen en kleinkinderen was doorgegeven, zelfs zonder enig contact. Hoe of waarom konden de onderzoekers niet verklaren.

Na publicatie van deze resultaten in 2013 werd in onderzoek op mensen bevestigd dat de wetenschappers van Emory iets op het spoor waren: de omgeving bepaalt welke merktekens er aan genen worden gehangen. Uit een studie van het Mount Sinai Hospital in New York bleek dat de kinderen van Holocaustoverlevenden veranderingen aan hun genen vertoonden die bepaalden hoe ze op stress reageerden, veranderingen die identiek waren aan die van hun ouders. Uit een ander onderzoek bleek dat zwangere vrouwen die tijdens de aanslagen van 11 september 2001 in de buurt van het World Trade Center waren geweest, kinderen kregen met soortgelijke veranderingen aan hun genen. De kinderen in die onderzoeken hadden een vatbaarheid voor een posttraumatische stressstoornis waarvoor hun eigen leven geen verklaring bood, de neiging om zich, in de woorden van een van de onderzoekers, 'onveilig te voelen in een veilige omgeving'. De theorieën die deze bevindingen proberen te verklaren, situeren zich voornamelijk binnen het relatief nieuwe vakgebied van de epigenetica: het onderzoek naar veranderingen in de genexpressie, niet in de genetische code zelf. Weliswaar zijn veel aspecten daarvan nog steeds slecht begrepen en controversieel.

Ik las voor het eerst over dat onderzoek in een behoorlijk onrustige tijd van mijn leven, toen ik mijn eigen familiegeschiedenis bij elkaar probeerde te puzzelen. Het sloot aan bij iets wat ik zelf was gaan geloven en waar ik graag in wilde geloven, omdat ik het zo sterk voelde: dat het verleden niet alleen in onze herinnering voortleeft, maar in iedere cel van ons lichaam. Dat was absoluut een deterministische gedachte, maar ze verklaarde wel bepaalde terugkerende, raadselachtige ervaringen die de laatste drie generaties van mijn familie gemeen hadden: verbroken relaties, voorgevoelens van rampspoed, klinische depressies en angststoornissen, chronische slaapproblemen, de neiging dingen geheim te houden, een permanent gevoel van dreiging.

Om een of andere reden bleef ik maar aan dat onderzoek op muizen aan Emory denken. Uiteindelijk besefte ik dat het niet alleen de opzienbarende resultaten waren die me fascineerden, maar ook hun kracht als metafoor. Zouden wij niet ook gaan beven onder invloed van prikkels die we ons niet konden herinneren en die we niet konden thuisbrengen, maar die hun oorsprong hadden in de decennia voor onze geboorte? Het was een verontrustende gedachte dat het verleden in ons voortleeft zonder onze toestemming of ons medeweten. Maar als dat zo was, dan zouden die prikkels met wat tijd en moeite benoemd en eindelijk ook erkend kunnen worden.

Er kwamen altijd blaffende honden in mijn dromen voor, zei mijn moeder. Of althans, in de enge dromen. Die begonnen in het jaar waarin ik negen werd, op de nomadische trek van Moskou naar New York die mijn moeder, haar ouders en ik ondernamen. Ik kreeg ze in goedkope hotelkamers in Oostenrijk, Italië en Manhattan, en later in een lange reeks flats in de ruigere buurten van Queens.

De meeste van mijn dromen waren niet heel memorabel, maar er was er één die steeds terugkeerde en anders was dan de rest. Hij speelde zich af in Stepanovskoje, een dorp in de buurt van Moskou waar we 's zomers het voorhuis van een blauw betimmerd pand met groene luiken huurden. In de droom is het schemerig, ik sta bij het hekje in de schutting voor het huis en wil heel graag naar binnen. Mijn ouders zitten daar en ik ruik de houtkachel van mijn overgrootmoeder. Maar de buldog van de huisbazin is van de ketting en staat aan de andere kant van het hek te blaffen, en mijn keel wordt dichtgeknepen van angst. Ik weet niet wat ik moet doen, maar het wordt al donker en ik moet naar huis, dus uiteindelijk gooi ik het hek open en vlieg naar de deur, en de buldog stort zich op mij, ik hoor hem grommen vlak achter mijn schouder. Daarna word ik wakker, mijn hart gaat tekeer, mijn kussen is nat van het zweet. Meteen vallen de droombeelden tot stof uiteen, terwijl ik er nog naar probeer te grijpen. Vroeger sloop ik weleens naar de keuken terwijl mijn moeder nog sliep om een mes uit de la te halen, dat ik onder mijn kussen bewaarde tot de volgende morgen, terwijl ik onrustig in bed naar het kille licht lag te kijken dat door de gordijnen scheen. De droom is nooit weggegaan, ook na al die jaren niet.

Een paar maanden nadat ik die nachtmerrie voor het eerst kreeg, kwam ik met mijn familie aan op John F. Kennedy International Airport in New York. Meteen, en nog jaren daarna, voelde New York als mijn thuis, meer dan de andere steden waar ik had gewoond. De rest van Noord-Amerika was een abstractie voor mij. Vanaf de eerste dag was ik weg van nagenoeg alles in mijn nieuwe stad, waar de schaduw van de geschiedenis vooruitwees in plaats van naar het verleden. In Moskou liep de metro onder de straten door en konden de stations ook als schuilkelders worden gebruikt; in New York reed de metro deels hoog boven de trottoirs over een staketsel, langs billboards, neonlichten en postmoderne frontons. Ook alle wonderbaarlijke cadeautjes van de stad vond ik prachtig: het tweekamerappartement op de begane grond in Ravenswood, de sociale-woningbouwwijk in Long Island City waar we met zijn vieren woonden, de boekjes met voedselbonnen in frisse kleuren die met de post kwamen en de diepvriesmaaltijden van Swanson's Hungry-Man die Semyon, mijn grootvader van moederskant, en ik bijna elke avond met elkaar deelden, vol ontzag voor hun blinkende folie en volmaakte geometrische vormen.

In die tijd wilde ik niets te maken hebben met mijn Sovjetverleden, en daar behoorde mijn vader ook toe. Tijdens onze eerste vijf jaar in New York heb ik hem misschien tien keer aan de lijn gehad, en alleen maar omdat mijn moeder me de hoorn in de hand duwde en me fronsend aankeek. Op school vertelde ik aan iedereen dat hij gestorven was, eerst aan kanker en later in de Afghaans-Russische oorlog. Kon dat kwaad? Voordat we in Moskou aan boord gingen van de Toepolev TU-154 naar het Westen, hadden we ons Sovjetburgerschap en -paspoort opgegeven en daarmee de mogelijkheid om ooit nog terug te keren. Mijn vader had ervoor gekozen om achter te blijven en ik wist dat ik hem nooit meer zou zien. De Sovjet-Unie bestond al bijna zeventig jaar en voor zover ik het in 1985 kon overzien, zou ze het nog wel zeventig jaar volhouden.

De naam die ik uit de Sovjet-Unie meekreeg, was die van mijn vader, Aleksandr Vjatsjeslavovitsj Tsjernopyski, en was een drama in zowel mijn oude taal als de nieuwe. In hoofsere tijden had je onze achternaam kunnen vertalen als 'degene met de duistere lendenen'. Mijn klasgenoten in de onderbouw kortten hem af tot 'Piski', 'Pis erop' of gewoon 'Pis' en soms, in die nadagen van de Koude Oorlog, noemden ze me 'Big Red', naar het merk kauwgom, mijn uitdijende buik en de 'rooien'.

Daarom zat ik op mijn vijftiende in een overheidskantoortje met een metalen bureau, metalen stoelen en een ingelijst portret van Ronald Reagan. Mijn moeder zat naast me. Van de vrouw die achter het bureau zat, weet ik alleen nog dat ze knap was en zwart, een jasje droeg en lippenstift op had in de kleur Wild Raspberry. Ze was leidinggevende bij de Immigratie- en Naturalisatiedienst en ze deelde mee, kaarsrecht in haar stoel onder de president met zijn stralend witte smile, dat ik per direct toestemming van de overheid had om de naam van mijn moeder aan te nemen.

Mijn moeder keek me aan en ik knikte. De leidinggevende schreef iets op een formulier en schoof het ons toe, mijn moeder ondertekende het met een ballpoint en dat was dat. De buitenlandse vadersnaam en de achternaam waarover mijn mannelijke familieleden hun schouders ophaalden en grapjes maakten – en al die Slavische lettergrepen – was ik kwijt. Ik was de eerste Tsjernopyski die dat niet meer hoefde te zijn.

Mijn naam was een van de vele dingen die ik had meegenomen maar waar ik me nu van wilde ontdoen. Ik begon in te zien dat het project van internaliseren van een nieuwe cultuur voor immigranten een noodzakelijke keerzijde had: het elimineren van de oude. In twee culturen tegelijk leven was desoriënterend en vreemd onaangenaam, alsof je naar een radio luistert die tussen twee zenders blijft hangen. Als tiener vond ik het bovendien prima om Rusland en het Russisch te vergeten, omdat ik geloofde dat hun afwezigheid ruimte in mijn hoofd zou scheppen voor onze nieuwe taal en manieren.

Het vergeten werd vergemakkelijkt door de minachting

van mijn moeder voor mijn geboorteland. Wat had het land ooit voor haar gedaan, mocht ze graag zeggen, behalve haar jeugd afpakken? Ze was opgegroeid in Sovjet-Litouwen, een land waar ze bijna net zo'n hekel aan had als aan Rusland en dat alleen door haar jeugdsentiment nog enigszins kon worden gered. Moskou stond net zo ver van haar af als New York en betekende weinig voor haar, behalve dan staatssteun voor discriminatie tegen Joden, tekorten aan levensmiddelen, abominabele architectuur, maandenlang ijzel en sneeuw en een overdaad aan synthetische kleren. Over mijn vader, van wie ze gescheiden was na zeven allengs ongelukkiger jaren, was haar oordeel nog minder barmhartig. Ook haar ouders hadden hem niet hoog zitten.

Semyon en Raisa, die als zestigers naar New York waren gekomen na een comfortabele middelbare leeftijd in Vilnius, keken met verbijstering naar hun nieuwe omgeving, maar geen van beiden deden ze aan terugblikken. Als ik ze naar hun jeugd vroeg – ik wist al het een en ander over de oorlog en de vele familieleden die ze allebei hadden overleefd – zeiden mijn grootouders niet veel. Ze geloofden dat het verleden het heden kon aantasten en zagen mij als een product van de vredestijd, dat wil zeggen zo lief en onschuldig als een lammetje. Als ik bleef aandringen, werden zij juist stil en somber. 'Dat zijn afschuwelijke herinneringen,' zei Raisa met een bijna religieuze overtuiging op zulke ongemakkelijke momenten. 'Je kunt maar beter optimistisch zijn.'

Zelf probeerde ik vooral mijn vader te vergeten, want als ik aan hem dacht, herinnerde ik me ook zijn vrijwillige afwezigheid in ons leven. Tot zo'n anderhalf jaar na onze komst naar New York belde hij af en toe, en één keer stuurde hij een pakketje met een brief voor mij en een aantal boeken, waaronder een Russischtalige biografie van Peter de Grote, die ik verslond. Daarna namen zijn telefoontjes af tot een of twee per jaar. Hem zelf bellen was gewoon te duur, had mijn moeder besloten.

Meestal communiceerden mijn vader en ik alleen met elkaar in mijn fantasie. Mijn favoriete herinnering was hoe hij me leerde zwemmen in de zomer waarin ik zeven werd. Het was in een van de groene vijvers in Stepanovskoje. Mijn vader waadde tot zijn middel het water in en legde me op het wateroppervlak met één hand onder mijn borst en de andere onder mijn buik. 'Schoppen,' instrueerde hij, en hij draaide me in het rond terwijl ik water in zijn gezicht trapte. De eerste keer toen hij zijn handen onder me vandaan haalde, kreeg ik een mondvol water binnen en zonk als een baksteen naar de modderige bodem. Pas na een paar keer oefenen kon ik zonder hem blijven drijven, door zo snel als ik kon met mijn armen en benen te molenwieken. 'In beweging blijven!' schreeuwde hij boven mijn geplons uit.

Meestal probeerde ik helemaal niet aan hem te denken, tot ik begon te vergeten hoe zijn stem klonk en daar onverwachts van schrok. Ik moet toen een jaar of twaalf, dertien zijn geweest. Vandaar dat ik in bed met het licht uit probeerde of ik dat 'In beweging blijven!' van hem kon horen. Na een tijdje dacht ik dan dat ik het vaag hoorde, als de zee in een schelp, en iedere keer bood het troost.

Ik zat pas op de universiteit toen mijn moeder belde om te zeggen dat mijn vader een hartaanval had gehad en al bijna twee maanden op de intensive care lag. Geconfronteerd met de sterfelijkheid van mijn vader besloot ik hem beter te leren kennen, en dus belde ik hem op, met een telefoonkaart, eerst de landcode en daarna zijn zevencijferige telefoonnummer. Dat deed ik daarna om de twee of drie maanden. Hij was best aardig aan de telefoon en had een zekere droge humor. Wanneer ik naar zijn nieuwe gezin vroeg of over het verleden begon, klapte hij weleens dicht, maar meestal was zijn stem krachteloos en viel het praten hem zwaar. Soms klonk hij meer dood dan levend. Hij had het graag over oude films, vaak dezelfde als de keer ervoor. Na een kwartier, twintig minuten begon hij afgeleid te raken en ten slotte zei hij dat hij moest ophangen.

Ik begreep niet waarom mijn vader het vaderschap afwees. Van mijn moeder hoorde ik dat hij sinds ik een paar maanden oud was geen contact meer had met Vasili, zijn eigen vader. Over mijn grootvader werd door iedereen in de familie niet meer dan terloops gesproken, alsof zijn bestaan een publiek geheim was. Vasili had mij maar één keer gezien, toen ik drie maanden oud was. Volgens mijn moeder was dat op een herfstige middag in Moskou, waarop hij me in bad had gedaan en mijn haar had gekamd. Van die ene keer herinner ik me natuurlijk niets. Uit de snippers informatie die ik bij elkaar had gepuzzeld, wist ik dat hij officier was geweest bij de organisatie die later de KGB zou heten, en meer dan tien jaar als de persoonlijke lijfwacht van Jozef Stalin had gewerkt. Dat hoorde ik als tiener, en daarmee was Vasili voor mij het morele equivalent van een Gestapo-officier. Dat ik hem niet kende, leek met andere woorden geen groot gemis. Hij was voor de revolutie geboren, wist mijn moeder, en allebei namen we aan dat hij nog voor de val van de Sovjet-Unie moest zijn overleden.

Toen ik begin dertig was, leek mijn transformatie compleet. Ik was schrijver geworden, had tientallen artikelen gepubliceerd in mijn nieuwe taal en was bezig met een boek. Ik woonde in een appartement in Brooklyn met mijn vriend, met wie ik sinds mijn studietijd samen was, de kleinzoon van een lutherse dominee wiens ouders elkaar kenden van de middelbare school in Grand Forks, North Dakota. Ik deed hard mijn best om te vergeten. Aan vrienden die naar mijn jeugd vroegen, kon ik nauwelijks uitleggen hoe het was geweest om op te groeien in Rusland of waarom ik een relatief jonge vader had met wie ik nauwelijks contact had, een grootvader die ik nooit had gekend en een moedertaal die ik met het jaar slechter sprak.

Natuurlijk lukte dat vergeten niet echt. In die periode werden de terugkerende nachtmerries die ik sinds mijn kindertijd had steeds hardnekkiger en verontrustender, als onwelkome bezoekers die de onbeheerde uithoeken van mijn geest bezetten. Na die dromen vroeg ik me af, lang voordat ik had gelezen over de muizen aan Emory, of angst genetisch kon worden doorgegeven. De angst begon namelijk ook door te dringen tot mijn leven overdag: ik kreeg obsessies, eerst voor vreemde voetstappen op de gang, daarna voor geluiden van de buren achter de slaapkamermuur, en ten slotte voor de buren zelf. Het was een onbekende angst, die ik niet aan een dreiging in mijn omgeving kon koppelen, waardoor ik er niet tegenop kon en haar niet kon wegredeneren. Soms leek de angst wel van buiten mezelf te komen, alsof ik bezeten was door een middeleeuwse demon.

Toen, op een zomerochtend in 2004, begon mijn vader tijdens een van onze net-nietdriemaandelijkse telefoongesprekken over een verre achterneef die ergens in Oekraïne woonde. Hij kende de man nauwelijks, maar een paar weken eerder had hij onverwachts gebeld en per se willen weten waarom mijn vader Vasili nooit opzocht. Vasili was met zijn drieënnegentig nog goed bij, had de neef berispend gezegd, en 'hij mist je'. Het verbaasde me dat mijn grootvader nog leefde, en kennelijk nog steeds in het huis woonde waar mijn vader was opgegroeid, in Vinnytsia (in de Sovjettijd Vinnitsa, in het Russisch), een grauwe industriestad in het midden van Oekraïne. De laatste correspondentie tussen mijn vader en Vasili dateerde van zesentwintig jaar eerder. Ze hadden elkaar vijfendertig jaar niet gezien. Ik flapte eruit dat ik Vasili wel wilde ontmoeten. Mijn vader klonk bijna even verbaasd als ik en zei: 'Dan moet je hem maar opzoeken.'

Nadat ik had opgehangen, zette ik op een rijtje wat ik eigenlijk over Vasili wist. Dat was niet veel. Ik was negen toen Raisa, mijn oma van moederskant, op een avond tegen haar gewoonte in dronken was na anderhalf glas Asti spumante en vertelde dat hij bij de geheime politie had gewerkt en 'onbeschrijfelijke dingen' had gedaan. Raisa was voorzichtig van aard en stond zich deze indiscretie pas toe nadat we de Sovjet-Unie uit waren. Het was in de winter van 1980, en we woonden op vijfentwintig minuten met de trein van Rome in een winderig kustplaatsje dat Lido di Ostia heette, waar de vluchtheuvels vol onvolgroeide palmboompjes stonden en de stranden bezaaid waren met afval en mosselschelpen. Het was een belangrijke uitvalsbasis van de Rode Brigades en voor ons vieren en nog duizenden andere Sovjetvluchtelingen een tussenstop op weg naar New York. Niemand aan tafel zei iets in antwoord op Raisa's ontboezeming. Dat was normaal. Zodra de naam Vasili viel, verkilde de sfeer. Afhankelijk van wie er aan het woord was, werd hij beschreven als een fanatieke communist, een emotionele nul, een imbeciel, een nalatige vader en echtgenoot, een heer met onberispelijke manieren, een dandy, een tiran. Mijn vader sprak nog het minst over hem. Het weinige dat hij zei, was gekleurd door een verbittering die aan haat grensde.

Het enige tastbare bewijs dat ik van het bestaan van mijn grootvader van vaderskant had, was een zwart-witfoto, ingeplakt in een album dat mijn moeder had meegenomen uit Moskou. Op de foto zit Vasili op een helling in het gras naast zijn tweede vrouw, mijn grootmoeder Tamara. Een goedgebouwde, fitte man, zwierig gekleed in een broek met hoge taille, een overhemd met korte mouwen en een panamahoed, die in de lens kijkt met een dubbelzinnige, besmuikte glimlach. Het is een knap stel, maar de foto geeft weinig aanwijzingen over wie de man was of wat er door zijn hoofd ging. Achterop stond met een pen in een kriebelig handschrift geschreven: 'Vasili en Tamara, Vinnitsa, 9 september 1953'.

Ik wist niet zo goed wat ik van hem wilde. Hij was een vreemde voor me, een negentiger met mogelijk twijfelachtige geestelijke vermogens, hij was legerofficier en agent van de geheime politie geweest en door mijn vader ooit een harteloze schurk genoemd. Natuurlijk wilde ik hem wel eens ontmoeten, maar dat was niet het enige. Vasili's bestaan was een spoor dat me naar een verleden kon leiden dat ik niet kon doorgronden of verklaren, maar waarvan ik wist dat het in mij voortleefde. Kon dit verleden misschien de stiltes van mijn grootouders, het ongelukkige huwelijk van mijn ouders en mijn eigen nachtmerries en angsten verklaren? Kon het zijn dat het verleden helemaal niet achter ons ligt, maar parallel aan ons huidige leven blijft bestaan, als een spookbeeld dat ermee overlapt? Vandaar dat ik ondanks gerede twijfel een paar dagen na het internationale gesprek met mijn vader besloot om naar mijn grootvader op zoek te gaan. Ik was vooral bang dat hij zou sterven en alles wat hij wist in het graf mee zou nemen. Ik wist niet goed wat ik zou doen als ik hem vond, maar begon alvast de reis te plannen, later zou ik er misschien het lef niet meer voor hebben.

De volgende dag pakte ik de telefoon, belde inlichtingen en verzocht om verbonden te worden met een telefooncentrale in Oekraïne. Na wel tien lange, lage tonen klonk aan de andere kant een vrouwenstem die in rap Russisch naar het adres vroeg. Dat had ik niet; mijn vader had gezegd dat hij het niet meer wist. Vinnytsia was een stad met een half miljoen inwoners, zei de telefoniste. Wat had ik eigenlijk verwacht? Ze hing op. Ik belde terug, werd weer naar het adres gevraagd, er werd opgehangen, ik belde nog eens. De derde telefoniste was bereid op naam te zoeken. Ze kwam bijna meteen weer aan de lijn. 'Er is maar één Tsjernopyski in Vinnytsia,' zei ze, en ze dicteerde het nummer. Ik staarde naar het papiertje waarop ik het geschreven had. Dit was al te makkelijk.

Ik belde. Na twee keer overgaan antwoordde een oudemannenstem. Was het Vasili Tsjernopyski? Hij was het. We konden elkaar nauwelijks verstaan door de ruis op de lijn. 'Wie is dit?' bleef hij roepen. Ik schreeuwde terug dat ik de zoon van zijn zoon Slava was, dat hij me in de herfst van 1970 had gezien toen ik een baby was en dat ik naar Oekraïne wilde komen om hem te ontmoeten. Ik hoorde zijn ademhaling in de hoorn. Hij klonk verward. 'Ik heb geen kleinzoon,' zei hij uiteindelijk.

Ik luisterde naar het gekraak dat minutenlang leek te duren en begon al te denken dat hij had opgehangen toen er een vrouwenstem aan de lijn kwam. 'Dit is Sonja, zijn vrouw,' zei de stem. 'We hebben een foto van jou. Als je langskomt, weet hij het vast weer.'

1. DE LIJFWACHT

Het vliegtuig helde naar links en begon aan de afdaling. Door een scheur in het wolkendek flitste een diorama in beeld: lage hutjes in plasjes frisgroen gras, een vijver, een sluis en een stuk of wat leegstaande fabrieksgebouwen die dromerig in het weiland stonden. Toen kwam er een mistbank aanrollen van ergens daar beneden. De luchthaven van Sjeremetjevo, een labyrint van linoleum, zwakjes verlicht door tl-lampen, werd bewaakt door soldaten die hun tienerjaren nauwelijks ontgroeid waren en lusteloos tegen de muur aan hingen met hun automatische geweer losjes over hun schouder. Ik wachtte mijn beurt af naast een christelijk gezelschap uit Michigan, een zestal gezinnen met smetteloos witte gymschoenen die gezellig grapjes maakten onder elkaar, alsof ze thuis stonden te wachten tot de rij bij het loket voor een nieuw rijbewijs weer in beweging zou komen. Op dat moment stelde hun Amerikaanse gevoel van onaantastbaarheid me gerust.

Ik wist dat wel meer naar het moederland terugkerende Sovjetemigranten last van zenuwen hadden: de vrees dat de poortjes niet meer open zouden gaan wanneer het tijd was om weer te vertrekken. Op de vertrouwd ondoorgrondelijke gezichten van het douanepersoneel, gezichten die ambtshalve gesloten bleven, las ik dat de vrijheden die ik de ochtend daarvoor nog voor lief had genomen, nu naar willekeur konden worden toegekend of ingetrokken, door deze mannen en door mannen in andere uniformen. In mijn Levi's en windjack ging ik op in de groep, maar ik was een terugkerende vluchteling, een categorie reiziger die door douanebeambten met wantrouwen en mogelijk afgunst werd bekeken. Ik leunde wat naar hen over en spitste mijn oren om flarden van het gesprek op te vangen. Toen ik aan de beurt was, liep ik naar het loket en schoof mijn paspoort onder het glas door. De beambte, een vijftiger met overgekamd haar, keek niet op. Toen zijn ogen over de kolom met de tekst 'Geboorteland: Sovjet-Unie' gleden, krulden zijn mondhoeken omhoog, als de voorbode van een grijns. Hij zette een stempel in het paspoort, schoof het terug en zei, eindelijk opkijkend: 'Welkom thuis, meneer Halberstadt.'

Later die middag zaten mijn vader en ik in zijn keuken te roken. Ik was tijdens mijn studie gestopt, maar nam een trek van een van zijn Winstons en keek hoe de rook naar het plafond zweefde en daar een onweerswolk vormde. Mijn vader rookte al sinds zijn zestiende. Hij was hertrouwd, had een dochter van studerende leeftijd en was nooit volledig hersteld van zijn hartaanval van bijna vijftien jaar eerder. 'Zou je niet eens stoppen met roken?' probeerde ik. Hij zei dat hij zou stoppen 'zodra het leven wat makkelijker wordt' en dat hij 'gek was op sigaretten'. Allebei wisten we dat het leven niet makkelijker zou worden en dat hij niet minder gek zou worden, dus stak ik er nog één op, uit schuldgevoel en solidariteit.

Mijn vader hield van wodka van het merk Peter de Grote, en op die eerste dag in Moskou dronk ik er zoveel van dat ik hem ook lekker ging vinden. Mijn vader en ik hadden elkaar zeven jaar niet gezien. Ik had me afgevraagd of ik hem wel zou herkennen, omdat sommige mannen van eind vijftig er bijna van de ene dag op de andere bejaard gaan uitzien. Maar mijn vader was zoals ik me hem herinnerde, nog steeds knap en verbluffend fit, alleen waren zijn slapen grijzer en de lijnen rond zijn ogen dieper geworden.

We zaten al bijna de hele dag in de keuken te praten, maar toch klonken we naar mijn gevoel aarzelend en absurd beleefd. Sinds ik uit Rusland weg was, hadden we elkaar af en toe gesproken via een sputterende internationale verbinding en een aantal keer gezien; alles bij elkaar hadden we in vijfentwintig jaar misschien drie of vier weken samen doorgebracht. Anders dan bij de meeste vaders en zonen was onze band niet door constante omgang tot een vertrouwde vorm gesmeed. We waren nauw verwante vreemden.

Tot mijn frustratie viel ik weer eens stil en werd onverwacht passief wanneer mijn vader erbij was, een kwaal die nog werd verergerd door mijn tekort aan Russische woorden om volwassen emoties te beschrijven. Hoewel, een tekort was het niet. Wat ik miste was het vermogen ze zo te combineren dat ik er een volwassen gesprek mee kon voeren, vol ironie, twijfel, tederheid, reserve. Dus praatte ik in het bijzijn van mijn vader minder dan normaal en raakte geïntimideerd door mijn eigen stilte, waardoor ik me weer niet alleen stom maar ook dom voelde.

Hij vroeg me net als altijd of ik nog films gezien had de laatste tijd. Mijn vader hield zoveel van oude films dat hij er zijn broodwinning van had gemaakt: hij synchroniseerde klassieke Hollywood- en Europese films in het Russisch na en verkocht de niet helemaal legale videocassettes en dvd's in een etalage in een van de recentere winkelstraten aan de rand van Moskou. Soms kreeg hij betaald door oudijzermagnaten en advocaten van aardgasbedrijven om dvd-collecties voor hen samen te stellen in ringmappen met titels als 'Nouvelle vague' en 'De vroege Hitchcock'. Ooit was hij een soort onderzoeker geweest, maar nu zat hij in zaken en hoorde bij de opkomende middenklasse van na de perestrojka. We deelden die voorliefde voor oude films, vooral Amerikaanse, en na een paar glazen wodka begon hij zinnen filmdialoog te declameren in Engels met een hilarisch accent: 'Whoa, take her easy there, Pilgrim.' Hij vertelde over *The Band Wagon*, een MGM-musical uit 1953. Er zat een dansscène in waar hij van hield, gefilmd op een set die eruitzag als Central Park. Halverwege kom je er ineens achter dat Cyd Charisse en Fred Astaire verliefd op elkaar zijn, vertelde mijn vader, en op dat moment was zijn blik vol vuur en zag hij er onvoorstelbaar jong uit, net als toen ik klein was. Ik heb het altijd fijn gevonden dat hij zo goedlachs was. Toen veranderden ons ongemak en die absurde beleefdheid in iets wat op vreugde leek, een oergevoel, onbekend maar ook kinderlijk, ik zag aan hem dat hij het ook voelde. Maar een paar tellen later wisten we ons weer geen houding te geven en verdween die uitgelatenheid.

Wanneer ik mijn vader naar Vasili vroeg, reageerde hij ontwijkend en verstoord, en dan zei ik niets meer totdat ik er weer aan dacht dat ik naar Moskou was gekomen om alles over hen tweeën te weten te komen. 'Er valt niet veel te vertellen,' zei hij terwijl hij wegkeek. 'Het is best een saai verhaal.' Ondanks mijn krampachtige Russisch wist ik dat ik hem te pakken had, daar achter de hardboard tafel in zijn keuken. Hij beantwoordde mijn vragen met een houding van lichamelijk onbehagen. Zijn ogen smeekten me van onderwerp te veranderen, maar dit was belangrijk, zei ik, ik moest het weten. Hij kromp ineen en stak nog een sigaret op. Geërgerd ging hij zitten kettingroken en zwijgen. Toen hij iets zei, was het alsof een zware deur eindelijk meegaf.

Het eerste wat mijn vader zich van zijn eigen vader herinnerde, was dat die geld zat te tellen. Ze woonden in een appartement van voor de revolutie dicht bij Hotel Metropol, op een paar passen van het Rode Plein, dat ze deelden met gezinnen van andere officieren van de staatsveiligheidsdienst. Vasili rangschikte de biljetten in keurige stapeltjes en legde ze heel voorzichtig naast zijn pistool in een schoenendoos die hij boven in een kast bewaarde. Hij had nooit iets kunnen bedenken om zijn exorbitante majoorssalaris aan uit te geven en stak veel geld in kleding. Hij had er kijk op en bestelde tientallen gemonogrammeerde overhemden en gabardine pakken bij de kleermakers van het Kremlin. Mijn grootmoeder Tamara ontwierp dameskleding voor een atelier dat de boetieks in de stad bevoorraadde. Wanneer ze samen uitgingen, zagen ze eruit als een chic modern stel uit de *Harper's Bazaar*, een tijdschrift dat Tamara wist los te peuteren van een collega van Vasili die boven hen woonde en als taak had de buitenlandse post te controleren. Het was 1949 en mijn vader was drie of vier jaar oud.

Het was me opgevallen dat mijn vader wel erg ongewone herinneringen had voor iemand die eind jaren veertig in Moskou was opgegroeid. Negen van de tien Moskouse huizen hadden geen verwarming en bijna de helft geen sanitair of stromend water. In de winter moesten mensen wanneer ze water gingen halen behalve een emmer ook een bijl mee naar buiten nemen om het ijs weg te hakken dat zich rond de openbare pompen had aangezet. Op de straathoeken lagen stapels brandhout die door arbeiders van het platteland waren gehaald en die soms hoger waren dan de gebouwen. Broers en zussen gingen om de beurt naar school, omdat ze samen maar één paar schoenen hadden.

De Kremlinelite ging er nooit prat op egalitair te zijn. De oorlog was voorbij. Vasili en Tamara gingen uit dansen, op vakantie naar de Zwarte Zee. Thuis, wist mijn vader nog, zette ze waar ze maar kon rode en witte anjers neer in vazen van geslepen kristal, barokke bossen waardoor het er binnen uitzag als in een rouwkamer. Ze dineerden met kaviaar en gerookte steur, die Vasili opgestuurd kreeg als deel van zijn rantsoen. Met oud en nieuw, het seculiere kerstfeest van de Sovjet-Unie, zette Tamara porseleinen schalen met granaatappels en sinaasappels neer, versierde de boom met engelenhaar en kristallen belletjes en legde er cadeautjes en soms een ananas onder. Op oudejaarsavond na het eten scheurde mijn vader het papier van de cadeautjes en nadat hij naar bed was gebracht, kwamen de buren bij de radio in de hal samen om te wachten tot het middernacht werd, het nieuwe jaar in te luiden en te toosten met mousserende wijn die 'Sovjetchampagne' op het etiket had staan. Moskou herrees uit de modder van de oorlog. Verspreid over de stad werden de Zeven Zusters opgetrokken, vrijwel identieke torenflats die eruitzagen als bruidstaarten. Ze werden hoofdzakelijk door Duitse krijgsgevangenen gebouwd; de fraaiste was de wolkenkrabber van de Moskouse Staatsuniversiteit op de Leninheuvels.

Het hele gezin woonde in één kamer: Vasili, Tamara, mijn vader en zijn oudere halfzus Inna, Vasili's dochter uit zijn eerste huwelijk. Net als in veel andere kamers in de gemeenschappelijke appartementen in Moskou werd het bed van Vasili en Tamara door een kamerscherm van dat van de kinderen gescheiden en werden badkamer en keuken met andere huishoudens gedeeld. Veel privacy bood het appartement niet, maar het was groter en beter gemeubileerd dan de meeste andere. Ondanks alle uren die ze met zijn vieren op dat stuk parket hadden doorgebracht, kon mijn vader zich maar een handvol gesprekken met Vasili herinneren. Of hij nu in het buitenland was gestationeerd of op minder dan een uur afstand werkte, in Stalins 'nabije datsja' in Koentsovo, hij was weken en soms maanden achterelkaar weg. Mijn vader wist niet meer hoe of wanneer hij ontdekte wat Vasili voor werk deed. Naar zijn gevoel had hij het altijd al geweten, hoewel Vasili er zelden over vertelde.

Maar op een avond beschreef Vasili aan tafel een bijzondere woordenwisseling. Eerder die dag had hij op wacht gestaan in de hal bij de ingang van het Presidium van de Opperste Sovjet, toen maarschalk Zjoekov – de man die volgens velen het oorlogstij in het voordeel van de Sovjet-Unie had gekeerd en Hitler ervan had weerhouden door te stoten naar Moskou – met gebogen hoofd zijn kant uit kwam lopen. Tegenwoordig staat er een standbeeld van Zjoekov, schrijlings op een hengst gezeten, voor het Staatshistorisch Museum, bij de toegang tot het Rode Plein. Maar Zjoekov was geen lid van het Presidium en mocht er niet in, dus ging Vasili in zijn plaats. Even was hij hoger in rang dan de hoogste militaire leider van het land. 'Ik zette mijn hand tegen zijn borst en zei: "Kameraad Zjoekov, u mag niet naar binnen!"' vertelde Vasili grijnzend aan tafel, tot zichtbaar plezier van mijn vader. 'Zijn hele borst hing vol met medailles.'

Meestal ving mijn vader, halfwakker, niet meer dan een slaapdronken glimp op van Vasili wanneer die 's ochtends vroeg door het huis waarde. Wanneer hij in Moskou gestationeerd was en redelijk normale uren draaide, kwam Vasili in de namiddag thuis, stopte zijn dienstwapen in de schoenendoos, verruilde zijn uniform voor een pak en een ander paar schoenen, hing een Leica om zijn schouder (het was een oorlogstrofee, en hij was een kundige fotograaf) en ging wandelen, meestal tot het allang donker was. Behalve over de wekelijkse schoolresultaten van mijn vader – en alleen als ze slecht waren – sprak hij nauwelijks met zijn zoon en liet de opvoeding over aan Tamara.

Vasili leerde mijn vader wel vechten. Hij was een keer 's middags thuis toen mijn vader huilend de kamer in kwam rennen nadat een oudere jongen, de zoon van een andere NKVD-officier, hem in elkaar had geslagen in de plaatselijke speeltuin. 'Als je hem nog eens ziet,' instrueerde Vasili, 'pak je een stok en sla je hem zo hard als je kunt op zijn scheenbeen.' De dag erna volgde hij de instructies van zijn vader op. De oudere jongen jankte van de pijn en strompelde de speelplaats af. Hij bleef drie weken weg.

In maart 1953 werd Stalins stoffelijk overschot opgebaard

in de Zuilenzaal. In Moskou stroomden de rouwenden toe, met honderden werden ze vertrapt op straat. Een paar weken later stuurde Vasili een chauffeur om Tamara, mijn vader en zijn halfzus samen met al hun bezittingen naar het Kievstation te brengen, waar ze de nachttrein namen. Het was een onverwachte verhuizing, ze hadden nog geen dag om te pakken. De trein ging naar het zuidwesten, naar Vinnitsa, een Oekraïense stad aan weerszijden van een modderige rivier die de Zuidelijke Boeg heet, niet ver van het dorp waar Vasili geboren was. Als de stad al ergens om bekendstond, dan was het omdat Nikolaj Pirogov er had gewoond, een pionier van de veldchirurgie die het gebruik van ether voorstond (een dienst aan de wetenschap waarvoor hij op zijn voormalige landgoed als mummie in een glazen doodskist was bijgezet). Voor Vasili en Tamara was het vergelijkbaar met verhuizen van New York naar een of ander gat in de bossen van Indiana. Acht jaar na de oorlog werden er nog steeds door Duits granaatvuur beschadigde gebouwen afgebroken door gevangenen. Werwolf, Hitlers meest oostelijk gelegen bunker, stond ook nog overeind in de dennenbossen iets ten noorden van de stad. De stoepen waren pokdalig van de granaatscherven. Rantsoenbonnen bleven van kracht. Vasili huurde een tweekamerappartement niet ver van het centrum, in de Vorosjilovstraat 19, genoemd naar Stalins chef-staf, die hij goed had gekend.

Vinnitsa had weinig te bieden aan naschools vermaak, dus wanneer de school uitging, liep mijn vader als eenzelvige achtjarige langs de gebombardeerde gebouwen en pas aangeplante beuken naar de bioscoop. De dooi onder Chroesjtsjov was net begonnen en voor het eerst werden er Hollywoodfilms vertoond in de filmtheaters. Mijn vader zag *Sun Valley Serenade*, met bandleider Glenn Miller, wel negen keer. Hij zei een keer dat hij de filmmuziek nog steeds noot voor noot kende. Jaren later klonk Millers

'Moonlight Serenade' eens op de kortegolfradio van Moskouse vrienden en barstte hij in tranen uit.

Zijn cijfers waren abominabel. Hij had een hekel aan algebra, maar een nog grotere hekel aan de ochtendbijeenkomsten, met hun eed op de partij en hun uitstapjes voor de kranslegging bij het voetstuk van Lenins standbeeld. Mijn vader ervoer het allemaal als een verwerpelijke hersenspoeling. Op de achterste rijen van de klas ontdekte hij medeongelovigen en cynici, van wie sommigen een obsessie voor Amerikaanse films, jazz en rock-'n-roll gemeen hadden. Eén jongen had de beschikking over de platensnijder van zijn vader. Er waren schellakplaten voor nodig, die tijdens de oorlog uit de winkels waren verdwenen, waarschijnlijk omgesmolten voor munitie. De weggegooide röntgenfoto's die mijn vader en zijn vrienden uit de afvalbakken van het ziekenhuis visten, waren een aardige vervanging. Op zijn twaalfde nam mijn vader een plaat van 'Rock Around the Clock' van Bill Haley mee naar huis, die in een röntgenfoto van een long was gegraveerd. Die middag draaiden hij en twee vrienden de plaat grijs op Vasili's platenspeler en dansten ze met hun modderige viltlaarzen op de gelakte donkerhouten eettafel. Toen Vasili binnenkwam, stoven de jongens uiteen. Volgens mijn vader waren zijn klasgenoten doodsbang voor hem. Vasili sloeg mijn vader met een riem tot hij snikkend op het linoleum van de keukenvloer lag en hem smeekte op te houden.

Het was niet zijn eerste pak slaag, maar wel het ergste tot dan toe. Achteraf zaten ze met zijn vieren in stilte te eten, Vasili, Tamara, mijn vader en zijn halfzus Inna. Op zijn dertiende was mijn vader door de indoctrinatie op school een fanatieke anticommunist geworden. Hij wist dat Vasili's werk op 'Personeelszaken' in de plaatselijke fabriek een eufemisme was voor de baan van KGB-waarnemer die in elke grote Sovjetinstelling te vinden was, en door dat besef haatte hij zijn vader nog meer. De fabriek heette Pribor – Apparaat – maar niemand van mijn familie kon zich herinneren wat er geproduceerd werd.

Tamara was een geboren Moskouse en had het leven in een kleine provinciestad nooit leren waarderen. Ze ging ertegen in door een air van geamuseerde laatdunkendheid aan te nemen en de uitnodigingen van haar buren te negeren. Toen mijn vader een jaar of dertien was, begon Tamara een affaire met een taxichauffeur, en op een ochtend stelde ze hem aan haar zoon voor. Mijn vader zag zijn glamoureuze, ijdele moeder als partner in crime en gelijke, en zag er geen been in om haar nieuwe minnaar op een straathoek dicht bij huis te ontmoeten. Langzamerhand begonnen moeder en zoon tegen Vasili samen te spannen. Wanneer Tamara met mijn vader naar het Gorkipark liep, of naar een stoffenwinkel om kamgaren uit te zoeken voor een blazer die ze voor hem zou maken, of een rol katoen voor een overhemd, dan vertelden ze dat niet tegen Vasili. Thuis fluisterden ze elkaar geheimen toe wanneer hij sliep.

Maar toen, een paar maanden nadat mijn vader vijftien was geworden, zei Tamara dat ze van Vasili ging scheiden en terugging naar Moskou, alleen. Hij zou in Vinnitsa blijven tot hij twee jaar later klaar zou zijn met school. Hij voelde zich verraden, maar wat kon hij ertegen doen? Toen Tamara weg was, zagen mijn vader en Vasili elkaar nog minder dan daarvoor, bijna alleen tijdens het eten. Ze konden allebei nog geen ei bakken, dus aten ze 's avonds samen in een cafetaria vlakbij. Na het eten ging Vasili zijn avondwandeling maken en ging mijn vader naar de film; in de zomer van 1962 draaide *The Magnificent Seven* drie maanden lang in Vinnitsa en zag mijn vader naar eigen zeggen bijna iedere voorstelling. Achteraf luisterde hij thuis in zijn slaapkamer naar de Voice of America-uitzendingen van

Willis Conover op de korte golf. In gedachten was hij al vertrokken.

Nog voordat mijn vader zijn scores voor zijn toelatingsexamen voor de universiteit op het mededelingenbord in de hal van school had gezien, wist hij al dat ze niet goed genoeg waren voor uitstel van militaire dienst. Daar was Vasili blij om: het leger had hem discipline en een doel in het leven gegeven en nu zou hetzelfde gebeuren voor zijn luie boekenwurm van een zoon. Mijn vader berustte erin dat hij nog eens drie jaar in een ander soort gevangenis zou zitten. Hij wist dat hij als magere stadse puber in het leger een pispaal zou zijn voor de zonen van collectieve boeren en mijnwerkers, en ging die laatste weken in Vinnitsa oefenen met voetbal.

Op de legerbasis in Wit-Rusland, bij Minsk, was zijn nieuwe kwelgeest een Oekraïense luitenant die vastbesloten was hem van zijn intellectuele kapsones af te helpen. Acht maanden lang dwong hij mijn vader rondjes om een artilleriedepot te rennen met een ketel van twaalf kilo in zijn armen. Op een morgen, na een nachtdienst van twaalf uur aardappels schillen achter de mess, ontdekte hij bij terugkomst in zijn barak dat de luitenant zijn kastje aan het doorzoeken was. De andere soldaten stonden in de houding terwijl de officier foto's van Duke Ellington en Stan Kenton uitspreidde, door mijn vader uit de *Down Beat* en andere Amerikaanse tijdschriften geknipt, die Tamara hem had gestuurd. De luitenant scheurde ze in stukken en zei tegen de manschappen dat 'kosmopolitische invloeden' vergif waren voor het moreel en de strijdlust van een Sovjetsoldaat.

Mijn vader deed wekelijks verslag van de gebeurtenissen in sombere brieven aan Tamara, en uiteindelijk verzon zij een plan. Het toeval wilde dat de vrouw van een kolonel op de legerbasis op een koelkast en een stel knopen van schildpadschild aasde. En zo kwam op een zondag Tamara's verloofde, Michail Michajlovitsj, een kleine, kalende, eeuwig grijnzende regelneef die een magazijn voor groente en fruit aan de rand van Moskou beheerde, bij de barak van mijn vader voorrijden in een busje met een koelkast met lichte gebruikssporen op het dak. Een paar dagen later werd mijn vader overgeplaatst naar een intercontinentaleraketsilo op nog geen uur van Moskou. Daar moest hij de ratten vangen die aan de kostbare platina bedrading van de raketten knaagden. Als gereedschap had hij een doos met rattenvallen en een koevoet. Hij werd wekenlang alleen gelaten zonder toezicht en lag hele middagen in een hangmat, nippend van slappe oploskoffie, Hemingway te lezen: *Afscheid van de wapenen*.

Drie jaar later kwam hij in zijn veldtenue terug naar

Vinnitsa, nog steeds met geschoren hoofd. Vasili was blij hem te zien; hij had goed nieuws. Na maanden van brieven schrijven en hielenlikken had hij het voor elkaar gekregen dat mijn vader werd toegelaten tot het Militair Instituut voor Vreemde Talen, dat zich richtte op de zonen van KGB-officieren en diplomaten. Een diploma van dit instituut zou een goed salaris betekenen, en de mogelijkheid om naar het buitenland te reizen. Mijn vader liet Vasili weten dat die zich de moeite had kunnen besparen. Hij zei dat hij naar Moskou vertrok en stopte kleren voor een paar dagen in een koffer. Hij gaf zijn vader een hand en vertrok.

De volgende morgen wachtte Tamara hem op in Moskou, op het Kievstation. Ze had weer een plan bedacht. Michail Michajlovitsj gaf mijn vader een baan in zijn magazijn als chauffeur op een vrachtwagen met groente en fruit, waardoor mijn vader nu officieel een proletariër was, en door de status die dat met zich meebracht, kon hij vlot toegang krijgen tot de filosofiefaculteit van de Moskouse Staatsuniversiteit. In voorbereiding op het toelatingsgesprek verdiepte hij zich avondenlang in zijn moeders antiquarische boeken van prerevolutionaire historici als Solovjov en Kostomarov. Na het gesprek merkte het hoofd van de toelatingscommissie van de faculteit op dat hij nog nooit zo'n belezen vrachtwagenchauffeur was tegengekomen.

Mijn vader schreef zich in 1968 in op de universiteit op de Leninheuvels. 'Een jaar later leerde ik je moeder kennen,' zei hij. 'De rest weet je.' We zaten in zijn keuken, het was bijna donker. Zijn gezicht zag er getekend uit in het lamplicht. Ik vroeg wanneer hij Vasili voor het laatst had gezien. 'Een paar jaar voordat jij en je moeder vertrokken,' zei hij. Vasili en hij hadden twee gespannen dagen lopen ruziën en mokken in het oude appartement in Vinnitsa. Vasili klaagde dat hij niet was uitgenodigd op de bruiloft van zijn eigen zoon en zijn kleinzoon nog maar één keer had gezien. Mijn vader antwoordde dat hij al meer dan een jaar geen brief van Vasili had gekregen. Hij was ervan overtuigd dat Vasili hem ontliep omdat zijn vrouw, mijn moeder, Joods was, een bijzonderheid die zijn KGB-carrière zou kunnen schaden. Voordat mijn vader naar het station vertrok, was er ruzie. 'Ik heb altijd geweten wie mijn moeder is, maar van mijn vader ben ik niet zo zeker.' Dat was het meest kwetsende wat hij kon bedenken.

Mijn vader rookte de ene sigaret na de andere, terwijl ik aantekeningen maakte in een spiraalblock. Maanden eerder had hij me beloofd mee te gaan naar de stad die inmiddels in het Oekraïens Vinnytsia heette, maar naarmate de datum dichterbij kwam, begon hij uitvluchten te bedenken. Misschien was het toch geen goed moment: hij zou gaan vissen, zijn vrouw Irina had last van buikpijn. Mijn vader reduceerde verbroken beloftes het liefst tot onvermijdelijkheden. Ik liep al maanden te fantaseren hoe wij tweeën door de stad van zijn jeugd zouden ronddwalen, en toen hij me een paar weken voor mijn vlucht naar Moskou vertelde dat hij niet meeging, om redenen waarvan er 'eigenlijk te veel om op te noemen' waren, hing ik op. Ik kookte nog dagenlang van woede.

Toen ik aan zijn keukentafel tegenover hem zat, kwam die woede weer opborrelen. Bemoedigd door mijn rol van ondervrager durfde ik een gezaghebbende toon in mijn Russisch te leggen en eiste ik een eerlijk antwoord op de vraag waarom hij niet meewilde.

Mijn vader nam een trek van zijn Winston, hield zijn hoofd schuin alsof hij wikte en woog en liet de rook door zijn neusgaten ontsnappen. Hij leek tegen de muur achter zich te verdwijnen. 'Op een avond kwam ik thuis met een hele week slechte cijfers,' begon hij, terwijl hij strak naar het punt achter me keek waar de wand en het plafond elkaar raakten. 'Ik was twaalf. Mijn vader deed zijn riem af en begon me te slaan tot ik op de grond van de woonkamer lag. Om een of andere reden hield hij die avond maar niet op, en ik kon ontsnappen en rende de trap af naar een steegje achter ons gebouw. Hij kwam achter me aan en trok me er aan mijn kraag uit. Het was een warme avond en iedereen zat buiten op de bankjes. Hij smeet me op de stoep en ging door met slaan waar de buren bij waren.' Hij nam nog een trek en leunde achterover in de stoel. 'Ik weet dat het verkeerd van me is, maar ik wil hem niet meer zien.' Hij drukte de Winston in de asbak uit en stond op. 'Het kan daar koud zijn 's winters,' zei hij voordat hij de keuken uit liep. 'Neem een trui voor hem mee.'

Ik staarde uit het raam door een aureool van rook. Er zaten geen roeken meer in de platanen. Aan de overkant van een grasveld vol kale plekken stond een betonnen woonkazerne van zeven verdiepingen met de kleur van oude sneeuw. Die was identiek aan het gebouw waar ik in zat en de rij gebouwen daarachter, die als dominostenen verdwenen in de verte. Aan het eind van de jaren zestig en in de jaren zeventig werden er honderden van neergezet aan de rand van de stad. Het gebouw waarop ik uitkeek was toevallig datgene waar we met zijn drieën hadden gewoond voordat mijn moeder en ik naar Amerika vertrokken, en mijn vader hertrouwde en hierheen verhuisde met zijn tweede vrouw, naar de overkant van het veldje. Nog jaren na ons vertrek had ik in mijn geheugen gegraven om de details van dit banale gebouw weer voor me te zien. Maar nu ik het echter dan echt voor me had, straalde het alleen een prozaïsche gewoonheid uit.

In de zomers dat ik daar woonde, gingen mijn vriendje Volodja en ik vuurtjes stoken op dat veldje, en in de winter, wanneer de sneeuw meer dan manshoog was, groeven we tunnels onder de bevroren korst. Maar nu zag ik iets wat ik me niet kon herinneren, iets nieuws. Een handjevol voornamelijk oudere vrouwen in lange jurken en wijde jassen stond in de rij met grote lege plastic flessen en waterketels in hun handen. Eerder op de dag waren ze met nog meer geweest. De vrouwen vulden hun flessen bij een kraan aan een roestige pijp die uit de grond kwam. Het water zou geneeskrachtige eigenschappen bezitten en mogelijk zelfs heilig zijn, doordat het uit een bron kwam die ontdekt was door een enigszins gerenommeerde wichelroedeloper. Er was een metropoliet in vol ornaat gekomen om de bron te zegenen, vertelde mijn vader. Daar stonden de vrouwen, bewoonsters van een Europese stad met elf miljoen inwoners, op hun beurt te wachten, bijgelicht door het paarse schijnsel boven de huurkazernes.

Ik drukte mijn sigaret uit en ging afscheid nemen van mijn vader. Hij lag in de studeerkamer te dommelen op een bank met de afstandsbediening van de tv in zijn hand. Op de boekenplanken stonden een stapel videorecorders en een rijtje schermen, waarvan er één aanstond. Ik herkende de western en ging naast hem zitten. In de blauwe gloed zag het gezicht van mijn vader er voor het eerst vredig uit. Op een foto op zijn bureau stond hij glimlachend op een boot ergens op de Wolga en hield een grote, glinsterende vis omhoog. Op het scherm was Jimmy Stewart met een schort voor aan het afwassen. ‘Hier doppen de mannen hun eigen boontjes,’ zei iemand. Later wankelde hij langs een saloon met een grimas op zijn gezicht en zijn bebloede arm tegen zich aan, de arm waarin Lee Marvin een kogel had geplant. Marvin, met het zwarte vest en dito hoed van de slechterik, hief zijn revolver weer en lachte zijn hinnikende lach. ‘Oké, makker,’ zei hij zo luid dat iedereen in de straat het kon horen, ‘en nu recht tussen je ogen.’

Op de vierbaansweg bij het metrostation Konkovo hield ik een guacamolegroene Lada aan. De meeste privéauto's worden in Moskou ook als taxi gebruikt: het is de meest voorkomende bijbaan in de stad. Ik wisselde een paar woorden met de chauffeur, een computerprogrammeur van rond de dertig die Maksim heette. 'Waar kom je vandaan?' vroeg hij. 'Uit het westen,' zei ik. De autoradio stond hard. Een vrouwenstem zong over diepe oceanen en het zuchten van de wind, met een drummachine eronder die klonk alsof er ongekookte rijst op zilverfolie werd gestrooid. Een halfuur lang gleed het groot licht van de Lada over rijen kiosken en de contouren van spookachtige, identieke torenflats langs de Vakbondsstraat. Ze werden maar één keer onderbroken, door een billboard met een psychedelische alpenweide en het woord LOVE eroverheen.

Maksim liet me er bij het Kievstation uit, naast het bijna vier meter hoge gaashekwerk van het Radisson SAS Slavjanskaja Hotel. Ik gaf hem een paar biljetten van honderd roebel en liep langs twee beveiligingsposten naar de matglazen lobby. Ik betaalde de reis door er een artikel over te schrijven en de reisagent van het tijdschrift in New York had hier een kamer voor me geboekt. Ik dwaalde door de lobby langs beveiligingstypes in zwarte pakken met oortjes in, die me volgden met hun ogen. Aan de bar zaten mannen in duurdere pakken van een sigaar of glas singlemaltwhisky te genieten of hard te praten in hun telefoon. Er hingen meerdere jonge vrouwen in cocktailjurken om hen heen. Slaapverwekkende elektronische muziek vormde een nauwelijks hoorbare soundtrack; net als overal in Moskou stond de beat voor westerse luxe. Het begon zachtjes te regenen achter het glas van de automatische schuifdeuren, buiten in de nachtlucht, waar chauffeurs en lijfwachten stonden te roken naast zwarte wagens met draaiende motor, van het soort met gordijnen voor de achterraampjes.

Ik had een jetlag en wist niet hoe laat het was, en stapte een boetiek binnen waar een verkoper van een jaar of twintig in een geperste broek en een kravat in de kleur van rosé gebakken wildbraad, die zo knap was als een fotomodel, manchetknopen in een glazen vitrine schikte. In de etalage stond een krokodillenleren aktetas met gouden sluitingen. Er hing een prijskaartje van 640.000 roebel (zo'n 7000 euro) aan. 'Daar verkopen we er best veel van,' zei hij. 'Ze worden vooral als cadeau gekocht.' Er kwam iemands chauffeur de winkel binnen en na een kort gesprekje overhandigde de verkoper hem een armvol kledinghoezen met het woord 'Brioni' erop gedrukt. 'Breng maar gewoon terug wat hij niet neemt,' zei hij tegen de chauffeur.

Naast Russen waren er Amerikanen en Canadezen in het Radisson, van wie er opvallend veel bezig waren een adoptie af te ronden. In 2004 waren kleine kinderen, naast kaviaar, olie en aardgas, een van de weinige exportproducten van het land. In een restaurant dat Balanchine heette, een schaars verlichte grot gedecoreerd met olieverfschilderijen en bronskleurige draperieën, droeg een vrouw in een sweater van de Atlanta Falcons een klein meisje met stralende ogen langs een buffet en bestudeerde de gerookte zalm en pittig gevulde eieren. 'Zeg het maar, liefje,' koerde ze met een slepend, boterzacht accent uit het diepe zuiden van de Verenigde Staten. 'Morgen neemt *Momma* je mee naar huis.'

Hoewel de man achter de balie het me had afgeraden, ging ik kort na elven nog even wandelen. Het Kievstation met zijn mooie koepels was helder verlicht en het was er druk, en ik liep langs de façade naar het pleintje waaraan de vrachtwagens en busjes geparkeerd stonden. Er zat een man op het asfalt iets met zijn vingers uit een blikje te eten. Toen ik langsliep, zag ik dat het hondenvoer was. Even verderop stond een politieman gemoedelijk en met gedempte stem te converseren met een vrouw op doorzichtige plastic naaldhakken die een haltertruitje met pailletten aanhad. De pailletten trilden in het donker.

Ik liep hen voorbij naar een sloppenwijk van kiosken, de meeste 's nachts dicht. Twee matrozen hingen rond bij een stalletje met kas, een gefermenteerde brooddrank. Ik kocht een glas en dronk het op naast de matrozen, die dronken waren en een uitstekend humeur hadden. Ergens speelde een radio 'It's Raining Men'. De roodharige sloeg zijn arm om mijn schouders en liet me zijn nieuwe mobieltje zien. De matrozen waren het erover eens dat de telefoon 'kroetoj' was, vet. Ik zei dat ik dat ook vond. Ze lachten, of ze lachten me uit, dat wist ik niet zeker, maar ik lachte mee. Om onnaspeurbare redenen pakte ik ook mijn telefoon en gaf die aan de jongen met rood haar. Nadat hij hem had teruggegeven, belde ik naar huis. Ik hoorde de stem van mijn vriend op het antwoordapparaat.

'Ik ben er,' zei ik. 'Ik mis je. Alles gaat goed.'

Mijn grootmoeder Tamara zou over een maand tachtig worden. Ze zat onderuitgezakt op de fluwelen sofa in een rafelige, eveneens fluwelen badjas met een bifocale bril op het puntje van haar neus. Ik had haar zeven jaar niet gezien, en tot mijn ontsteltenis zag de imposante, onberispelijk geklede vrouw die ik me herinnerde er verfomfaaid en oud uit, sprak ze onduidelijk en keek ze wazig uit haar waterige ogen. Ik probeerde een glimlach. 'Doe alsjeblieft je best om het je te herinneren,' smeekte ik.

Ze hield een foto vlak bij haar gezicht en kneep haar ogen tot spleetjes. We hadden al de hele middag foto's bekeken uit de jaren veertig en vijftig, de meeste met Vasili's Leica gemaakt. Het waren vooral portretten van Tamara, die poseerde met gevederde hoeden en bontkragen, alsof ze zo uit een roman van Fitzgerald was gestapt: exotisch, slank en in schril contrast met de grauwheid van de stad in oorlog.

Tegen de jaren zeventig was ze mollig geworden en begon ze haar haar glanzend lichtblond te verven, maar ze behield de allure van een mooie vrouw, van iemand die gewend is aan aandacht en vleierij, en die altijd kreeg wat ze wilde. Ze maakte indruk, zo iemand die door sommige mannen 'knap' wordt genoemd, haar présence verder aangezet door haar werkelijke status, die aanzienlijk was. Ze werkte in de buurt van de Danilovmarkt bij het Huis der Mode, een van de hoogst in aanzien staande ateliers van Moskou, waar ze jurken, mantelpakjes en avondkleding op maat ontwierp voor enkele tientallen van de meest vooraanstaande vrouwen van de stad. Meestal werd ze betaald in cadeaus uit het buitenland: in Moskou waren die meer waard dan contanten. Tijdens partijtoespraken en tv-programma's rond de feestdagen had ze er plezier in haar klanten te herkennen in haar creaties. Met een bloedrode nagel wees ze dan naar het scherm en verkondigde: 'Nadezjda Ivanovna, in het blauwe organdie, is van mij.' Tamara's verschijning was in overeenstemming met haar reputatie. Zelfs wanneer ze brood ging halen, kwam ze het huis niet uit in iets eenvoudigers dan een marineblauwe zijden omslagdoek bezaaid met stippen, lakleren pumps, uitwaaierende saffierblauwe oogschaduw en een tulband van nerts. Aan haar linkerhand droeg ze een amethist zo groot als een hazelnoot waar ik als peuter gebiologeerd door was.

In de winter voor mijn bezoek was Tamara's derde echtgenoot, een twistzieke Joodse ingenieur die Isaak Zinovitsj heette, aan maagkanker gestorven, een stuk of wat pakken achterlatend en een la vol lege potten haaienvinnenkraakbeen, dat door zijn zoon uit Canada werd opgestuurd. Na de begrafenis kwam Michail Michajlovitsj langs, Tamara's tweede en favoriete echtgenoot, om haar te troosten, en trok uiteindelijk bij haar in. Ook hij stierf vijf maanden later en sindsdien woonde Tamara alleen in de driekamerflat. Ze raakte elke dag haar sleutels kwijt. Ze vergat de namen van vrienden en klaagde tegen mijn vader dat er 's nachts inbrekers in haar slaapkamer waren geweest of dat ze was gebeld door een tante die allang dood was. Die wanen kwamen ongemerkt opzetten en verstoorden haar goede humeur niet.

Terwijl ik ernaast zat, draaide Tamara de foto's voorzichtig om, hopend op een tekstje achterop dat haar kon helpen de gezichten te herkennen. Ik vroeg waarom ze geen foto's van Vasili had bewaard. Ze keek me over haar leesbril heen priemend aan en trok haar versleten badjas dichter om zich heen. 'Hij had genoeg aan zichzelf,' zei ze met een vonk van haar oude felheid. 'Daarom hield ik niet meer van hem.'

Ze hadden elkaar in 1943 leren kennen in een lawaaierige danszaal vol rook waar de band nummers van Benny Goodman en jazzy Sovjetmarsen speelde. Tamara was ongewoon zelfstandig voor een negentienjarige: ze verdiende goed met haar baan als ontwerpster van dameskleding voor de winkels in de stad en kwam naar de dansavonden in plissérokken en crêpewollen hoedjes van eigen makelij. Dat ze een betoverende verschijning was, was in de danszaal niet per se een voordeel. Het was er stampvol met dienstplichtigen en jonge officieren met verlof van het front, die te veel rookten en dronken en dan achter in de steeg gingen knokken. Het was oorlog en niemand wist of hij een maand later nog in leven zou zijn,' zei Tamara. 'Dus als je twee keer met dezelfde jongen danste, verwachtte hij dat je met hem naar bed ging.'

Ze zei dat ze in die tijd nog 'ongetemd' was. Maria Nikolajevna, haar kleine en stevige, strenge moeder, was zuinig met uitingen van liefde. Ze vertelde Tamara dat haar eigen broer toen ze vier was, was meegenomen door zigeuners. Ooit was ook zij mooi geweest, met kastanjebruin haar tot haar middel en leigrijze ogen, mooi genoeg om in de jaren na de revolutie met de zoon van een hoogleraar geschiedenis van de Universiteit van Moskou te kunnen trouwen, een gestudeerde man uit een aristocratische familie. Toen hij in 1924 verdween, een paar maanden voor Tamara's geboorte, was hij al talloze keren ingestort, had paranoïde wanen en weigerde het huis uit te komen. Kort voor zijn dood dook hij op in een psychiatrisch ziekenhuis (hetzelfde ziekenhuis waar mijn moeder tientallen jaren later zou werken). Meer was Tamara niet te weten gekomen over haar vader, behalve zijn fraaie Poolse achternaam: Vysokovski.

Als jonge vrouw zei Tamara graag dat ze niets met het verleden had. Ze woonde in een kamer van vijfentwintig vierkante meter met Maria Nikolajevna en haar tweede echtgenoot, een zwijgzame, afkeurende man die in het mortuarium lijken aankleedde. Hun dochter Ljoesia, een vrolijk meisje met bruine ogen, sliep samen met Tamara in één bed. Vanaf haar vijftiende werkte Tamara zeventig uur per week als naaister en coupeuse. Die lange werkdagen lagen haar: door het werk had ze altijd goede stoffen tot haar beschikking en het hield haar weg van huis, waar ze meestal toch alleen maar ruzie kreeg met haar stiefvader.

Vasili viel haar eerst op door zijn stoere kaak en brede schouders met majoorsepauletten, en met zijn tweeëndertig was hij ouder dan de andere mannen in de danszaal. Hij was zowel mannelijk als bescheiden, zei Tamara, een van de weinige mannen die ze kende waar totaal niets opschepperigs in zat. Hij praatte zacht en nam zijn tijd, maar het meest was ze onder de indruk van zijn manieren: hij zoende haar pas op hun derde afspraakje. Drie maanden later trouwden ze. Nadat ze bij hem was ingetrokken, liet Vasili zijn dochter uit een vorig huwelijk komen, een somber, bedeesd meisje dat Inna heette en nooit veel op had met haar stiefmoeder. Twee jaar later werd mijn vader geboren, in de eerste winter na de oorlog.

Tamara keek ernaar uit om op zondagmorgen met Vasili te gaan wandelen. Allebei waren ze ijdel en kieskeurig in hun kledingkeuze. Dan droeg hij zijn parade-uniform en zij haar couture, en wanneer ze arm in arm over de boulevards in het centrum wandelden, koesterden ze zich in de verbaasde blikken van saaiere, grijzere Moskovieten. Vasili was dan wel vaak weg, maar hij stuurde altijd genoeg geld en kwam thuis met een koffer vol presentjes voor haar en de kinderen. Hij was consciëntieus, dronk zelden en klaagde nooit wanneer hij een keertje de vloer moest vegen of de afwas doen. Vasili sprak niet over zijn werk en Tamara wist dat ze er niet naar moest vragen. Wanneer hij weg was en de kinderen sliepen, zat ze de laatste uren van de avond te lezen in boeken die ze kocht of leende: Poesjkin, Gogol, Toergenjev, Strindberg, Shakespeare of Balzac. Hoewel ze geen universitaire opleiding had gehad, ontdekte ze op die avonden een liefde voor boeken die nooit meer overging.

Haar toewijding aan Vasili begon pas te wankelen nadat het gezin naar Vinnitsa was verhuisd. Daar, zei Tamara, begon ze hem te doorzien. Voor het eerst viel haar zijn vrijwel totale gebrek aan belangstelling voor de wereld op, en zijn gewoonte om urenlang in een stoel voor zich uit te zitten te staren alsof hij iets zag gebeuren in de lucht voor zich. In alle jaren dat ze hem kende, had ze Vasili maar één boek zien lezen, *Pot-Bouille* van Émile Zola, een satirische roman over bourgeois strebers die zich afspeelt in een appartementsgebouw in Parijs tijdens het Tweede Keizerrijk. Het boek lag op zijn nachtkastje als een icoon of een geluksbrenger. Voordat hij in slaap viel, las hij vluchtig een pagina of twee en legde het weer terug. Tamara heeft nooit geweten of hij het heeft uitgelezen.

Wanneer ze alleen waren, leek Vasili afwezig en lusteloos; hun gesprekken werden steeds schaarser. Hij had weinig aandacht voor de kinderen en Tamara wist dat ze nooit over politiek moest beginnen, want dan verviel Vasili meteen in een ijzige stilte. Wanneer mijn vader als tiener aan tafel zijn anticommunistische ideeën ging spuien, keek Tamara hem vernietigend aan tot hij zweeg.

Ongeveer een jaar voordat ze uit Moskou weggingen, hoorde Tamara dat haar ontwerp voor een damestrenchcoat van gabardine een internationale wedstrijd had gewonnen en op een modeshow in Milaan zou worden getoond. Natuurlijk mocht ze er zelf niet bij zijn, maar door de prijs werd ze opgemerkt op haar werk en kreeg ze zelfs een salarisverhoging. Het overtuigde haar er ook van dat kleding ontwerpen niet zomaar een baan was, maar een echte carrière kon zijn. En toen kwam ze in Vinnitsa terecht om jurken van tweederangsstoffen te naaien voor vrouwen die het verschil niet zagen tussen viscose en zijde en nooit westerse kleding hadden gezien, niet eens in een tijdschrift. Ze haatte Vinnitsa, en wat haar daar hield, was het huwelijk met haar steeds afstandelijker wordende echtgenoot.

Haar eerste affaire kreeg ze bijna per ongeluk. Vasili was een paar dagen weg en ze was boos en verveelde zich. 'Het lag aan mijn trots,' zei Tamara tegen mij. Het was ook haar trots waardoor ze de affaire niet goed geheimhield. Wanneer ze op de trap de buren tegenkwam, hoorde ze hen fluisteren. Zelfs nadat de geruchten Vasili ter ore waren gekomen, zei hij niets en bleef gelijkmoedig. Hij weigerde haar ermee te confronteren, zelfs toen ze haar minnaar openlijk begon te ontmoeten, en van die onverschilligheid werd ze razend. Volgens Tamara nam zijn innerlijke leegte het hele huis in, als een geur die er hing.

Ze ging vaker langs bij haar moeder in Moskou, en op een lenteavond kwam ze in de trein naar het noorden de kleine, kale beheerder van een magazijn voor groente en fruit tegen. Hij was praatziek en maar gewoontjes, maar hij had een aantrekkelijke grijns op zijn gezicht en was goedlachs. Net als zij was hij getrouwd. Vlak voor aankomst op het Kievstation vroeg Michail Michajlovitsj haar ten huwelijk. Later stuurde hij elke dag een dozijn anjers naar het huis van haar moeder, totdat ze ja zei. Het was 1960. Terug in Vinnitsa zei Tamara tegen Vasili dat ze wilde scheiden, pakte twee koffers in, gaf haar zoon nog een kus en nam een taxi terug naar het station. Ze vertelde dat Vasili geen ruziemaakte en haar niet vroeg om er nog eens over na te denken. Nadat ze het tegen hem had gezegd, liep hij gewoon de keuken in en zette theewater op.

'Ik denk nooit meer aan hem,' zei ze terwijl ze de armleuning van de bank vastgreep, doodmoe van de inspanning die het kostte om de verhalen uit haar geheugen te zeven. 'Er zat een groot gat waar zijn hart had moeten zijn.' Het was koud buiten en de wind speelde in de gordijnen, dus deed ik het raam dicht, met een keiharde klap tegen de roestige kruk, die niet meegaf. Terug op de bank wees ik naar een groenige kleurenfoto van toen ik een jaar of zes, zeven was en nog krullen had, waarop ik een plastic kinderaccordeon vastheb. Mijn grootmoeder hield de foto voor zich uit en deed haar kin omlaag om over haar leesbril heen te kijken. Een blik vol verwarring gleed over haar gezicht, als een plotselinge windvlaag over een veld.

'Kijk, oma, dat ben ik,' zei ik.

'Nee,' zei ze bestraffend, alsof ik het overduidelijk mis had. 'Dat is mijn kleinzoon. Hij is naar New York verhuisd. Ik vind jou aardig, maar hij was mijn lieveling.'

De dag voordat ik naar Vinnytsia vertrok, namen mijn vader en ik de metro naar het centrum. Altijd wanneer ik hem bezocht, nam hij me mee wandelen door het centrum, om me steeds dezelfde bezienswaardigheden te laten zien en dezelfde verhalen te vertellen. Toch hoorde ik hem graag praten, iets wat hij anders met tegenzin deed. Het was druk in de metro. De passagiers hadden hun ogen dicht of bestudeerden de vloer, zo stil als patiënten in een wachtkamer bij de huisarts.

Het was laat in de herfst, buiten was het een wolkeloze dag

en de stad zag er zo stralend en hoopvol uit als een jonge bruid. We maakten onze bekende rondjes, langs het Bolsjojtheater met de laatste blaadjes aan de appelbomen, Hotel Metropol met het glazen dak, de hoge ramen van het warenhuis GOeM die uitkijken op het roodbruine marmer van het mausoleum van Lenin. Achter Hotel National kwamen we langs het Eerste Medisch Instituut en bleven staan voor het lesgebouw waar mijn ouders elkaar hadden ontmoet. Mijn vader keek wat huiverig naar de ramen omhoog, drukte zijn sigaret uit en trok zijn muts verder over zijn oren.

‘Ik wil je iets laten zien,’ zei hij schalks, en hij leidde me door een paar smallere straten. Hij bleef op de Stenen Brug staan en wees over mijn schouder. Ik draaide me om en keek naar de herbouwde Christus-Verlosserkathedraal. De vorige keer dat ik Moskou had bezocht, zeven jaar geleden, was die er nog niet. Ik stond een tijdje naar dat onwezenlijke wit met gouden gevaarte te staren. Het torende boven de rivier uit als een bezoeker uit een of andere humorloze buitenaardse beschaving. Mijn vader wilde ook even binnen kijken.

Ik had de vroegere kathedraal op oude foto’s en ansichtkaarten gezien. Geen enkel bouwwerk zegt zoveel over Rusland: over de unieke esthetiek, over de verhouding tussen heersers en overheersten en over de heftige, soms absurd gewelddadige geschiedenis van het land. De kolossale kerk aan de Volchonkastraat belichaamt het tragische verleden en de hang naar grote eschatologische gebaren van Moskou, en die combinatie heeft de stad ook haar afwijkende schaalgrootte, haar zwaarte en haar wonderlijke, pompeuze schoonheid gegeven. Er zit zoveel betekenis in de kathedraal samengebald dat die voor de meeste Moskovieten als allegorie fungeert.

De verlossing in de naam van de kathedraal slaat deels op de bevrijding van Rusland van het leger van Napoleon. Volgens een manifest dat tsaar Alexander I in december 1812 ondertekende, zou de kerk 'een teken zijn van onze dankbaarheid jegens de Goddelijke Voorzienigheid, die Rusland heeft gered van het onheil dat er een schaduw over wierp'. Als monument voor Ruslands overwinning op een westerse macht had Alexander de grootste, duurste en indrukwekkendste orthodoxe kerk in de christenheid voor ogen, geïnspireerd op de Hagia Sophia, met ruimte voor tienduizend gelovigen. De betekenis zou geen buitenlandse bezoeker ontgaan: Moskou herrees uit de steppe en riep zichzelf nu uit tot het Derde Rome. De kathedraal was niet alleen het bewijs dat Rusland groter was dan alle andere landen, maar dat hetzelfde gold voor de vroomheid van het Russische volk.

Om ruimte te scheppen voor de kathedraal waren de vijftiende-eeuwse klokkentorens en kapellen van het Aleksejevklooster afgebroken, niet ver van het Kremlin. De bouw werd voornamelijk bekostigd met schenkingen, waartoe oproepen onder het volk werden gedaan, en duurde drieënveertig jaar. Na het overlijden van Alexander nam zijn broer Nicolaas I het project over, en onder diens zoon Alexander II werd het voltooid. De hofarchitect Konstantin Ton nam Kramskoj, Veresjtsjagin, Soerikov en andere beroemde Russische schilders in de arm om het interieur te verfraaien; ze werkten tussen gigantische oppervlakken van marmer uit Altaj en Podolië, en ingelegde halfedelstenen. Tsjaikovski hield de première van zijn *Ouverture 1812* in de kathedraal, toen die nog in de steigers stond. Toen in 1880 de onthulling eindelijk plaatsvond, was het effect dat van een intieme middeleeuwse Russische kerk die tot onbevattelijke dimensies was uitvergroot, een neo-Byzantijnse kubus met een gouden koepel die niet in verhouding stond tot de stad eromheen, en die het aangezicht van de stad zowel verstoorde als verenigde.

Aan het begin van het Sovjettijdperk in de jaren twintig was de kathedraal een blok aan het been geworden, een dinosaurus uit een decadente tijd. Lazar Kaganovitsj, de partijchef van Moskou, verklaarde dat de nieuwe hoofdstad de idealen van het socialisme zou belichamen en 'een proeftuin zou worden waar het volk uit de hele Unie naartoe zou stromen om zijn bevindingen te bestuderen'. Onder zijn bewind werden historische monumenten als de zestiende-eeuwse muur rond Kitaj Gorod en de Kazankathedraal op het Rode Plein afgebroken, werden straten verbreed ter voorbereiding op het automobieltijdperk en werd bijna ieder steegje en plein vernoemd naar een illustere inwoner van de nieuwe staat.

Het meest ambitieuze onderdeel van Kaganovitsj' plan was het prachtige nieuwe metrostelsel, met diepe tunnels die ook als schuilkelder konden worden gebruikt en stations die versierd waren met colonnades, gebrandschilderd glas en beeldhouwkunst en bedoeld als 'paleizen voor het volk'. Duizenden studenten – leden van de Communistische Jeugdbond, de Komsomol – werden opgeroepen voor zware arbeid aan de constructie van de metro, waarbij er honderden zwaargewond raakten of omkwamen.

In 1936 bezocht een Britse delegatie onder leiding van het liberale parlementslid E.D. Simon Moskou en kreeg de grootschalige transformatie van de stad tot een futuristische socialistische metropool te zien. Toen de Britten aan regeringsvertegenwoordigers vroegen waarom er zo veel kapitaal en arbeid in een grootschalige, luxueuze ondergrondse werd gestopt in een tijd van ernstige woningnood en voedselschaarste, kregen ze te horen dat 'de metro een symbool is, een bewijs van de macht van het volk om iets gigantisch en prachtigs te scheppen, een voorproefje van de rijkdom die voor iedereen binnen handbereik zal zijn'. Het eerste was ontegenzeggelijk correct: de architectuur van Rusland heeft, net als veel aspecten van het openbare leven, altijd voornamelijk gefungeerd als een symbolische taal. Stalins bewind stond dan wel bekend om de brutalistische monolieten op monumentale schaal, maar de Christus-Verlosserkathedraal herinnert eraan dat Stalin die Russische voorkeur voor grootschaligheid niet heeft bedacht, maar alleen een nieuwe uitdrukkingsvorm gaf.

In 1931, het jaar waarin Kaganovitsj zijn plan voor een socialistisch Moskou onthulde, liet Stalin de kathedraal opblazen met vrachtwagens vol dynamiet. De indrukwekkendste orthodoxe kerk ter wereld, steen voor steen opgebouwd door drie tsaren en een schare aan gewone Russen, waar bijna zeventig jaar aan was gewerkt, was slechts vijftig jaar in gebruik. Ploegen arbeiders, onder wie eenheden van de geheime politie, werkten dag en nacht door om tonnen goud en malachiet, marmeren plaquettes met de data van Russische militaire campagnes erin gehakt, goudgeborduurde gewaden en iconen van onschatbare waarde af te voeren. Het bladgoud werd van de koepels verwijderd en de klokken werden naar beneden gehaald. Het kostte twee weken om het massieve bouwwerk beuk voor beuk op te blazen en met de grond gelijk te maken, en daarna nog bijna een jaar om al het puin te ruimen. Veel van het marmer dat werd gebruikt in de overdadige stationshallen van Kaganovitsj' metro, zoals die indertijd bekendstond, kwam van de afgebroken kathedraal.

Natuurlijk was de verwoesting ook symbolisch. Om in Rusland een 'proletarische religie zonder God' te stichten, vernietigde Stalin de heiligste tempel van het volk. In de plaats zou hij het iets schenken dat nog grandiozer was: een futuristisch paleis waar partijcongressen zouden worden gehouden en de zege van het internationale socialisme en het Vijfjarenplan uitgeroepen, een bouwwerk zo groot dat het niet alleen God de Vader maar de hele Drievuldigheid zou wegvagen. En om elk misverstand te voorkomen zou het op de plaats van de vernietigde kerk verrijzen.

Er kwamen honderden inzendingen voor een internationale ontwerpwedstrijd voor het Paleis van de Sovjets, de meeste in stijlen die naar optimistisch constructivisme of modernisme neigden, waaronder voorstellen van Walter Gropius en Le Corbusier. Stalin koos echter het voorstel van de Moskouse architect Boris Iofan voor een dubieuze, naargeestige neoclassicistische toren: het hoogste gebouw ter wereld zou eruitzien als een ijshockeytrofee. Stalins Paleis van de Sovjets zou dertig meter hoger worden dan het net voltooide Empire State Building en worden bekroond met een beeld van Lenin dat drie keer zo groot was als het Vrijheidsbeeld. Lenins arm zou hoog boven de stad naar de toekomst wijzen, zijn uitgestoken wijsvinger zou zes meter lang zijn. In de grote zaal zouden twintigduizend mensen passen, in een kleinere zaal nog eens zevenduizend. De funderingen werden uitgegraven in 1937, het dodelijkste jaar van de Grote Terreur, het jaar waarin Frank Lloyd Wright voor een publiek van architecten de Russen waarschuwde voor 'grandomania', megalomanie. Op de wereldtentoonstelling van 1939 in New York stond een negen meter hoog model van het ontwerp.

Vrijwel meteen stroomde er rivierwater in de funderingen, en kinderen klommen over de hekken om erin te zwemmen of op karpers te vissen. Met vrachtwagens werden er grafstenen van de stedelijke begraafplaatsen aangevoerd om de wanden te versterken; in 1941 werd de bouw gestaakt. Het stalen skelet werd ontmanteld en voor oorlogsdoeleinden gebruikt, terwijl de stadsbewoners de hekken rondom de bouwput afbraken om het chronische tekort aan brandhout te lenigen. Het metrostation behield de naam Paleis van de Sovjets tot het jaar van Stalins dood, en Iofans ontwerp werd nog een tijdlang op luciferdoosjes gedrukt.

Een vriend van de familie in New York weet nog hoe de bouwplaats eruitzag. Toen hij een tiener was, kort na de oorlog, was het een en al afval en brandnetels. Hij at er zijn middageten met zijn benen bungelend over de rand van de ondergelopen funderingen. Vrome oude vrouwtjes fluisterden dat de grond sinds de verwoesting van de kathedraal vervloekt was. Dat zowel Kaganovitsj als Iofan Jood was, paste in de antisemitische samenzweringstheorieën die nooit helemaal waren verdwenen in Moskou. Ten slotte besloot Chroesjtsjov dat het gapende gat op de oever een verwarmd openluchtzwembad moest worden, met de ongeïnspireerde naam Moskva, alweer het grootste ter wereld. Ruslands twee machtigste bouwwerken – het een verwoest, het ander nooit gerealiseerd – werden vervangen door een bak van gegoten beton. Mijn moeder weet nog dat ze er een paar maanden voor mijn geboorte is gaan zwemmen.

Mijn vader en ik dwaalden door de herbouwde kathedraal, waar het wemelde van de bezoekers. Net als bij zijn voorganger was het geld ervoor grotendeels van gewone Russen afkomstig: meer dan een miljoen mensen had gedoneerd voor de reconstructie. Het had een exacte replica moeten zijn, maar op het laatste moment werden er door de beeldhouwer Zoerab Tsereteli, Georgiër van geboorte en goed bevriend met de als corrupt bekendstaande burgemeester van Moskou, vloekende, onverklaarbaar moderne versieringen aangebracht. Tsereteli's alom gehate monument van Peter de Grote stond verderop langs de rivier. De Moskouse politie had al twee afzonderlijk opererende groeperingen gearresteerd die het beeld van explosieven hadden voorzien.

We kwamen langs beelden van Nicolaas en Alexander en liepen een trap af naar een kleinere kapel, waar een mis werd gehouden. Voor een vergulde iconostase stond een priester te zingen. Te midden van kaarsen en wierookdampen verdrongen een zangtrio en enkele tientallen parochianen in een dikke jas zich rond het altaar. Het zingen was bijna ondraaglijk mooi. Toen ik hen zag, moest ik ineens terugdenken aan een middernachtsdienst in een lutherse kerk in het stadje Bethesda in Maryland. Mijn vriend en ik waren er met Kerstmis om naar zijn moeder te luisteren, die een aria zong uit Faurés *Requiem*. De gemeenteleden zaten in de kerkbanken gezellig met elkaar te kletsen voordat de dienst begon. Later knielden er vrouwen met vestjes en parelkettingen en jongens met netjes gekamde haren en marineblauwe blazers bij de balustrade rond het altaar, wachtend op het heilig avondmaal. Het was een voorzichtig optimistisch tafereeltje. Hier in Moskou was de stemming somberder. Er waren geen kerkbanken en de devotie was bijna tastbaar. Anders dan Faurés etherische melodieën resoneerde dit gezang van aards leven. Naast me wiegde een vrouw met een tas vol boodschappen aan haar voeten met haar ogen dicht naar voren en naar achteren, ondertussen steeds hetzelfde gebed prevelend.

Mijn vader wilde net iets in mijn oor fluisteren toen iemand achter ons begon te schreeuwen. Het was een man met een versteld colbertje en viltlaarzen aan; hij zat op zijn knieën en raakte de grond met zijn voorhoofd, zoals de Russen van oudsher doen. Toen hij overeind kwam, liepen de tranen over zijn wangen. 'Zjidi rastoptali Rossijoe!' schreeuwde hij opnieuw. 'De smouzen hebben Rusland vertrapt!' Het bloed trok weg uit mijn gezicht. Mijn vader wendde zich van me af en liep snel weg. Ik volgde hem de trap op en struikelde het felle middaglicht in. Hij hield een snorder aan en we zaten samen achterin terwijl de oude stad achter ons plaatsmaakte voor flatgebouwen en stoepen met kiosken. Hij stak een Winston op en blies de rook uit het raampje. Twintig minuten later keek hij me pas weer aan.

Het was al na middernacht toen de trein met eindbestemming Boekarest knarsend stopte. Vinnytsia was nog veertien uur verder. In plaats van een station was er een bord met daarop, in metaalverf verlicht door een gloeilamp, SOECHINITSJI. Door het raam zag het dorp eruit als iedere andere speldenprik op de kaart die zijn bestaan aan de spoorweg dankte: een strook aangestampte aarde langs de rails. Eerst kon ik de processie van silhouetten die zich rond de wagon verdrongen nauwelijks onderscheiden: vage gedaanten, eerst één of twee, toen tientallen. Toen mijn ogen aan het donker gewend raakten, herkende ik de contouren van mensen die gebukt gingen onder de grootste knuffelbeesten die ik ooit had gezien. Nadat we een voor een waren uitgestapt, werden we omringd door levensgrote panters, tijgers en beren met harde plastic ogen die schitterden in het maanlicht.

De conductrice, een vrouw met een strenge scheiding in haar pony en abrikooskleurige lipgloss, legde uit dat deze mensen op een speelgoedfabriek in de buurt werkten die, als zovele, bijna failliet was en haar werknemers in handelswaar betaalde. Ze probeerden de enorme pluchen beesten aan de treinpassagiers te slijten die tijdens de tussenstops van tien minuten even gingen roken of hun benen strekken op het perron, omdat zij de enige bezoekers waren die regelmatig door Soechinitsji kwamen. Toen ik een panter in maatje kano voor zo'n zeventien dollar afsloeg, vroeg de vrouw eronder of ik misschien honger had. 'Ik heb een gebraden kippenpoot,' zei ze hoopvol. Een jongen van een jaar of acht die een plunjezak achter zich aan sleepte, riep: 'Bier, sigaretten!' 'Op de terugweg is het dag en dan zijn de prijzen hoger,' mopperde een man met een gebreide muts op. Het fluitje klonk en de conductrice klom aan boord. Ik slalomde langs een zeemeermin en een lonkende antropomorfe paddenstoel naar het metalen trapje.

De trein schokte in beweging. In de coupé keek ik met mijn gezicht tegen het glas de surrealistische dierentuin na, die verdween in de nacht.

'Wat vind je van ons land?' vroeg Petja met een grijns. Ik deelde een coupé met vier bedden met de zoon van mijn stiefvader, uit zijn kortstondige eerste huwelijk. Een paar dagen eerder had hij aangeboden om mee te gaan naar Vinnytsia, en ik was opgelucht en dankbaar dat ik niet alleen hoefde te reizen. Petja was een jaar ouder dan ik. Hij was opgegroeid in Moskou, waar hij als freelancefotograaf voor een tijdschrift werkte. We hadden elkaar maar een paar keer eerder ontmoet en ik bestookte hem met vragen. Hij vertelde over zijn diensttijd in het Oeralgebergte en zijn recente reis naar Tsjetsjenië, in opdracht van een Moskous tijdschrift, om de doden te fotograferen. Ik geloof dat hij mijn hakkelige Russisch en mijn voorzichtige toeristenmanieren wel grappig vond. Petja had de bouw van een trapezewerker, gemillimeterd geel haar en pretlichtjes in zijn lichtbruine ogen. Hij leidde me door de wagons, vrolijk en op zijn gemak in het ecosysteem van de trein, maar ook aandoenlijk bezorgd over mijn welzijn. Hij werd alleen stug wanneer ons gesprek op zijn vader kwam, mijn stiefvader, een schilder die in 1978 onder druk van de regering de Sovjet-Unie had verlaten. Petja was acht toen zijn vader was vertrokken, en hij vroeg naar hem met een geïntimideerde, aarzelende uitdrukking. Ik vroeg of hij het me kwalijk nam dat ik dichter bij zijn vader was, een nabijheid waar hij meer recht op had gehad, maar hij wuifde mijn onbehagen weg. 'Jij zit nu met hem opgescheept,' zei hij met zijn geruststellende grijns.

De avond voor ons vertrek naar Vinnytsia belde Petja om te zeggen dat Anja, zijn vrouw, of liever zijn ex-vrouw, ook meeging. Hij zei niet waarom. Ze zat naast hem op het bed, een smalle, knappe blondine van halverwege de dertig met een verstrooide manier van doen en een schrille, lichtelijk verknipte lach. Anja vertelde dat ze 'abstracte' dameskleding ontwierp. Zij en Petja waren al meerdere keren uit elkaar gegaan maar uiteindelijk weer bij elkaar gekomen, voornamelijk vanwege haar achtjarige zoon uit een vorig huwelijk, die door Petja geadopteerd was. We nipten thee en wodka en staarden uit het raam terwijl de voorsteden plaatsmaakten voor houten huisjes, wc-hokjes, moestuintjes, waterputten en golvende houten hekjes waarin hier en daar een lat ontbrak. Anja vertelde vieze moppen en gierde van het lachen zodra ze bij de clou aankwam.

Onderweg naar de restauratiewagen kwamen we door de *platskarta*, de derdeklasslaapwagen. Er zaten geen deuren of zelfs maar gordijnen tussen de passagiers, en hele gezinnen lagen er te dommelen op houten banken met hun gezicht naar de wand voor wat privacy. Er lagen soldaten breeduit te slapen met hun laarzen aan. Een paar vrouwen speelden kaart en aten radijsjes en plakken komkommer uit plastic zakjes. De ramen waren vergrendeld en de lucht was verzadigd van de geur van droge worst en zweet. We struikelden door zes ratelende wagons en kropen met z'n drieën rond een koude metalen tafel. Anja bestelde een fles Moldavische cognac en een bord citroenschijfjes met suiker erop. Voordat de cognac werd gebracht, kwamen een paar passagiers bij ons zitten. Er waren genoeg lege tafeltjes in de restauratiewagen, maar het zou onbeschoft zijn geweest om er iets van te zeggen in de trein, een vorm van reizen die een welwillende beleefdheid in Russen naar boven brengt.

Onze buren, twee mannen van achter in de twintig met krullen en donkere ogen, spraken met dubbele tong en een Oezbeeks accent. Ze zagen eruit alsof ze al een hele tijd dronken waren. Zjora, de meest spraakzame, zei dat ze uit Samarkand kwamen, maar hij vertelde er niet bij waar ze heen gingen. Hij vergaapte zich ongegeneerd aan Anja. Ze waren te vriendelijk, te open, maar ik hield me voor dat ik mijn gevoel voor Russische manieren had verloren. De deur aan het eind van de wagon ging open en het uniform van een conductrice verscheen. Zjora en zijn vriend namen de benen en sloten zich op in de wc. Toen de conductrice langs was, staken ze hun hoofd met een verbeten blik om de deur, als in een klucht. Zjora gaf toe dat ze geen kaartjes en geen paspoorten hadden en dat ze een paar dagen eerder uit een andere trein waren gegooid.

Ik werd een beetje licht in mijn hoofd van de zoete cognac, tot Petja zich naar me toe boog en in mijn oor fluisterde dat ik naar de handen van de mannen moest kijken: hun onderste vingerkootjes waren uitgebreid getatoeëerd met blauwe ringen. 'Bajesklanten,' fluisterde hij laconiek, het woord 'zeki' duidelijk articulerend. Precies op dat moment vroeg Zjora of een van ons contanten bij zich had; onder zijn snor fonkelde een gouden voortand. We keken elkaar aan, op slag nuchter, en realiseerden ons dat er verder niemand in de restauratiewagen was. Toen kwam de conductrice er weer aan en glipten Zjora en zijn vriend naar de wc. Zodra de metalen deur achter hen in het slot viel, gebaarde Petja dat we ervandoor moesten. We stormden door de wagons en schoven de coupédeur achter ons dicht. Petja haalde een kurk uit zijn koffer en stopte die onder de handgreep, zodat ze die niet konden opentrekken.

We zaten nog lang te lachen bij een laatste rondje uit de fles wodka. Later lieten we, aangeschoten, de bovenste bedden zakken en maakten ze op met stijve witte lakens. Petja en Anja lagen binnen een paar minuten in slaap, maar toen ik mijn ogen dichtdeed, werd de hele film van de afgelopen dag nog eens op de binnenkant van mijn oogleden afgespeeld. Na een halfuur naar het nachtlampje staren en naar het schokken van de wielen luisteren zette ik mijn koptelefoon op. Van de muziek kreeg ik afwisselend de zenuwen en heimwee, tot ik een album van Sonic Youth vond. 'Love has come to stay in all the way/ It's gonna stay forever and every day,' dreunden de stemmen van Thurston Moore en Kim Gordon in mijn hoofd. Buiten strekte het spookachtige bos zich in alle richtingen uit. 'You got a cotton crown/ I'm gonna keep it underground.' Ik viel in slaap met rondzingend gitaargejengel in mijn oren.

Het was donker buiten toen ik wakker werd van gierende remmen. Op mijn horloge was het halfvijf. We waren bij de grens. Er klonk gestamp van laarzen op het metalen trapje. 'Waar is de Amerikaan?' vroeg een mannenstem. Op de passagierslijst stonden de namen en nationaliteiten en ik was de enige buitenlander. Meteen daarna werd er op de coupédeur gebonsd. Petja stopte de kurk weg en knipte het licht aan. Twee grenswachten met de Oekraïense vlag op hun mouw kwamen binnen. Ze torenden boven ons uit, de langste nam het woord. We overhandigden onze paspoorten en hij deed alsof hij ze bestudeerde. Ik kon zijn ogen niet zien onder de klep. 'Waar zijn uw inklaringsdocumenten?' blafte hij me toe. 'De conductrice heeft ons geen douaneformulieren gegeven,' antwoordde ik. We waren geschrokken en nog een beetje dronken, en Anja en Petja protesteerden luidkeels.

'Uw documenten zijn niet in orde,' dreunde de grenswacht op, alsof hij iets oplas van een briefje. 'U gedraagt zich onfatsoenlijk en u houdt de trein op, en als u niet binnen anderhalve minuut inklaringsdocumenten overlegt, moet ik u hier vasthouden.'

Ik wierp een blik uit het raam. 'Hier' was een zo te zien onverwarmd hok van golfplaten langs de eindeloze Russisch-Oekraïense grens, ergens midden in de nacht. We lagen in onze pyjama op onze bedjes en keken op naar de grenswachten. Ik werd een beetje misselijk van angst, maar ook bang dat ik ineens in lachen zou uitbarsten om deze overduidelijke truc. Een catastrofe hing in de lucht, totdat Petja een verkreukeld twintigdollarbiljet uit de achterzak van zijn spijkerbroek haalde en het aan de grenswacht gaf (Russen hebben vaak dollars bij zich, juist voor dit soort transacties). De man fleurde op en glimlachte zelfs. 'Welkom in de soevereine Republiek Oekraïne,' zei hij. 'Ik wens u een veilig en prettig verblijf!' Hij salueerde hartelijk, stapte samen met de andere grenswacht de coupé uit en schoof na nog een parmantiger saluut de coupédeur achter zich dicht.

We stonden bij onze bagage in de gang naast onze coupé te wachten en keken uit de raampjes naar buiten, waar het platteland overging in de ravage van een middelgrote stad. De trein reed langs leegstaande gebouwen van onduidelijke ouderdom, loodsen en watertorens waarvan de bakstenen verspreid langs het spoor lagen. Hier en daar schoten jonge, zwart beroete boompjes tussen de paardenbloemen en het vingergras op. Het station van Vinnytsia, een betonnen bunker onder een golfplaten dak, wachtte ons op tussen het puin. Petja regelde een snorder die ons op fietssnelheid door de hoofdstraat naar ons hotel bracht.

In mijn *Rough Guide* van de streek was zegge en schrijve één alinea aan Vinnytsia gewijd. Volgens het boek 'viel de stad op door helemaal nergens in op te vallen'. In de taxi dacht ik aan de verhalen die mijn vader had verteld over zijn jeugd in het stadje. Ze waren moeilijk te rijmen met de haveloosheid en openlijke armoede die ons omringden. De stoep aan beide kanten van de Rivierstraat was bezet door markstalletjes. Op een krat zat een oude vrouw gebogen over een paar geplukte kippen die aan haar voeten op het asfalt lagen. In geïmproviseerde kraampjes verkochten vrouwen illegale dvd's, zelfgemaakt snoepgoed en meters mode: zwarte veterlaarsjes met puntneuzen, acryl truien met namen van beroemde modeontwerpers in pailletten op het voorpand (eentje verkeerd gespeld), Gucci-handtassen en Zwitserse polshorloges uit China. Er waren ook gewone winkels in Vinnytsia, verzekerde de chauffeur ons, maar iedereen kocht bijna alles hier omdat de prijzen lager waren.

Nadat we in ons hotel hadden ingecheckt, gingen we ontbijten in een lege cafetaria, waar we zaten te wachten tot een jongen van zestien met een schort voor ons de enorme menukaarten bracht, die waren opgesteld met het typische gebrek aan ironie en de Sovjetvoorliefde voor abstracte naamwoorden: een voorgerecht met banaan en ham heette Tederheid. Hier zouden Petja, Anja en ik elkaar aan het eind van ons uitstapje weer treffen. Ik zei dat ik nog niet wist hoelang het zou duren, maar dat leek hun niet uit te maken. Het was nog maar twaalf uur. Ik liet mijn koffer in mijn kamer achter, plensde wat water in mijn gezicht en ging op zoek naar mijn grootvader.

Niemand hier had van de Vorosjilovstraat gehoord. Ik begon te vermoeden dat ik het verkeerd had opgeschreven, tot een vrouw van in de vijftig glimlachte en knikte. De straat had een paar jaar geleden een andere naam gekregen, legde ze uit. De Straat van de Vijftigjarige Overwinning op het Fascisme was een grootse naam voor zo'n smal weggetje met twee rijstroken en om de tien meter een iel berkenboompje in het trottoir. Er kwam een koude wind opzetten en een Japans rode zon ging onder achter een fabrieksgebouw toen ik nummer 19 vond, een jarendertighuis met vier verdiepingen. Er zat bescheiden graffiti op de deur. Op een bordje achter het raam van een schoonheidssalon op de hoek met de rolluiken naar beneden werden uniseks permanente ontharing en 'Afrobraids' beloofd.

Met mijn handen vol cadeautjes van de markt – margrieten met een elastiekje eromheen en een taart in een plastic zak met HUGO BOSS erop – stond ik voor de deur te treuzelen en de mogelijkheden af te gaan. Ik hield rekening met zwijgen, dementie, afwijzing. Ik stond stil bij mijn gebrek aan een zinvol noodplan. Ik stond er ook bij stil hoe absurd het was om achtduizend kilometer te reizen na één telefoontje met een man die ik me niet kon herinneren, zonder dat ik een echte boodschap voor hem had.

Maandenlang had ik geprobeerd me een voorstelling te maken van de ontmoeting met Vasili, maar op dat moment voelde ik alleen maar een flauwe spanning en het verlangen ervan af te zijn. Ineens wilde ik niets liever dan thuis zijn. De Brooklyn Bridge op fietsen totdat ik aan het eind van mijn klim het ochtendgloren kon zien in de ramen boven South Street, en daarachter Governors Island en de pontjes die uitwaaieren vanaf de Whitehall Terminal. Het verlangen was zo levendig dat ik me bijna omdraaide en terugliep naar het hotel. In plaats daarvan keek ik op mijn horloge en beklom een onverlichte trap.

Een vrouw met een gebloemd schort deed open. 'Ik ben Sonja,' zei ze met een glimlach. 'Ik zag je op de stoep staan en herkende je van de foto.' Sonja was klein, rond de tachtig en had een vriendelijk, nieuwsgierig gezicht. Ze omhelsde me stevig en troonde me mee naar binnen, door een gang met linoleum op de vloer naar een kleine woonkamer die naar schoonmaakmiddel en ouderdom rook. Het was er helemaal vol met ouderwets meubilair, te breed uitgegroeide planten en gebloemde vitrages. Boven de bank hing een bordeauxrood wandtapijt. Op een oud televisietoestel zat een blonde pop wijdbeens naast een ouderwetse dubbele antenne die bij elkaar gehouden werd met isolatietape.

Het duurde even voor ik doorhad dat de spichtige, stokoude man op de bank mijn grootvader was. Hij zat daar in het donker als een vleugellamme meeuw en keek me aan met bleke, waterige ogen. Voordat ik hem goed kon bekijken, omarmde hij me, kuste me op beide wangen, steeds weer, zoals oude Russische mannen dat doen, en noemde mijn naam een paar keer. Toen hij me losliet, zocht ik het gezicht van de foto in het zijne. Ik haalde de foto uit mijn rugzak en liet hem zien. Hij zette zijn bril op, die aan een stuk garen op zijn borst bungelde, en keek ernaar met iets van ongeloof. 'Was ik dat?' prevelde hij. Hij had een heldere stem en gladgeschoren wangen. De verschoten marineblauwe blazer die hij aanhad, was pasgeleden nog geperst. Het puntje van zijn neus was krom als de snavel van een roofvogel, net als bij mij. Hij is het, dacht ik, oprecht verbaasd. Ik had hem gevonden.

Die eerste avond zaten we rond de gelakte tafel in de woonkamer (het bleek de tafel te zijn waar mijn vader en zijn vrienden vijftig jaar eerder op hadden gedanst), dronken lauwe thee en namen hapjes van de taart. Sonja praatte het meest. Ze vertelde me over Vasili's dochter Inna, de halfzus van mijn vader, die honderden kilometers verderop naar het westen woonde, en liet me foto's zien van de kleinkinderen: een magere jongen en een meisje met donkerblond haar die zich aan een moeder van middelbare leeftijd vastklampten, in wier gezicht ik niets kon ontdekken van de drie kinderfoto's waar ze in gedachten verzonken en zonder te lachen op stond, naast mijn vader. Vanaf een ingelijste foto aan de muur keek het serieuze, rechthoekige gezicht van Sonja's zoon, die militair rechter was in Moskou, op ons neer.

Naarmate de avond vorderde, vertelde Sonja meer en ik was verbaasd, en daarna beschaamd, dat veel van hun problemen veroorzaakt werden doordat ze relatief kleine bedragen niet konden opbrengen. Ze hadden een balkon dat op instorten stond, maar niet het geld om het te laten versterken, en er was een bank waar een scherpe veer uit stak, die te duur was om te repareren. Zoals de meeste ouderen hier begonnen Sonja en Vasili over hun pensioen: dat van haar bedroeg vijfendertig grivna per maand, ongeveer zeven dollar, dat van hem iets meer. Toen hij zijn heup had gebroken, konden ze de operatie die door de arts was aanbevolen niet betalen en nu, na anderhalf jaar immobiel in bed te hebben doorgebracht, moest Vasili zich op krukken redden. De operatie zou rond de driehonderd dollar hebben gekost.

Vasili kreeg niet vaak bezoek, en hij zat te grijnzen onder zijn borstelige wenkbrauwen. Wanneer hij glimlachte in het licht van de lamp, zag ik dat hij op drie voortanden gouden kronen had. Pas toen hij tegen het eind van de avond naar mijn vader vroeg, verslechterde zijn humeur. Ik vertelde hem wat ik wist en zag eerst verbazing en daarna, geleidelijk aan, gêne op zijn gezicht. 'Ik dacht dat hij met jullie mee was gegaan naar Amerika,' mompelde Vasili uiteindelijk. Om een of andere reden geneerde ik me ook. Ik wilde iets zeggen om hem te troosten. 'Hij vroeg me de groeten te doen,' hakkelde ik. De leugen klonk idioot zodra ze uit mijn mond kwam, maar Vasili's gezicht lichtte op en uit zijn blik sprak zoveel onverholen blijdschap dat ik rood werd van schaamte.

De volgende ochtend schoven we in de Straat van de Vijftigjarige Overwinning op het Fascisme de stoelen naar het raam. Het zonlicht viel schuin naar binnen en bescheen de margrieten en het sleetse parket, waardoor de kamer er bijna fleurig uitzag. Vasili had die ochtend over zijn jeugd in Aleksandrovka gepraat, een dorp niet ver van Vinnitsa. Het waren de onmenselijke jaren van de burgeroorlog, van collectivisatie en hongersnood, maar Vasili's herinneringen klonken me onbegrijpelijk pastoraal in de oren. Daarna gingen de verhalen naadloos over in zijn terugkeer naar Vinnitsa na Stalins dood in 1953, alsof hij de tussenliggende jaren in Moskou met tuinieren en administratie had doorgebracht en het de moeite niet vond om het erover te hebben. Iedere keer dat ik doorvroeg over Moskou, ontweek hij de vraag. Af en toe keek hij op om me een steelse, schuldige blik toe te werpen, omdat hij wel doorhad dat ik wist waar hij mee bezig was. Sonja leek ook niet op haar gemak. Ik verwachtte dat ze zou zeggen dat ik de oude man met rust moest laten, moest ophouden hem met mijn vragen in verlegenheid te brengen, tot ze met haar hand zo hard op tafel sloeg dat we allemaal schrokken. 'Vertel hem de waarheid, Vasili!' schreeuwde ze bijna, waarna ze naar de keuken verdween.

Vasili was even stil en wendde zich toen met een zekere opluchting tot mij. Ik keek hem zwijgend aan tot hij zijn keel had geschraapt en verderging met een wat dieper timbre, dat meer als zijn natuurlijke stem klonk. 'De eerste keer dat ik Stalin zag, was op 8 november 1932,' zei hij. 'Ik weet nog dat ik het Rode Plein overstak, langs de Basiliuskathedraal. Vorosjilov gaf een banket bij het derde lustrum van de revolutie en ik was erbij gehaald. Stel je voor, de zoon van een bietenboer! Ik was net eenentwintig geworden.' De verontschuldigende blik was van Vasili's gezicht verdwenen en hij leek gefascineerd door zijn eigen woorden, alsof hij er jarenlang niet hardop over had gesproken.

Hij vertelde dat hij was uitgenodigd in zijn hoedanigheid van secretaris van zijn Komsomol-afdeling op de OGPOe-academie in Moskou. Daar was hij toegelaten nadat hij op achttienjarige leeftijd in dienst was gegaan en twee jaar bij een cavalarie-eenheid in de buurt van Vinnitsa had gediend. OGPOe was de naam van de organisatie die eerst bekendstond onder de naam Tsjeka en meerdere afkortingen zou krijgen, waaronder NKVD, MGB en KGB. Vasili hoorde bij het handjevol mannen van de cavalarie dat voor de academie was geselecteerd. In het leger was hij goed geweest in alles. Zijn meerderen mochten hem graag omdat hij zo serieus was en goudeerlijk, omdat hij niet klaagde en zweeg totdat hem iets werd gevraagd. Toen hij naar Moskou ging, met al zijn bezittingen in een kartonnen koffer gepakt, had Vasili nog nooit in een trein gezeten.

De wachten bij de Spasskitoren grinnikten toen hij zijn identiteitspapieren tevoorschijn haalde. 'Koeda idjosj, paren?' begroette een van hen hem: 'Waar ga jij heen, ventje?' Ze liepen met hem mee over de stenen van het Kremlin naar het smalle gebouw van de bereden lijfwacht, de residentie van chef-staf Kliment Vorosjilov en zijn vrouw Jekaterina. Door nog iemand anders, wist Vasili nog, werd hij naar een volgepakte banketzaal met een lange tafel gebracht en naast een knappe operazangeres neergezet, van het Bolsjojtheater, dacht hij. Hij merkte haar aanwezigheid nauwelijks op.

Hij was de jongste in de zaal. Hij zat daar maar, stokstijf, en bestudeerde de gezichten van de gasten, van wie hij sommigen uit de krant herkende. De leiding van het land was rond deze tafel verzameld: de gedrongen, precieze premier Molotov, de stevige Vorosjilov in een rijk behangen uniform, de oude revolutionaire cavalerist Boedjonny, die met zijn rokersvingers de punten van zijn walrussnor opdraaide, en Jagoda met zijn vollemaansgezicht, die kort daarna hoofd van de OGPOe en dus zijn baas zou worden. Ze zaten zo dichtbij dat hij ze kon aanraken. Vasili sprak de knappe zangeres aan en sloeg snel twee glazen wodka achterover. Hij kreeg het warm en werd wat losser totdat een hand hem stevig bij zijn elleboog pakte. Een fronsende officier in een parade-uniform vol medailles, zijn directeur van de academie, trok hem naar een hoek en herinnerde hem eraan dat het de taak van een OGPOe-agent was om in aanwezigheid van de leiders van het land te observeren en te luisteren, niet om zich te buiten te gaan aan drank en te babbelen als een bakvis.

Door dat gesprekje miste Vasili Stalins entree. Hij was dan ook makkelijk over het hoofd te zien tussen al die gedecoreerde commissarissen, met zijn een meter vijfenzestig en zijn eenvoudige korporaalsjas en wijde broek. Vasili verbaasde zich over zijn pokdalige wangen, die op al zijn officiële foto's werden weggeretoucheerd.

Op staatsbanketten verving Stalin de wodka in zijn glas regelmatig door water omdat hij zijn gasten graag hun remmingen zag verliezen terwijl hijzelf nuchter bleef. In de jaren daarna zou Vasili dat vaak zien gebeuren. Maar die avond dronk Stalin het ene glas wodka na het andere en veronachtzaamde daarbij te eten, zodat hij ongewoon praatgraag en druk werd en met een rood gezicht naar een slanke jonge vrouw lonkte die een paar stoelen verder zat. Uit gepubliceerde verslagen van die nacht blijkt dat het Galina Jegorova was, actrice en de vrouw van generaal Jegorov. In haar op maat gemaakte charlestonjurk leek ze wel een andere mensensoort naast de moederlijke Kremlinvrouwen rondom haar. Stalins blikken ontgingen haar niet, maar ze keek koket de andere kant op.

Volgens de bronnen zou Stalin, om Jegorova's aandacht te trekken, balletjes broodkruim naar haar hebben gegooid, mikkend op haar decolleté. Vasili herinnerde zich alleen dat Stalin avances had gemaakt naar een mooie jonge vrouw. Zijn buren deden alsof ze het niet zagen, behalve de donkerharige vrouw die tegenover Stalin zat: zijn vrouw, Nadezjda Alliloejeva. Zij staarde hem vernietigend aan, en toen Stalin opstond om te proosten op 'de vernietiging van de staatsvijanden' – de boeren die zich niet neerlegden bij de georkestreerde hongersnood waar hij het platteland aan had onderworpen – toostte zij opzettelijk niet mee. 'Drink je niet?' riep hij naar zijn vrouw, waarop iedereen aan tafel stilviel. Toen ze geen antwoord gaf, bekogelde Stalin haar met sinaasappelschillen en sigaretten tot ze snikkend de zaal uit rende. Polina Molotova, de vrouw van de premier en Alliloejeva's beste vriendin, ging achter haar aan. De gasten aan tafel bleven zwijgen, op wat gefluister na dat alleen Stalins intimi zich veroorloofden. 'Mijn mond hing waarschijnlijk open,' zei Vasili, en zijn ogen werden vochtig. 'Ik was nog zo jong. Ik wist niet dat ik beter kon wegkijken.'

Die avond bleek een keerpunt te zijn geweest in de geschiedenis van het land. Door de geheimhouding die het totalitarisme afdwong, beschikken we alleen over gefragmenteerde en gefilterde informatie. Tot op heden wordt die geschiedschrijving aangevuld met vrijgekomen documenten en onderzoek, maar sommige onderdelen zullen nooit helemaal boven water komen. Wel bekend is dat veel van de gebeurtenissen die de Grote Terreur zijn gaan heten, terug te voeren zijn tot die avond begin november, die gereconstrueerd is uit een veelheid aan geruchten, verhalen uit de tweede en derde hand, feiten, pseudofeiten en andere flarden informatie. Het is niet altijd duidelijk wat wat is, en soms spreken de puzzelstukjes elkaar tegen, maar samen geven ze een beeld van wat er is gebeurd.

Dit zijn een paar van die feiten. Op de ochtend van 9 november trof Stalins huishoudster Alliloejeva aan in haar slaapkamer in het Potesjnypaleis, op de grond in een plas bloed met haar Duitse revolver met paarlemoeren kolf naast zich. Volgens het officiële rapport, getekend door ene professor Koesjner, was de doodsoorzaak een schotwond in de borst die ze zichzelf had toegebracht. Maar na autopsie concludeerde de arts die als eerste op de plaats delict arriveerde, Boris Zbarski – de hoogst aangeschreven anatoom van het land en balsemer van Lenin –, dat ze gestorven was aan een schotwond in haar linkerslaap, afkomstig uit een pistool dat op minstens vier meter afstand was afgevuurd. Alliloejeva was rechtshandig. Toen de huishoudster haar vond, hield ze een met bloed doordrenkt kussen voor zich als een schild. In een overlijdensbericht in de *Pravda* was de doodsoorzaak geheel weggelaten. Op haar begrafenis viel het haar vrienden op dat haar haar over haar linkerslaap was gekamd, terwijl ze het altijd in een middenscheiding droeg. Er had zich al een kleine menigte verzameld bij Stalins appartement toen Zbarski erbij werd geroepen, en er gingen uren voorbij voordat besloten werd de secretaris-generaal te wekken. Naar verluidt moest Stalin huilen toen hij hoorde dat zijn vrouw dood was, en riep hij uit dat hij niet zonder haar kon leven. Hij was niet op de begrafenis. 'Ze heeft me als een vijand verlaten,' zou Stalin gezegd hebben toen een rijtuig Alliloejeva's doodskist langs een dichte menigte rouwenden van het Rode Plein naar de begraafplaats bij het Novodevitsjiklooster bracht.

Misschien werd Stalins geest door de gewelddadige dood van Alliloejeva wel verder in de richting van isolement, wantrouwen en boosaardigheid gedreven. Misschien ook niet. Misschien was de terreur die volgde wel onvermijdelijk. Wat met meer zekerheid gezegd kan worden, is dat na haar dood de revolutionaire camaraderie die de heersende families van de Sovjet-Unie met elkaar verbond, vervangen werd door achterdocht, angst en een paranoia die uiteindelijk het hele land in haar greep hield. De gastvrouw van het banket, Jekaterina Vorosjilova, schreef in haar dagboek: 'Hoe kon ons leven zo complex worden dat het van een ondraaglijke onbegrijpelijkheid was?'

Ik vroeg Vasili of hij nog wist hoe de avond geëindigd was. Hij hield zijn hoofd schuin en dacht na. 'Ik liep naar huis,' zei hij. 'Ik wist niet waarom het allemaal mij moest overkomen, maar ik weet nog wel dat ik gelukkig was.' Thuis in Aleksandrovka verdreven OGPOE-afdelingen de koelakken – welvarende boeren als Vasili's vader – uit hun huizen en maakten een hele sliert van zijn vroegere klasgenoten tot wees. De liquidaties werden uitgevoerd door agenten van de geheime politie, omdat gewone soldaten niet altijd bereid waren om boeren dood te schieten. Maar die nacht liep Vasili naar zijn slaapzaal met zijn hoofd vol zonnige gedachten, overtuigd dat de toekomst waar hij op hoopte nabij was.

Toen ik terugslenterde naar mijn hotel, voelde ik me een slang die een groot knaagdier heeft doorgeslikt en tijd en rust nodig heeft om het te verteren. De hemel was bewolkt en de straten waren stil, maar in het park wandelden nog stelletjes en hingen er tieners op de bankjes, en ik liep een poosje tussen hen in, op een prettige manier verdwalend. De wind ruiste door de lindebomen en het rook er naar vochtige bladeren. Ik ging op een bankje zitten, keek om me heen en begon na te denken.

Toen ik vóór mijn reis op zoek was naar informatie over de stad, stuitte ik onverwachts op een van de beroemdste foto's van de Holocaust. Het bijschrift was 'De laatste Jood van Vinnitsa', en hij was voor het eerst verspreid door persbureau UPI tijdens het proces van Adolf Eichmann. Dat beklemmende beeld veranderde de indruk die ik had van de doodgewone provinciestad uit de verhalen van mijn vader ingrijpend. Halverwege de vorige eeuw werd bijna iedereen hier getroffen door een catastrofe van reusachtige omvang die zowel uit het oosten als uit het westen kwam, toen de stad over en weer werd veroverd door de strijdende partijen. In Vinnitsa lag het epicentrum van die catastrofe nu eens niet in een verlaten veld aan de rand van de stad, maar in dit mooie, lommerrijke park waar ik op dit moment zelf rondliep.

In 1943, toen het nog het Volkspark heette, groef de Duitse bezetter in de buurt bijna tienduizend lichamen op. Op 149 na waren het mannen, vooral Oekraïners. Tijdens Stalins grootscheepse executies in 1937 en 1938 waren ze gesommeerd lange rijen te vormen en vervolgens achter in het hoofd geschoten door NKVD-agenten. (Had Vasili ook meegedaan aan de zuivering van zijn geboortestad?) De Duitsers waren verwikkeld in een hevige propagandastrijd met de Sovjet-Unie en om de 'communistische terreur' breed uit te smeren lieten ze een aantal internationale deskundigen invliegen om zich over de eenennegentig massagraven te buigen. De lokale bevolking had nog geen vijfhonderd van de lijken kunnen identificeren. De resten werden bijgezet tijdens een openbare plechtigheid. Vissarion, de metropoliet van Odessa, hield de begrafenismis en er werd een monument opgericht.

Waar de Duitsers liever geen ruchtbaarheid aan gaven, was een serie 'acties' die in de herfst van 1941 door de SS-officieren van Einsatzgruppe D in de buurt waren uitgevoerd. Op de ochtend van 15 september werden alle Joden die in de omgeving van Oeman woonden, een stad ten oosten van Vinnitsa, door het Duitse bevel opgeroepen zich te melden bij het lokale vliegveld. Daar werden ze onder schot gehouden en gedwongen zich uit te kleden en in een rij langs een greppel te staan. SS'ers liepen toen achter de rij Joden langs en schoten hen door het hoofd met lugers. Ze sloegen het hoofd van de kleinste kinderen in met hun pistoolkolf, gooiden hen boven op de stapel lichamen en schoten vervolgens ook de moeders neer. De volgende lading Joden kreeg een schep en moest de nog bewegende lichamen met chloorkalk bedekken. Daarna werden ook zij neergeschoten. In Oeman kwamen vierentwintigduizend Joden om, en op 22 september, toen de SS een vergelijkbare actie uitvoerde in Vinnitsa, werden nog eens achtentwintigduizend lijken in ondiepe greppels begraven.

Kort na 22 september vond er weer zo'n slachting plaats in het Volkspark, waarbij deze keer zo'n zesduizend slachtoffers vielen. Dit bloedbad was uitgevoerd door Oekraïense milities op bevel van de SS. In 1945 beschreef een gevangengenomen Wehrmachtofficier, Oberleutnant Erwin Bingel, de gebeurtenis aan zijn Sovjetondervragers:

> 's Ochtends om 10.15 bereikte ons het geluid van lukraak geweervuur en ijzingwekkende menselijke kreten. Eerst begreep ik niet wat er gebeurde, maar toen ik naar het raam liep [...] ontvouwde zich het volgende spektakel [...]. Oekraïense militieleden te paard, gewapend met pistolen, geweren en lange, rechte cavaleriesabels, reden wild door en rond het stadspark. Voor zover we konden zien, joegen ze mensen voor zich uit: mannen, vrouwen en kinderen. Toen werd er een regen van kogels op die mensenmassa afgevuurd. Wie niet meteen geraakt werd, werd neergemaaid met de sabel. Deze woeste horde Oekraïners, die door de SS-officieren was losgelaten en naar hun bevelen luisterde, was als een geestverschijning die mensenlichamen vertrapte en meedogenloos onschuldige kinderen, moeders en oude mensen doodde, wier enige vergrijp was dat ze aan de massamoord waren ontsnapt, totdat ze uiteindelijk toch werden doodgeschoten of doodgeslagen als wilde dieren. [...]
> In de uren daarna zagen we het volgende. In het stadspark van Vinnitsa was een diepe kuil. Op de grond voor deze kuil werden menselijke kadavers neergegooid die daar vanuit de hele buurt naartoe waren gebracht. Het waren de lijken van een deel van de vermoorde Joden. Ze werden vervolgens in voornoemde kuil gelegd, in lagen boven elkaar, en met chloorkalk bedekt. Op die manier ontdeden ze zich van 213 lichamen, waarna de kuil werd dichtgemetseld.

Dat is vastgelegd op een bekende foto, waarschijnlijk die dag gemaakt door een onbekende Duitse soldaat. Er staat een uitgemergelde Joodse man in een zwarte jas op die knielt aan de rand van de kuil. Onder hem is een wirwar van lijken te zien. Een knappe Duitse officier met een metalen bril staat boven hem en richt zijn automatische pistool op het achterhoofd van de man. Het opvallendst aan de foto is dat het groepje soldaten en officieren achter hem rustig voor de fotograaf poseert in een onaangedane of trotse houding. Iemand schreef dat de mannen, te oordelen naar de uitdrukkingen op hun gezicht, evengoed hadden kunnen staan kijken naar een kapper die iemands haar knipt.

Na de oorlog figureerden de in het park begraven doden nog steeds als weinig meer dan politieke ballast. De communistische partijleiders in Vinnitsa droegen het oorspronkelijke monument van de Duitsers op aan de slachtoffers van de moordpartij door de nazi's. Later noemden ze het park naar de Sovjetschrijver Maksim Gorki en besloten ze het monument plat te gooien. De Oekraïense regering plaatste een nieuw monument in het jaar na mijn bezoek. Ik heb het alleen als JPEG-plaatje op een computerscherm gezien: een gezellig groepje van drie moderne kruisen met opnieuw de inscriptie: VOOR DE SLACHTOFFERS VAN DE STALINISTISCHE TERREUR.

Het park zag er goed onderhouden uit, fleurig zelfs, toen de duisternis over de bomen neerdaalde. Iedere vierkante centimeter hier ademde geschiedenis, die echter en urgenter leek dan het heden, en toch schudde de grond niet onder mijn voeten. Er klonk geen geweeklaag. Het was een warme herfstavond in de stad die zogezegd opviel door helemaal nergens in op te vallen en ergens verderop in het park speelde een radio 'Have You Ever Seen the Rain?' Op een bankje lachte iemand en even ruiste de wind zo hard in de lindebomen dat ik de muziek niet meer kon horen.

Nadat ik meerdere dagen veertien uur lang naast Vasili op de versleten bank had gezeten, begonnen de lacunes in zijn verhalen zich te sluiten. Wat hij verder ook mocht zijn, hij was zeker geen sufferd of dwaas, ontdekte ik. Mijn grootvader beantwoordde vragen over zijn verleden met een geoefend oor voor de verhaallijn, benadrukte bepaalde details en liet andere weg om zichzelf af te schilderen als een goeiige invalide, waarbij hij soms inconsequenties introduceerde die hij weigerde te verklaren. 'Zo is het gebeurd,' zei hij dan vaag, en als ik aandrong, verschool hij zich achter een slecht geheugen, terwijl hij de rest van de scène in trefzekere details beschreef. Hij keek me meer dan eens met een opvallend gekwetste blik aan, alsof hij wilde zeggen: Je bent hierheen gekomen als mijn kleinzoon, niet als mijn ondervrager.

Hij was het vaagst over de jaren vlak voor de oorlog, en het was niet moeilijk te raden waarom. In die tijd bereikte de oorlog van de Sovjetregering tegen haar eigen volk een hoogtepunt dat in wreedheid en regelrechte irrationaliteit weinig historische parallellen heeft. Tussen 1935 en 1941 werden miljoenen Sovjetburgers gearresteerd en minstens 700.000 van hen geëxecuteerd, vaak op basis van quota. De zuiveringen werden voorafgegaan door de burgeroorlog, de hongersnood en de collectivisatie, waarbij miljoenen andere doden vielen, en gevolgd door de catastrofale oorlog met Duitsland. Door de grootscheepse arrestaties en executies werden vooraanstaande intellectuelen, schrijvers en kunstenaars van het land gedecimeerd, maar ook uitvinders, ingenieurs en militair strategen, om nog te zwijgen van de politieke elite. De meeste slachtoffers waren natuurlijk prominent noch beroemd.

In die tijd kon vijf minuten te laat op je werk komen al een reden voor arrestatie zijn. Stalins regering probeerde van iedere burger een informant te maken, omdat de vijand overal zou zijn waar je hem het minst vermoedde. Deze tactiek was huiveringwekkend succesvol. Maandelijks kwamen er op de lokale NKVD-kantoren quota uit Moskou binnen om 'terroristen', 'anti-Sovjetagitators' en andere 'vijanden van het volk' te vinden en te arresteren, die tot zestig arrestaties per dag eisten. Elke ochtend vormden zich lange rijen voor de deur van mensen die geduldig wachtten om aangifte te doen. Ze stonden in de rij om hun buren, collega's of familieleden aan te brengen. Naar schatting was één op de zeven Sovjetburgers op een gegeven moment informant.

Met haar veronachtzaming van persoonlijke ervaring en gezond verstand had de Sovjetmentaliteit in die tijd iets weg van een massapsychose. Nog tientallen jaren na de dood van Stalin geloofden honderdduizenden mensen nog steeds in de beschuldigingen die opgegeven werden als reden voor de verdwijning van hun familieleden; tot hun dood bleven ze ervan overtuigd dat hun ouders, broers, zussen of echtgenoten samenzweerders of spionnen waren geweest.

Het dagelijkse werk van de zuiveringen was voor mannen zoals Vasili. Vragen over zijn tijd bij de OGPOE en NKVD halverwege en eind jaren dertig beantwoordde hij met vage verhalen over het volgen van buitenlanders naar restaurants en het afluisteren van hun gesprekken, over observeren en posten, over rapporten schrijven. Hij gaf wel toe dat hij vanaf 1935 vanuit een kantoor in de Loebjanka werkte, een gebouw dat centraal staat in de Sovjetverbeelding. De dood kwam er tot leven: hoofdkwartier van de geheime politie, gevangenis en martelkamer. Er zijn maar weinig kronieken over de Stalinjaren waarin het geen prominente rol speelt. Gevangenen die er hadden vastgezeten, vertelden over geheime giflaboratoria, over geluidsopnamen van huilende vrouwen in de ventilatieschachten om het moreel van de gevangenen te breken, over etages die honderden meters onder de grond zaten, over crematoria. Op de voormalige binnenplaats was een gevangenis voor vooraanstaande politieke gevangenen, een rij cellen waar de ramen met opzet zo waren geblindeerd dat ze nog één lichtstraal doorlieten, die de Isolator werd genoemd.

Vasili keek vaak weg wanneer ik hem naar de Loebjanka en zijn werk daar vroeg. Hij besprak liever overtuigingen: oprecht geloven in de moeilijke taak van het communisme en de noodzaak af en toe een rotte plek uit het hart van de appel te snijden. 'Natuurlijk geloofden we dat allemaal,' zei hij, het standaardantwoord van iemand die gruwelen heeft uitgevoerd. Soms klonk hij alsof hij zich misleid voelde, andere keren was hij geïrriteerd en verdedigend. Hij gaf toe dat hij een verhoorder van lage rang was geweest, een van de velen. Wat zijn taken waren? Behalve 'ondervragen' en 'administratief werk' weigerde hij iets los te laten. Terwijl hij sprak, kostte het me moeite Vasili's milde, timide uitdrukking, zijn masker van invalide, te rijmen met datgene waarvan ik wist dat hij het moest hebben gezien en gedaan: marteling om valse bekentenissen los te krijgen, die in veel gevallen tot een doodvonnis en standrechtelijke executie leidden. Vasili dook weg in de milder stemmende aftakeling van de ouderdom. Door zijn rimpels en lijnen was de autoritaire en zelfs wrede blik van zijn gezicht verdwenen die ik dacht te zien op de foto's van de jongere Vasili die Sonja me had getoond. Ik wist dat het naïef was om zijn nietszeggende, onschuldige verslagen klakkeloos van hem aan te nemen. 'Om zulk werk te doen moet je wel een speciale roeping hebben,' zei de dichter Osip Mandelstam over zijn ondervragers in de Loebjanka. 'Geen normaal mens zou ertegen kunnen.'

Terug in New York dacht ik na over Vasili's uitvluchten en ontdekte ik een curieus, dun antiquarisch boekje van Walter Krivitsky, een hooggeplaatste Sovjetinlichtingenofficier die er op het hoogtepunt van de zuiveringen in geslaagd was over te lopen naar de Verenigde Staten. 'Een van de eigenaardigheden van de gerechtelijke procedure in de Sovjet-Unie,' schreef hij in 1939 over de Loebjanka, 'is dat er ondanks de grote hoeveelheden executies geen vaste beulen zijn. Soms zijn de mannen die naar beneden gaan om in de kelder doodvonnissen uit te voeren [...] officieren en bewakers van het gebouw. Soms zijn het de verhoorders en aanklagers zelf. Ter vergelijking kunt u zich voorstellen dat een officier van justitie van het district New York een straf voor moord met voorbedachten rade oplegt en vervolgens naar Sing Sing racet om de schakelaar in de executiekamer zelf over te halen.'

Later vroeg ik me af waarom de topstudent van de academie van de geheime politie, die was uitgenodigd om in het Kremlin te dineren met Stalin en het politbureau, er niet in was geslaagd op te klimmen in de hiërarchie van de organisatie. Vasili's naam was nergens terug te vinden op de lijsten met hoge officieren van de NKVD, noch op die van ontvangers van belangrijke medailles en onderscheidingen van dezelfde organisatie, noch op die van afgevaardigden naar partijconferenties en -congressen. Uiteindelijk concludeerde ik dat hij die onderscheidingen doelbewust had vermeden in de hoop te overleven. 'Het waren zwarte jaren,' zei Vasili, en hij kneep zijn ogen tot spleetjes om die gemeenplaats wat meer gewicht te geven. 'Je moest je mening voor je houden.' En toen zei hij, minder goed verstaanbaar: 'Je moest op de situatie inspelen, want de situatie veranderde dag na dag.'

In maart 1937 sprak Stalins pas aangestelde chef van de geheime politie, Nikolaj Jezjov, een kleine bureaucraat met een wolvengezicht en de titel van volkscommissaris van Binnenlandse Zaken, de hogere NKVD-leiding toe in een bijgebouw van de Loebjanka. Zijn voorganger, Genrich Jagoda, de man die Vasili had aangenomen, werd er door hem van beschuldigd een sympathisant van de tsaar, een oplichter en een Duitse spion te zijn. Toen Jezjov uitgepraat was, haastten een paar aanwezige hoge officieren zich naar het podium om hun collega's en superieuren aan te geven in een vergeefse poging hun huid te redden. Jagoda's afdelingshoofden waren al gearresteerd, een groot deel van de leiding volgde. Na nog een beschuldiging van een complot om Stalin en de meesten van zijn adjudanten te vergiftigen, werd Jagoda geëxecuteerd. Twee jaar later werd de man die de bijnaam Gifdwerg had gekregen nadat hij de dodelijkste fase van de zuiveringen had geleid – een periode die bekend kwam te staan als de Jezjovsjtsjina – zelf aangeklaagd voor spionage, geëxecuteerd en vervangen door de net als Stalin uit Georgië afkomstige Lavrenti Beria. Stalin noemde Beria, die zijn baan veel langer zou houden dan zijn voorgangers, 'onze Himmler' en 'Slangenoog'. Beria zou Stalins machtigste en meest gevreesde adjudant worden, en hij zou een doorslaggevende rol spelen in de carrière van mijn grootvader.

'Er moet een hele generatie opgeofferd worden,' verordonneerde Stalin, en in de jaren dertig werd geen enkel onderdeel van de Sovjetmachtsstructuur zo grondig gezuiverd als het apparaat van de geheime politie. De overloper Krivitsky schreef: 'Voorzichtige mannen zochten de luwte op, lieten zich tot een administratieve betrekking degraderen, alles om een belangrijke positie te vermijden en niet op te vallen. [...] De redenen voor iemands arrestatie hielden geen verband met de aanklachten tegen hem. Niemand verwachtte dat ook. Niemand vroeg erom. De waarheid werd totaal irrelevant. Als ik zeg dat de Sovjetregering één groot gekkenhuis werd, dan bedoel ik dat letterlijk. [...] Het is geen pretje als je oude vrienden en kameraden 's nachts verdwijnen en een voor een doodgaan. Bedenk dat ik een patiënt was in dat gigantische gekkenhuis.' In 1941, twee jaar nadat hij dit had geschreven, werd kolonel Krivitsky in het Bellevue Hotel in Washington aangetroffen, een paar straten van het Capitool: hij lag in bed, gedood door een geweerschot. De drie zelfmoordbriefjes die in zijn kamer werden gevonden, bleken slechte vervalsingen, en tot op heden is zijn dood onopgehelderd.

In Vinnytsia begon het me te dagen dat het feit dat Vasili daar naast me zat wel moest getuigen van een ongewone combinatie van intelligentie, sluwheid en geluk, maar ik wist niet in welke verhouding. Ik kan niet zeggen of het kwam doordat ik zo geschrokken keek, maar Vasili boog zich in het licht van de lamp naar me toe en schonk me een glaasje plaatselijke aardbeienwijn in. 'Goed voor het hart,' kraste hij, en hij liet zijn gouden glimlach zien.

'Ik was aan het front toen ik het telegram kreeg,' zei Vasili verkwikt. Petja was eerder op de dag langsgekomen om foto's te maken en na een maaltijd van witbrood met kaas dronken Vasili en ik thee uit porseleinen kopjes met rozenkransen erop. Sonja vertrok naar de keuken en liet ons alleen. Vasili vertelde over 1941. Hij was gelegerd bij Smolensk en lid van een NKVD-tuchteenheid die achter de frontlinies patrouilleerde. Dat was een bedenksel van de geheime politie om potentiële deserteurs af te schrikken, zodat de slecht geëquipeerde Rode Legertroepen, die vaak in de minderheid waren, de keus hadden tussen Hitlers tanks voor zich of de bajonetten van hun landgenoten achter zich. In het telegram werd Vasili met spoed teruggeroepen naar Moskou. Bij aankomst hoorde hij dat hij was toegevoegd aan de eenheid die Stalins persoonlijke veiligheid waarborgde en dat hij zich de volgende morgen in het Kremlin bij luitenant-generaal Nikolaj Vlasik moest melden.

De lijfwachten werden uiteindelijk geïncorporeerd in de KGB en kwamen bekend te staan als het Negende Hoofddirectoraat, maar in de oorlogsjaren opereerden ze als semiautonome eenheid die rechtstreeks aan Stalin rapporteerde. Hun chef, Vlasik, een voormalig agent van de geheime politie uit Wit-Rusland, fungeerde als loopjongen voor de opperste leider, gaf zelfs les aan zijn kinderen en chaperonneerde hen na school. In haar memoires herinnert Stalins dochter Svetlana Alliloejeva zich Vlasik als een half geletterde lomperik die onvoorwaardelijk loyaal was. Uit zijn nabijheid tot zijn beschermheer haalde hij zijn macht. Samen met Stalins secretaris, Aleksandr Poskrjobysjev, vormde hij de laatste, hermetische barrière tussen het land en zijn leider. Vlasik was waarschijnlijk de man die door de paranoïde Stalin het minst werd gewantrouwd.

'Vanaf de eerste dag,' gaf Vasili toe, 'was ik vol ontzag voor Stalin. Hij gedroeg zich bescheiden, hij luisterde, hij waardeerde eerlijkheid en directheid.' Vasili's opdracht bestond erin om tien meter voor of achter de hoogste leider te lopen en soms als passagier mee te rijden in de Packard van de generalissimus. Hij mocht alleen praten wanneer hem iets gevraagd werd. Hij vertelde me over de nachten die hij bij Stalins buitenverblijf doorbracht, de datsja in Koentsovo, waar Stalin op de bank sliep. Terwijl Stalin in diepe rust was, patrouilleerde Vasili op de paden en rond het stille huis. In later jaren stond hij met zijn rug tegen een muur toe te kijken bij de nachtelijke bacchanalen waarop politbureauleden verplicht aanwezig waren, en waar ze dansten en zich te pletter zopen ter verheffing van hun nuchter gebleven leider. Bij het ochtendgloren begeleidde Vasili deze functionarissen, die nauwelijks nog aanspreekbaar waren, naar hun limousines. Wanneer je 's ochtends vroeg vertrok, schreef een lid van het politbureau, 'wist je nooit of je naar huis ging of naar de gevangenis'.

Ook bij banketten in het Kremlin stond Vasili in de coulissen toe te kijken. Wanneer al te enthousiaste gasten opstonden om naar Stalin toe te lopen en te toosten op zijn gezondheid, onderschepte Vasili hen en bracht hen terug naar hun stoel. 'Stalin deed net of hij het niet merkte,' zei hij grijnzend, 'maar ik zag dat hij genoot van het machtsvertoon.' Zijn stem beefde licht wanneer Stalins fysieke nabijheid ter sprake kwam, alsof de Georgiër naast ons stond. Ik vroeg of Stalin hem ooit rechtstreeks had aangesproken. 'Een keer of vijf, zes misschien,' antwoordde Vasili. 'Ik weet de eerste keer nog, op de datsja. Ik was al zo'n tien jaar officier, maar toen ik zijn stem hoorde en zag dat hij naar me keek, brak het zweet me uit en begon ik te trillen. Maar Stalin wilde alleen maar weten of ik mijn salaris wel kreeg.' Hij lachte.

Vasili gaf toe dat zijn werk als lijfwacht 'minder politiek' was – dat wil zeggen veiliger – dan zijn vorige post in de Loebjanka. Toch kon hij ook toen niet om de verdwijningen heen. Soms kwamen collega's op een ochtend ineens niet meer opdagen en werd er nooit meer over ze gesproken. Buren verhuisden midden in de nacht. Vroegere instructeurs van de academie van de geheime politie, ervaren verhoorders en aanklagers die hem ideologie en methodes hadden bijgebracht, werden uit de geschiedenis geschreven; hun hele bestaan werd uitgewist. Velen werden gearresteerd, sommigen pleegden zelfmoord, anderen verdwenen simpelweg.

In 1943 raakte Vasili op de plenaire conferentie in Teheran, waar hij naartoe was gegaan als lid van Stalins beveiligingseenheid, bevriend met een Amerikaan, een man van de geheime dienst die met president Roosevelt meereisde. 'Omgang met een buitenlandse agent?' plaagde een collega-lijfwacht hem op een avond toen de twee een sigaret deelden. 'Verdacht gedrag voor een socialist.' Vasili hoorde een dreigende toon in die opmerking. Voortaan deed hij alsof hij de Amerikaan niet zag wanneer hij hem tegenkwam: 'Elke keer als hij zwaaide en mijn naam riep, dook ik onder.'

In 1941, het jaar waarin Vasili werd teruggeroepen naar Moskou om Stalin te bewaken, stierf zijn jonge vrouw zomaar op een nacht. Volgens haar overlijdensakte was een inwendige bloeding de doodsoorzaak. Ze waren minder dan drie jaar getrouwd geweest. Vasili bracht zijn eenjarige dochter bij zijn ouders in Aleksandrovka onder, op wat inmiddels een collectieve boerderij was. Hij bleef alleen in Moskou wonen. Wat deed hij in zijn vrije tijd, vroeg ik hem. 'Ik had geen vrienden,' zei hij. 'Ik weet niet wat ik iemand had kunnen bieden.' Door zijn werk was hij niet meer die enthousiaste rekruut van de academie die tien jaar eerder in Moskou was aangekomen. 'Veel van de mannen die ik in Moskou had gekend, waren verdwenen. Ik wist dat de telefoon en het appartement werden afgeluisterd. Indertijd werd iedereen wel door iemand bespioneerd.

Toen ik je grootmoeder ontmoette, was ik een ander mens geworden,' zei hij. Het was pas de tweede keer dat hij het over Tamara had. Toen ik hem eerder had gevraagd hoe ze elkaar hadden ontmoet, had hij gegrijnsd. 'Ze kwam naar mijn huis, trok haar rok op en is nooit meer weggegaan.' Hij spuugde de woorden met merkbare wrevel uit en wilde nog meer zeggen, maar toen legde Sonja haar hand op zijn arm. Later verdween die verbittering. Schijnbaar onbewogen vertelde hij dat hij thuiskwam na twee maanden op een post in het buitenland en het appartement leeg aantrof. 'Ik liep heel Moskou af om Tamara te zoeken. Toen het al bijna donker was, zag ik haar achter het raam van een café zitten. Tegenover haar aan het tafeltje zat een goedgeklede man, met wie ze verdiept was in een intiem onderonsje. Ik wist dat ik me kwaad en verraden zou moeten voelen, maar ik voelde niets. Ik draaide me om en liep naar huis. Ik heb het haar nooit verteld.'

Wanneer mijn vader in onze gesprekken opdook, barstte Vasili soms ook in woede uit. 'Welke zoon laat nou zijn vader in de steek?' vroeg hij toen hij vertelde over de laatste keer dat ze elkaar zagen. Hij beweerde dat mijn vader tegen hem geschreeuwd had en zelfs had geïnsinueerd dat ze geen familie waren, een steek onder water vanwege Tamara's ontrouw. Hij vroeg Sonja of ze zijn versie van de ontmoeting kon bevestigen en ze knikte, treurig, maar zonder boosheid. Volgens Vasili had mijn vader als eerste het contact verbroken. 'Hij schreef gewoon niet meer terug,' zei hij, mijn vaders beschuldiging spiegelend. 'Twintig jaar lang geen brief of telefoontje. Of is het al vijfentwintig jaar?'

In een van zijn beschouwender buien vroeg ik hem naar zijn vaderschap. 'Ze zijn niets tekortgekomen,' antwoordde hij stijfjes. 'Ik heb Tamara altijd geld gegeven. Ze hadden elke dag te eten en altijd nieuwe kleren en schoenen. Dat konden niet veel kinderen zeggen in die tijd.' Maar toen ontspande hij, alsof hij merkte dat er iets verdedigends in zijn woorden was gekropen. 'We praatten nooit veel met elkaar,' zei hij na een stilte. 'Wanneer ik thuis was, hadden we elkaar niet veel te vertellen.'

Op onze laatste dag samen vertelde Vasili me over het meisje. Ik voelde dat hij dat verhaal had achtergehouden, ermee had gewacht omdat hij niet zeker wist of hij het wel kwijt wilde. Het gebeurde in Moskou in 1943. Het was het zwaarste jaar van de oorlog en hoe het in de stad moet zijn geweest, kan ik me nauwelijks voorstellen: boven het Kremlin hingen loodgrijze sperballonnen als bescherming tegen Duitse vliegtuigen en op het Rode Plein stond een nepdorp, in elkaar getimmerd van triplex. De straten waren halfverlaten, de stad was in een permanent halfduister gehuld. Brood, elektriciteit en gas waren op rantsoen, alleen de fabrieken draaiden dag en nacht door. Als iemand van werkzame leeftijd een dag miste, kreeg zij of hij een verplichte gevangenisstraf van vijf tot acht jaar, en ook gevangenen moesten zes dagen per week twaalf uur durende diensten draaien op kantoor of aan de lopende band, voordat ze naar hun cel werden teruggebracht. Tijdens nachtelijke luchtaanvallen jankten de sirenes, de stedelingen sliepen op de tegelvloer in ondergrondse metrostations; radio's werden in beslag genomen. De krijgswet was van kracht. In 1943 werden in Moskou twaalfjarige kinderen standrechtelijk geëxecuteerd voor het stelen van een brood.

Op een bewolkte middag zat Vasili achter in een zwarte limousine, een van de gepantserde Packards waarop Stalin zijn adjudanten had getrakteerd. Burgervoertuigen waren zeldzaam op straat en op de kade bleven er voetgangers staan kijken. De limousine vertraagde bij de oprit naar de Borodinobrug. Er liep een meisje op het trottoir, zo te zien had ze haast om naar huis te gaan. Vasili vermoedde dat ze zestien of zeventien was, slank en lang, met een rond gezicht en kastanjebruin haar met een pony. De auto manoeuvreerde naar de stoeprand en bleef een poosje naast haar rijden. Een chauffeur in een kolonelsuniform hing uit het raampje en riep naar haar. De Packard kwam langzaam tot stilstand. Het meisje kwam verlegen dichterbij en boog voorover om in het donkere interieur van de auto te turen.

De man in de auto die haar zo geïnteresseerd bekeek, was kaal en bleek; hij droeg een onopvallend uniform en had een pince-nez die een felle, intelligente blik verborg. Hoewel hij nog geen volwaardig lid was van het politbureau, was eerste adjudant Lavrenti Beria – commissaris-generaal van de staatsveiligheid en directeur van het gevangenissysteem dat bekendstond onder het acroniem goelag – de meest gevreesde persoon in het land.

Het meisje werd nerveus van de mannen, maar zodra ze een stap achteruitzette, werd ze in een houdgreep genomen door een Armeen van honderdveertig kilo die uit de limousine was gestapt: Koboelov, een adjudant van Beria. Hij tilde haar op en gooide haar voorover de auto in alsof ze een bos brandhout was. Het nam niet meer dan een paar seconden in beslag. Niemand op de stoep bleef stilstaan.

Vasili zat achterin. Hij was de jongste van de mannen in de Packard en was geleend van Stalins detachement. De chef van de geheime politie had er plezier in vrienden te maken onder Stalins lijfwachten, zei Vasili, om zijn minachting te laten merken voor hun baas, Stalins niet zo snuggere huismeester Vlasik. Vasili reed voor het eerst mee met Beria. Hij wist dat hij op de proef werd gesteld. Hij zat achterin en keek in de ogen van het meisje, die bang heen en weer schoten.

De limousine was onderweg naar een herenhuis aan de Kleine Nikitskajastraat dat vroeger in het bezit was geweest van de tsaristische generaal Koeropatkin. Binnen hadden de bedienden een Georgisch feestmaal klaargezet: geroosterd schapenvlees, *satsivi* en flessen rode wijn. Beria's mannen zaten rond de tafel te lachen en zich te bezatten. Vasili stond toe te kijken in de gang: hij zag een van de oudste lijfwachten van de commissaris, Sarkisov of Nadaraja (hij wist niet meer wie van de twee), de enorme Koboelov, een paar onbekenden en aan het hoofd van de tafel Beria zelf, die broodnuchter in de aubergine prikte. Ze waren het meisje al bijna vergeten toen Koboelov binnen kwam waggelen en haar op tafel hees, waarbij er een bord uiteenspatte op de grond. Ergens in de krochten van het huis klonk een wals van Chopin op een grammofoon. Het meisje bleef stokstijf staan totdat Koboelov haar een duw gaf en ze zachtjes op de muziek begon mee te bewegen. Vasili zei dat ze nog een kindergezichtje had en hem aan zijn jongere zusje deed denken.

Hij keek naar de onbeholpen striptease terwijl de Georgiërs juichten en lachten, en kneep met zijn nagels in zijn handpalmen omdat hij had willen schreeuwen, de tafel omvergooien, zijn pistool trekken en in de lucht schieten. Maar hij bleef in de gang staan toekijken terwijl een van hen het meisje de trap op droeg. Beria stond op, drapeerde zijn servet over de rug van zijn stoel en liep achter hen aan. Vasili wist dat het meisje nooit meer thuis zou komen en nooit meer zou worden teruggezien. 'En ik stond daar maar en keek toe,' zei hij.

Vasili keek recht voor zich uit toen hij het einde van het verhaal vertelde, zonder één blik op mij te werpen, en zijn kaak verstrakte toen hij het over haar had. Hij was minder op zijn hoede dan eerst, het was afgelopen met toneelspelen. Het milde gezicht met de ingevallen wangen van de drieënnegentigjarige nam weer zijn vroegere strengheid aan.

Kort na het overlijden van Stalin op 5 maart 1953 ving hij in Koentsovo nog een glimp op van Beria. Nadat de lijfwachten op de hoogte waren gesteld van Stalins dood die morgen, vertelt Svetlana Alliloejeva in haar memoires, schoten twee van hen zich een kogel door het hoofd. Het voltallige huishoudpersoneel, tot en met de keukenmeiden en koks, werd ontslagen. Een paar dagen later, zei Vasili, riep Beria hem naar zijn kantoor en kondigde aan dat hij werd overgeplaatst naar de administratie van een strafkamp in Oost-Siberië. Vasili zag in dat die overplaatsing neerkwam op een deportatie en besefte dat Beria bezig was iedereen die dicht bij Stalin had gestaan snel uit de weg te ruimen. In de weken die volgden, probeerde Vasili iets waar onwaarschijnlijk veel lef voor nodig was: Beria, inmiddels waarschijnlijk de machtigste man in de Sovjet-Unie, over te halen om hem naar Vinnitsa over te plaatsen, waar hij voor zijn bejaarde ouders kon zorgen. Beria moet zijn verzoek hebben ingewilligd, want in april 1953 meldde Vasili zich bij het MGB-kantoor (zoals het staatsveiligheidsdirectoraat korte tijd heette) van Vinnitsa, waar hij aangesteld was om de activiteiten van Oekraïense nationalisten te volgen, terwijl hij zogenaamd bij Personeelszaken op een fabriek werkte. Tamara en de kinderen had hij meegenomen.

Vasili wist dat hij er goed van af was gekomen. Vlasik, zijn voormalige chef, was door Beria buitenspel gezet en zat in de gevangenis, veroordeeld voor gefingeerde aanklachten van verduistering. Een paar maanden later, toen Nikita Chroesjtsjov opstond als Stalins opvolger, verloor Beria zelf zijn greep op de macht. Nadat hij het staatsveiligheidsapparaat van de Sovjet-Unie bijna vijftien jaar lang had geleid, kwam hij in een kerker in zijn eigen Loebjanka terecht. Daar kreeg hij op 23 december 1953 door een zekere generaal Batitski een prop in zijn mond gestopt en werd hij van dichtbij in het voorhoofd geschoten. Batitski werd ervoor bevorderd tot maarschalk.

Ik zat op de bank in mijn schrijfblok te krabbelen, maar er bleef iets knagen na Vasili's verhaal. Hoe kon het dat een eenvoudige lijfwacht een ontmoeting onder vier ogen kon regelen met Stalins gedoodverfde opvolger? Hoe kreeg hij het voor elkaar hem over te halen zijn eigen bevel te wijzigen? 'Je werkte zeker de hele tijd al voor Beria?' vroeg ik. Vasili knikte en leek ingenomen met mijn scherpzinnigheid.

Hij vertelde dat hij in zijn tijd in het Kremlin verstrikt was geraakt in een strijd om de invloed tussen Vlasik en Beria, een strijd die vrijwel altijd door Beria werd gewonnen. In 1944 werd Vasili op bevel van Beria naar de Krim gestuurd om deel te nemen aan de deportatie van de Tataren, een etnische groep die door Stalin als 'onbetrouwbaar' werd beschouwd. Vasili beschreef gezinnen die werden geslagen en uit hun huis gezet, een massaverkrachting, hoe hij zelf vrouwen en kinderen bijeen had gedreven in onverwarmde beestenwagons en ijzerdraad om de deurklinken had gewikkeld. Meer dan een kwart van de 190.000 gedeporteerde Tataren vonden de dood in die trein. Heel even, in het zachte lamplicht, welden er tranen op in Vasili's ogen. Zijn stem sloeg over van woede. 'Ik was majoor,' schreeuwde hij bijna. 'Ik had een kantoor in de Loebjanka en had het bevel over vijfenvijftig man. Hij heeft me als een ordinaire moordenaar gebruikt. Beria was de slimste van allemaal, en ik walgde van hem.'

Voor het eerst gaf hij toe dat hij niet een opsporingsambtenaar van lage rang was, zoals hij had beweerd, maar een officier met vijfenvijftig agenten onder zich. Nog belangrijker: hij gaf toe Beria's man geweest te zijn, niet die van Vlasik. Mijn brein draaide overuren terwijl het de hiaten in zijn verhaal probeerde op te vullen. Rapporteerde Vasili bij hem over zijn superieuren in het Kremlin? Had hij het bewijs geleverd dat tot Vlasiks arrestatie leidde? De gedachte dat mijn grootvader voor Beria had gewerkt, benam me de adem. Ik had gelezen dat Beria kort nadat hij hoofd van de geheime politie was geworden een voormalige superieur en zijn vrouw in een cel in de Loebjanka had opgesloten en hen had laten toekijken terwijl de cipiers hun tienerzoon doodsloegen. Voordat hij vertrok, wierp Beria nog een gifslang in hun cel.

Van hoeveel ontvoeringen en moorden was Vasili getuige geweest? Aan hoeveel ervan had hij zelf deelgenomen? Had hij alleen maar een bekentenis geëist met een sigaret in zijn hand en een wachter bij de deur, of had hij ook geslagen en gemarteld? Had hij executies uitgevoerd? Ik had meer informatie nodig, ik moest de tegenstrijdigheden met elkaar zien te verzoenen en een mentale tijdbalk maken, maar Vasili had zich al gerealiseerd dat hij te veel had gezegd. Ik vroeg hem om meer uitleg, om details, maar hij glimlachte zwakjes. De stomme, verontschuldigende invalide was teruggekeerd.

Het was bijna tien uur. De enige geluiden waren het tikken van een klok en, buiten, het geratel van de tram. De koplampen van passerende auto's flitsten over het plafond, eerst geel, dan rood, dan flets roze. Vasili en ik zaten tegenover elkaar aan tafel en namen elkaar de maat. Ik zag aan hem hoe zwaar het woog, alles wat hij had verborgen of onuitgesproken had gelaten, alles wat hij mee zou nemen in het graf. Het bleef tussen ons hangen, bijna tastbaar.

Ik had achtduizend kilometer afgelegd voor deze man, vrijwel zeker de laatste nog levende lijfwacht van Stalin, deze man die toevallig mijn grootvader was, en ik zag mezelf onbewust als de amateurcartograaf van zijn leven. Ik stelde me voor dat ik zijn rol als overtreder en slachtoffer zou uitpluizen, zijn motieven bij elkaar zou puzzelen en afwegen, zijn betrokkenheid in gebeurtenissen van tientallen jaren geleden in kaart zou brengen. Ik besefte later hoe naïef ik was geweest. Zijn schuld was een immens, onbekend continent vol onontwarbare dubbelzinnigheden. Vasili had me alleen in het voorportaal van zijn verleden binnengelaten.

Ik zag ook in dat Vasili's rol in deze gebeurtenissen invloed had gehad op ons allemaal, op iedereen die met hem verbonden was. Mijn vader moest het doen met de restjes menselijkheid die Vasili mee naar huis nam en met zijn ijzingwekkende verleden. Hij had het contact met deze man deels verbroken om mijn moeder en mij af te schermen van dat verleden. Ik begreep eindelijk dat dit nu geschiedenis was, niet het geordende verhaal uit de boeken, maar een bezoeking die van ouder op kind, van zus op broer, van man op vrouw overging, en waardoor Tamara van Vasili was afgenomen, Vasili van mijn vader, en mijn vader van mijn moeder en mij. Vijftig jaar na zijn dood beïnvloedde Stalin, de vogelverschrikker uit het zwart-witjournaal, ook mijn leven.

Sonja stond in de keuken mee te luisteren. De hele avond al had ik gemerkt dat ze iets wilde zeggen en toen ik naar het fornuis liep om een kop thee voor mezelf in te schenken, wenkte ze me naar een hoek van de keuken, buiten gehoorsafstand van Vasili. 'Toen ik twaalf was, werd mijn moeder gearresteerd,' zei ze, met haar hand op mijn arm. 'Ze bezat een boerderij en werd door de buren aangegeven. Mijn vader vluchtte. Mijn broer was negen. De weeshuizen namen geen kinderen van vijanden aan, dus leefden we drie jaar op straat en bedelden. Toen werden we opgenomen in een vroom orthodox gezin. Maar op een dag hoorden ze mijn broer een Sovjetlied zingen dat hij op school had geleerd en toen konden we vertrekken. Twee jaar later sneuvelde mijn broer aan het front.' Ze keek uit het raam naar het lege trottoir. 'Soms haat ik dit land,' zei ze, zo fel dat de tranen haar in de ogen sprongen.

Ondertussen zat Vasili in de woonkamer een stuk taart te eten, zich niet bewust van ons gesprek. Ze waren vijfendertig jaar getrouwd. Hoe hield ze het vol om op haar oude dag voor Stalins hulpbehoevende lijfwacht te moeten zorgen? 'We leefden in verschrikkelijke tijden,' zei Sonja, die mijn vraag had geraden. 'We kunnen nu alleen nog maar goed zijn voor elkaar.'

Het was bijna middernacht en ik zei tegen Vasili dat ik de volgende dag nog even langs zou komen om afscheid te nemen, voordat ik weer op de trein naar Moskou zou stappen. Sonja gaf me een stapeltje foto's die ik wilde kopiëren. 'Hou ze maar,' zei ze, 'anders verdwijnen ze toch maar in de vuilnisbak.' Voordat ik wegging, zat ik nog even naast Vasili en bestudeerde zijn gezicht, ging alles nog eens na wat er eerder gezegd was. Toen ik hem goedenacht wenste, greep hij mijn handen vast en liet ze niet los totdat we alleen waren en zijn gezicht zo dicht bij dat van mij was dat ik zijn adem kon ruiken. 'Ik was iedere dag doodsbang,' fluisterde hij, en toen liet hij me los.

De zon was net op, en Petja en Anja sliepen op hun opklapbedjes. De trein schommelde rustig door en ik spreidde de foto's die Sonja me had gegeven op een deken uit. Het waren een stuk of tien portretten van Vasili. Op de vroegste poseerde hij in de houding, met de vlag van zijn OGPOe-afdeling en al een paar medailles op zijn borst; aan de muur achter hem hangt een beroemd schilderij van Stalin in een wit jasje die een menigte toespreekt. Achter op de foto stond een opschrift van zijn commandant uit 1935, bestempeld met het NKVD-zegel.

Een ingekleurde foto van een jaar later toont mijn grootvader als een soort jonge Cary Grant, met een grijns en een bolle tweed pet op, in een lange jas met schapenbont aan de kraag, een gestreept overhemd, een gabardine blazer en een gestreepte das met kruissteekjespatroon. De jas hangt open en onthult een medaille die met een gouden kettinkje op de blazer is vastgemaakt. Achter op dit kitscherige portret stond een opschrift bestemd voor zijn ouders en zus thuis: 'Van jullie zoon Vasja in Moskou.'

De vreemdste foto, opmerkelijk door de onmiskenbare ijdelheid, was in de gemeenschappelijke flat in Moskou gemaakt. Vasili zit aan een tafel met een wit tafelkleed naast een vaas met bloemen. Hij steunt op zijn ellebogen en legt zijn kin op zijn gevouwen handen, waardoor hij eruitziet als een dichter die in vervoering zit te luisteren. De pose is vreemd flamboyant, bijna feminien. Ik vroeg me even af wie deze foto genomen had, tot ik me realiseerde dat Vasili hem waarschijnlijk in scène had gezet en zelf had genomen, met zijn Leica op een statief.

Een officieel portret uit 1950 bestudeerde ik wat langer: op zijn uniform draagt Vasili de onderscheidingstekens van een officier op de schouders en kraag; links op zijn borst hangt een gordijn van overlappende medailles, rechts zitten drie ordes, twee Rode Sterren en een Orde van de Vaderlandse Oorlog, voor 'heldendaden'. Vasili ziet er hier heel anders uit dan de arrogante poseur van de eerdere, luchtiger foto's: woest en onmiskenbaar bedrukt.

Wat was er met Vasili gebeurd in de jaren voorafgaand aan deze foto, die drie jaar voor Stalins dood en het plotselinge vertrek van het gezin uit Moskou was gemaakt? In 1950 was hij vader van twee kinderen, twee keer getrouwd en een gedecoreerd veteraan, hij was officier en voerde het bevel over vijfenvijftig man, werkte voor de geheime politie en nam deel aan arrestaties, ondervragingen, verdwijningen en, op de Krim, aan een maatregel die neerkwam op genocide. Ik kon alleen maar raden naar wat hij nog meer gezien en gedaan had, maar hij begreep ongetwijfeld als geen ander de buitengewone kwetsbaarheid van het bestaan, dat van hem en van zijn gezin. Wat betekende het om van zo'n man af te stammen?

In de envelop die Sonja me had gegeven, zaten ook een paar foto's van Tamara, allemaal duidelijk geposeerd. Op een van de foto's staat ze naast een rij zonnebloemen in een japon met bloemmotief, als een gouden figuur van Klimt. Op een andere snijdt ze in een betoverende stippenjurk een taart aan. Ze glimlacht nergens. Op een derde foto staat ze naast mijn vader in een park. Dat is een van de weinige slechtere composities van Vasili, met een fontein die boven Tamara's hoofd uitsteekt als een rare hoed. Mijn vader is drie of vier en draagt een korte broek en een pet. Hij heeft de hand van zijn moeder stevig vast en gluurt verlegen vanachter haar mouw naar zijn vader.

Op de laatste foto kijken Vasili en mijn vader elkaar glimlachend aan. Vasili draagt een donker pak met stropdas, zijn haar zit strak achterovergekamd. Mijn vader moet een jaar of zes, zeven zijn. Zijn haar is gemillimeterd, tegen hoofdluis en al te frequent kappersbezoek, en hij kijkt op naar Vasili's gezicht met een uitdrukking die tegelijk opwinding, ongerustheid en verlangen in zich draagt. Het treffendste detail zijn de handen van mijn vader. Sovjetschoolkinderen moesten hun handen altijd gevouwen boven op hun bank houden, en in zijn formaliteit, gehoorzaamheid en verlangen om het goed te doen vond ik het een hartverscheurend gebaar. Ik had nooit meegemaakt dat mijn vader iemand nodig had, maar toen ik dit omhoogkijkende gezichtje op de foto zag, kreeg ik het vermoeden dat hij als jongeman heel hard zijn best had gedaan om nooit meer iemand nodig te hebben. Ik pakte de foto uit de envelop en legde die op het uitklaptafeltje naast me, waar ze bleef liggen tot de trein Moskou bereikte.

Mijn vader stond me op te wachten op het Kievstation.

In de auto op weg naar huis merkte ik dat hij me naar Vasili wilde vragen, maar mij liet praten om niet te hoeven toegeven dat hij nieuwsgierig was. Er zat iets nieuws in zijn manier van doen, iets respectvols, alsof ik iets had bereikt waar hij de moed niet voor had. 'Hij vroeg naar je,' begon ik, maar meer bemoedigend nieuws had ik niet te bieden. Toen we thee zaten te drinken in zijn keuken, gaf ik hem twee klassenfoto's van de lagere school. Zijn smalle gezicht stak met een uitdrukking van protest tussen een rij langere jongens uit. Toen liet ik hem de andere foto's van Sonja zien. 'Hier ziet hij er knap uit,' zei mijn vader, terwijl hij een kiekje aanwees waarop Vasili nadenkend aan een bureau zat, en ik besefte dat het de eerste keer was dat ik hem iets bewonderends over zijn vader hoorde zeggen. Hij vroeg of hij de foto mocht hebben en ik schoof die over de tafel naar hem toe.

Moskou onderscheidt zich van andere Europese steden doordat er in het stadsontwerp geen rekening is gehouden met de behoeften van zijn inwoners. Meer dan alle andere steden waar ik ben geweest, is Moskou een stad van monumenten. Veel van de schitterende kerken, kloosters, classicistische paleizen en herenhuizen zijn gebouwd ter ere van militaire overwinningen en van de rijkste edelen en kooplieden. De infrastructuur uit de Sovjettijd – tienbaansboulevards met schemerige voetgangerstunnels eronderdoor, flatgebouwen die opschoten als bosjes narcissen en complete bossen en meren opslokten – was ontworpen op een schaal die deed denken aan een wel bijzonder troosteloos soort sciencefiction. De Moskouse architectuur ontbeert de menselijke maat, maar bezit een overvloed aan afwisseling, curiositeiten en fijne onverwachte contrasten, waardoor de stad eeuwig blijft verbazen.

Vandaar dat ik op mijn laatste dag in Moskou een lange, meanderende wandeling maakte door de stad van Vasili, mijn vader en mezelf. Ik denk dat ik iets probeerde te begrijpen aan de hand van de architectuur. Waarom had deze stad tot op heden zoveel onmenselijke arbeid van haar inwoners gevergd en hun zoveel onrust en leed gebracht? Waar kwam haar onmiskenbare zwaarte vandaan? Op een kaart tekende ik een route die me iets kon leren over mijn geboortestad. Die begon bij het Bolsjojtheater, liep naar het zuiden over het Rode Plein en de Moskvoretskibrug, langs de Opstandingskerk in Kadasji, een voormalig KGB-archief met een klokkentoren die opgetuigd is als een zeilboot, langs de Tretjakovgalerij en de vlagele Nicolaaskerk in Tolmatsji, daarna in oostelijke richting langs de protserige Wetenschappelijke Pedagogische Bibliotheek met haar massieve zuilen en smeedijzeren hek, verder langs het loodgrijze geboortehuis en museum van de toneelschrijver Ostrovski op de Kleine Ordynkastraat en de schitterende oude moskee op de Grote Tatarenweg…

De roltrap op metrostation Teatralnaja voerde me naar boven, het druilerige middaglicht in. Buiten op straat stonden op ieder kruispunt metaaldetectiepoortjes: het Bolsjojtheater was afgezet door soldaten. Ineens stond ik midden in een menigte voornamelijk oudere Moskovieten die in de richting van het Kremlin liepen. Ik werd meegesleurd in de mars, of misschien was het een demonstratie, en de verkeerde kant op getrokken, tot ik me met een schok herinnerde dat het 7 november was, de herdenking van de Communistische Revolutie, de belangrijkste feestdag uit mijn kindertijd. Ik had gedacht dat het feest tegelijk met de standbeelden van Lenin was afgevoerd. Maar toen ik daar liep, tussen die honderden mensen met rode vlaggetjes in hun wanten geklemd, ving ik een glimp op van een goed ingepakte man met een bontmuts die achter op een platte vrachtwagen stond en het Sovjetvolkslied in een microfoon brulde.

Op de stoep stond een rij mensen met zelfgemaakte borden te posten. Op een ervan stond een Joodse bolsjewiek met een karikaturaal uitvergrote neus, een ander citeerde bewonderend 'U.S. Senator David Duke'. Onder een granieten beeld van Karl Marx stond een opvallend lange vrouw op een andere vrachtwagen, haar borst vol met goud- en zilverkleurige medailles. Met galmende stem begon ze een toespraak over een rijk dat ooit de halve aarde had bedekt, over verspilde rijkdom en militaire macht, over oprukkende decadentie en verwestersing. 'Die misdadigers hebben ons land verkocht!' schreeuwde een vrouw naast me met een konijnenbonten muts op, en ze schudde haar vuist tegen de tomatensoeprode kantelen van het Kremlin.

Op een lcd-billboard boven Marx wisselden advertenties voor schoenen van Dolce & Gabbana en juwelen van Bulgari elkaar af. Daarna verscheen er een levensgrote foto van de Oekraïense presidentskandidaat Viktor Janoekovitsj, een ex-gevangene die gesteund wordt door Rusland, met een glimlach op zijn gepixelde gezicht. Er klonk een halfslachtig gejuich op. Later hoorde ik dat de regering de Dag van de Revolutie probeerde af te schaffen, maar dat de vieringen toch doorgingen, wat aansloot bij Poetins berekenende, hypocriete houding tegenover het Sovjetverleden. De Communistische Partij had een aantal ouderen betaald om die dag te komen opdraven, maar de meesten waren sowieso wel gekomen. Ze waren van Vasili's generatie. In deze optochten konden ze hun zuurverdiende medailles en decoraties dragen en geloven dat het sociale experiment waarvoor ze zoveel hadden opgeofferd, meer was dan een kolossale fout.

Ergens op de route ontaardde de parade in chaos. Als biljartballen begonnen sommige deelnemers aan de mars een zelfbedachte koers te volgen, andere verzamelden zich rond luidsprekers om Sovjetliederen mee te zingen. Ik liep terug in westelijke richting naar de Mochovajastraat, tegen de stroom in. Op de trottoirs bleven mensen staan kijken.

Achter de glazen pui van een Bentley-showroom stonden twee jonge verkopers in asgrijze pakken de voorbijgangers gade te slaan. Plotseling dreven de wolken opzij en werd de straat overspoeld door zonnestralen. Onwillekeurig begon iedereen te glimlachen, het zingen klonk luider. Eindelijk kon ik verder in de richting van mijn wandeling, de menigte voor me loste op. Ik kwam uit bij de toegang tot een plein. Op een verhoging stond een leeg voetstuk waarop ooit het standbeeld van de eerste Sovjetchef van de geheime politie had gestaan, Feliks Dzerzjinski, en daarachter zag ik de massieve oude Loebjankagevangenis, nog steeds het hoofdkwartier van de geheime politie, die nu FSB heet. Het zonlicht kwastte een veeg goud over de ramen.

Voor het eerst sinds ik in Moskou was, stond er een warme bries en was de lucht helder. Ik zat in de bijrijdersstoel in de jeep van mijn vader, die onderweg was naar de luchthaven. Dat laatste ritje was het deel van de reis waar ik de grootste hekel aan had, en hij vermoedelijk ook. Anderhalf uur lang zaten we naast elkaar in het tumultueuze verkeer van Moskou en probeerden een gesprek op gang te brengen zonder spijt of opluchting om mijn vertrek te hoeven toegeven.

Mijn vader keek recht voor zich uit naar de ringweg. Rechts zagen we de wolkenkrabber die het middelpunt vormde van de alma mater van mijn ouders, de Moskouse Staatsuniversiteit. Met haar ruim tweehonderd meter hoogte blijft het de apotheose van de stalinistische architectuur: drie betonnen vlakken met een goudkleurige spits erbovenop, die versierd is met korenschoven, barometers en stoere beelden van knielende proletariërs. Stalin bestelde zeven van zulke torens, model bruidstaart: de Zeven Zusters. Je schijnt overal in Moskou een van hun spitsen te kunnen zien. Tegenwoordig noemen de Moskovieten ze gewoon 'vysotki', hoogbouw.

Toen ze in 1953 werd voltooid, was de universiteit het hoogste gebouw van Europa. Opgericht op de Mussenheuvels, die door Ivan de Verschrikkelijke te winderig waren bevonden om op te bouwen, bood het een van de mooiste uitzichten van de stad. Tsjechov verklaarde ooit dat je Rusland vanaf dit uitkijkpunt moest zien om het te begrijpen. Het project ging naar Boris Iofan – de architect van het pompeuze rampenproject dat het Paleis van de Sovjets zou worden – maar hij besloot het gebouw aan de rand van de Leninheuvels te bouwen, zoals ze toen heetten. Bij een aardverschuiving zou het zo de helling af glijden en de Moskva in tuimelen. Naar verluidt weigerde Iofan een andere locatie te overwegen en werd hij daarom vervangen door Lev Roednev, een jongere, kneedbaardere monumentalist. Roednev ontving de Stalinprijs voor zijn werk aan de universiteit in 1949, vier jaar voor de voltooiing.

De toren werd gebouwd door dwangarbeiders uit de goelags, onder wie duizenden Duitse krijgsgevangenen. Op bevel van Beria werd het stalen skelet vanuit de Oekraïense stad Dnjepropetrovsk getransporteerd aan boord van zestig treinen. Honderden mensen kwamen tijdens de bouw om het leven. Moskovieten zeggen weleens dat de wolkenkrabber 'gebouwd is op botten'. Er doet een verhaal de ronde dat een gevangene die aan de spits werkte een stel vleugels van triplex maakte en de vrijheid tegemoet sprong.

Mijn moeder woonde er als student. Ik dacht aan haar verhalen over krappe studentenkamers met afluisterapparatuur in de kasten verstopt, over de ventilatie die zo slecht was dat de koollucht afkomstig van een verdieping lager, waar de uitwisselingsstudenten uit de Democratische Republiek Vietnam van Ho Chi Minh zaten, tot in haar kamer doordrong, over de drieëndertig kilometer donkere gangen, over de onverklaarbare geluiden 's nachts, over zelfmoorden. Veel mensen geloofden dat het er spookte.

Mijn vader keek me grijnzend aan. 'In dat gebouw ben jij verwekt,' zei hij, blij dat hij eraan werd herinnerd. Ik draaide me om voor een laatste blik op de helwitte naald op de toren, maar hij trapte het gaspedaal in en achter ons vervaagde de wolkenkrabber.

Eenmaal terug in New York nam Vasili steeds meer van mijn tijd in beslag. Hij dook zelfs op in mijn dromen: altijd alleen, tegenover me in het appartement in Vinnytsia. Wekenlang zat ik in bibliotheken om zijn verhalen te staven aan de officiële geschiedschrijving. Mensen die het konden weten, zeiden dat ik Vasili's FSB-archief waarschijnlijk nooit van mijn leven te zien zou krijgen.

Ik keek steeds opnieuw de Russische documentaire *Ik was Stalins lijfwacht*, over een man die beweerde een carrière te hebben gehad die nagenoeg identiek was aan die van mijn grootvader: Aleksej Rybin was majoor geweest bij de NKVD en lijfwacht onder generaal Vlasik. De banale verhalen die hij vertelt, over Stalins persoonlijke hygiëne en voorliefde voor elandenvlees, leken mij een afleidingsmanoeuvre. Maar op een gegeven moment, nadat hij een hele waslijst collega's heeft opgesomd die waren gearresteerd of zelfmoord pleegden, schrijft Rybin: 'Ze hadden maar hoeven te zeggen dat ze aan mij gelieerd waren en ik was ook verdwenen. Mijn vrouw zou mijn graf nooit gevonden hebben.' De film, die was gemaakt vijftien jaar voordat ik Vasili had leren kennen, beschreef Rybin als 'de laatste levende getuige van de geschiedenis'.

Naarmate mijn obsessie met Vasili's verhalen groeide, groeiden ook mijn twijfels. De gebeurtenissen waarin hij een rol zou hebben gespeeld – het noodlottige banket in het Kremlin, Beria's ontvoering langs de stoep – waren bekende verhalen uit de stalinistische tijd. De gepubliceerde verslagen kwamen echter niet altijd overeen. Sommige van Vasili's beweringen waren vastgelegd op familiefoto's en in de verhalen van mijn vader en Tamara, maar andere leken net buiten mijn bereik een gordiaanse knoop te vormen van aannemelijkheid, waarschijnlijkheid en motief. Toen ik na mijn bezoek met Vasili belde, zweeg hij over het verleden en wilde niets ophelderen of uitleggen.

Daarom ging ik brieven en e-mails schrijven. Een oudere Sovjetwetenschapper die ik toevallig bij zijn zomerhuisje in New Hampshire had leren kennen, introduceerde me bij een paar mensen. Ik begon een correspondentie met twee specialisten die een studie hadden gemaakt van documenten die na de val van de Sovjet-Unie waren vrijgegeven, en waarschijnlijk meer betrouwbare informatie over Stalins entourage hadden vergaard dan wie ook in het Westen.

Nadat hij mijn verhaal had aangehoord, barstte Stephen Kotkin, een hoogleraar aan Princeton die aan een gezaghebbende driedelige biografie van Stalin werkte, los in een opgewonden stortvloed van woorden. Ik klemde de telefoon tussen mijn oor en mijn schouder, en maakte aantekeningen. Beria was vaak te gast bij Stalins diners op zijn datsja in Koentsovo, vertelde Kotkin; hij was sluw en briljant en bezag de onfortuinlijke Nikolaj Vlasik, de chef van mijn grootvader, met een mengeling van afgunst en minachting. Beria zette Vlasik graag te kijk door vrienden te maken onder de lijfwachten en zulke nauwe banden met hen aan te knopen dat ze tot zijn kring van vertrouwelingen gingen behoren, deels om informatie over Stalin en diens entourage en daarmee invloed te verkrijgen. Het was dus heel goed mogelijk, concludeerde hij, dat Vasili een goede band had met de chef van de geheime politie, terwijl hij in dienst was van diens rivaal. Was het mogelijk dat Vasili een kantoor had in de Loebjanka terwijl hij als lijfwacht werkte, wilde ik weten.

'Waarom niet?' antwoordde Kotkin. 'Je moet begrijpen dat kremlinologie erin bestond om bijna iedereen, zelfs mensen in de binnenste kringen van de macht, onwetend te houden. Niemand wist precies wat er allemaal om hem heen gebeurde. Extreme geheimhouding was de regel.'

Van Simon Sebag Montefiore, een Britse auteur van meerdere voortreffelijke boeken over Stalin, kreeg ik een e-mail waarin hij me vertelde dat het onwaarschijnlijk was dat Vasili bij het banket in 1932 was – het was een relatief kleine bijeenkomst waarbij vooral topfunctionarissen aanwezig waren – maar niet onmogelijk. De etiquette tussen de voormalige revolutionairen was tenslotte nog steeds grotendeels informeel. Hij vroeg zich af of Vasili misschien van een collega over die evenementen had gehoord en ze onbewust door elkaar had gehaald met zijn eigen herinneringen. Maar zowel hij als Kotkin was het erover eens dat Vasili's versie van zijn verleden achteraf te bevestigen noch te ontkrachten viel. Op een rustdag tijdens zijn auteurstournee in Australië schreef Montefiore me: 'Al met al zou het heel goed mogelijk zijn.' Daarna wenste hij me veel geluk.

Een paar dagen voor mijn vertrek uit Vinnytsia, op een warme middag voor de tijd van het jaar, had Vasili me over zijn vader verteld, en dat verhaal zou uiteindelijk exemplarisch worden voor de levens van de mannen in mijn familie. Naast onze belachelijke achternaam was de voornaam van mijn overgrootvader nog komischer: hij heette Anany, wat klonk als Onan, de oudtestamentische masturbeerder. Onder de foto's die Sonja me had gegeven, was ook een kiekje van twee oudere mannen die voor een boerderij zitten. De man links, naast mijn zes- of zevenjarige vader, die over zijn schouder kijkt, is Anany. Met zijn werkhemd tot bovenaan dichtgeknoopt, gemillimeterd haar en grote knoestige handen ziet hij eruit als een uit de klei getrokken boer. Anany was een devoot communist en een vroom christen. Hoewel hij later directeur van een collectieve boerderij werd, bleef hij diaken in zijn kerk en bewaarde hij een in leer gebonden bijbel, gegaufreerd en verguld op snee, met 208 illustraties van Gustave Doré. Mijn vader wist nog dat Anany op oudere leeftijd weliswaar bijna doof en blind werd, maar tot aan zijn dood een vrolijke en vriendelijke man was.

Volgens Vasili werd Anany in 1915 ingelijfd in het leger van de tsaar en liet hij zijn vrouw en twee kleine kinderen achter om naar Polen te marcheren. Later dat jaar raakte hij gewond en werd hij krijgsgevangen genomen door troepen van de Duitse keizer. Omdat hij deed alsof hij Pools was, werd hij niet doodgeschoten maar onder bewaking naar een ziekenhuis in Berlijn overgebracht, waar chirurgen de granaatscherven uit zijn dij verwijderden. Hij bleef zes jaar in Duitsland, waar hij af en toe als ziekenbroeder of schoorsteenveger werkte. Uiteindelijk lukte het hem om als verstekeling op een vrachtschip naar Denemarken te komen. Van daaruit trok hij naar Zweden en Finland, om in 1923 de grens over te steken naar het land dat in zijn afwezigheid de Sovjet-Unie was geworden. De rest van de reis naar zijn dorp Aleksandrovka legde Anany te voet af. Daar kwam hij erachter dat er een begrafenis was gehouden terwijl hij weg was, omdat iedereen dacht dat hij dood was. Het was al donker toen hij het huis binnenliep dat hij acht jaar eerder als dienstplichtige had verlaten. Zijn vrouw was aan het afruimen.

Zijn zoon Vasili was twaalf en herkende de uitgemergelde vreemde in de deuropening niet.

'Dag,' zei Anany tegen de jongen. 'Ik ben je vader.'

2. HET GETAL NEGENTIEN

In de jaren na mijn komst naar New York vervaagde het beeld dat ik van mijn vader had niet alleen met de dag, het werd ook gekleurd door de verhalen van mijn moeder en haar ouders, door hun vooroordelen en angsten. Ik zag in dat ik weinig wist over mijn vader en zijn familie, maar vroeg me ten slotte af of ik wel meer wilde weten. Als je je geboortegrond verlaat, is het onwezenlijkste misschien nog wel dat je iets met je verleden moet. Als dat verleden eenmaal gereduceerd is tot een handvol foto's en familieverhalen, wordt het iets facultatiefs. Dat dacht ik tenminste.

De man die in mijn puberteit wel dicht bij me stond was mijn grootvader van moederskant, Semyon Efimovich Galbershtad (hij koos voor deze afwijkende spelling die dichter bij het Russisch staat). Hij was stevig gebouwd, met een buik als een perfecte halve bol en een markant gezicht: groenige, uitpuilende ogen en een bovenmaatse dubbeldekker van een neus die uit zijn gezicht stak als een zwam uit een boom. Hij had neurofysiologie, zoölogie, evolutiebiologie en nog een stuk of wat vakken gedoceerd aan de universiteit van Vilnius en twaalf wetenschappelijke werken geschreven, waaronder een handboek over de zenuwaansturing van spierweefsel, dat nog een tijdlang aan de Sorbonne is gebruikt. Hij was een pionier van het spectrogram geweest, luitenant bij de cavalerie in het leger van het onafhankelijke Litouwen tijdens het interbellum, mortierschutter in het Rode Leger in de Tweede Wereldoorlog, leraar Duits op een middelbare school, en daarnaast was hij een groot hamsteraar van boeken en tijdschriften, een Verdi-fan die de hele eerste akte van *La Traviata* kon fluiten, een atypische liefhebber van stierengevechten en een fanatiek amateurmorfoloog van vrouwen, die hij voornamelijk, doch niet uitsluitend, van een afstandje keurde: wanneer hij het over een secretaresse aan de universiteit of de caissière in een boekhandel had, beschreef hij die ondanks bewijs van het tegendeel als een 'roodharige schoonheid', een 'beeldige blondine' of een 'verrukkelijke brunette'. Hij dronk zelden. Altijd als hij iets grappigs hoorde of las, schudden zijn schouders zachtjes en vertrok de overmaatse topografie van zijn gezicht als een zeeanemoon tot hij tranen moest wegknipperen, en dat alles zonder één kik.

In die tijd waren Semyon en ik bijna elke avond samen. Mijn moeder draaide avonddiensten bij een psychiatrische inrichting op Coney Island, en mijn grootmoeder Raisa was in de war door haar parkinson en zat de hele avond voor de tv, dus na school liepen Semyon en ik Broadway af, soms helemaal naar de metrohalte bij Steinway Street, zijn idee van een luchtje scheppen. Wilde dieren waren zijn favoriete gespreksonderwerp: de genetische odyssee van het vogelbekdier, het aantal nekwervels van een giraf, de iriserende kleuren van de *Colibri cyanotus* of het tweede brein in het achterwerk van de apatosaurus en andere grote laatjurassische herbivoren.

Deze wandelingetjes voerden naar een winkeltje waar hij een zak Brach's zuurstokjes met groeneappelsmaak kocht. Eerst zeurde ik erom, maar als onzekere puber hoefde ik ze ineens niet meer. Ik word dik van Brach's, zei ik op een dag tegen hem in de winkel. Ik moet een jaar of elf, twaalf geweest zijn. Semyon wierp een blik op het gewatteerde winterjack om mijn recent uitgedijde middel; ik begon eruit te zien als een miniatuurversie van hem. 'Precies,' zei hij. 'Moet je die vetrolletjes van jou zien!' Onder de afkeurende blikken van de dames achter de toonbank gaf ik hem een trap tegen zijn schenen, griste het papieren zakje met de nog niet afgerekende groene snoepjes uit zijn hand en rende naar buiten.

Ik bleef niet boos. Je kon ook niet boos op hem blijven. Semyon was natuurwetenschapper en mocht graag zeggen dat hij in feiten handelde, niet in subtiliteiten. Beleefdheden waren voor intellectuele lichtgewichten uit de geesteswetenschappen. Thuis hoorde ik hem graag uit over de oorlog, en dan vertelde hij met lichte tegenzin verhalen over het Poolse front en de Slag om Berlijn.

'Ik berekende de afstand tussen onze schuttersput en die van de Duitsers, en daarna vuurde ik de mortier af.'

'En toen?'

'Toen marcheerden we naar hun put en daar lagen ze dan, allemaal dood.'

'Hoe zagen ze eruit?'

'Ze waren erg jong en meestal puilden hun ingewanden eruit. Alles was groen van de gal en ze stonken.'

Op een avond kwamen we terug van zo'n wandeling en liepen we bij de ingang van onze flat, een sociale woning op de hoek van Twenty-fourth Street en Thirty-fourth Avenue in Long Island City, Jason van vijfhoog tegen het lijf. Hij was ongeveer mijn leeftijd, een broodmagere, beleefde onderbouwer. Zijn ouders waren in het hele gebouw geliefd. Zijn vader Al was agent bij de huisvestingspolitie en kwam uit Trinidad, zijn moeder Brenda was mollig en aardig, had een lichte huid en bleef thuis voor Jason en zijn twee broertjes. Semyon zei iets tegen onze bovenbuurjongen wat ik niet verstond, en toen zag ik dat hij zijn grote, vlezige hand uitstak en over Jasons afro aaide.

Mijn grootvader glimlachte breed. Zijn Engels klonk luid en ontoereikend. 'Je haar...' Semyon doorzocht zijn schaarse woordenschat: '...net schuursponsje.' Jason zette grote ogen op van verbazing. Hij mepte Semyons hand weg. 'Blijf van me af, man,' zei hij en hij glipte langs ons heen. Semyon was nog wekenlang van de kook. 'Jason is zo'n aardige jongen. Wat heb ik nou gezegd, dat hij zo kwaad is?'

Wanneer New York hem boven de pet ging, vond hij houvast in het schaken. Elke avond speelden we een potje, en naast het bord noteerde hij in een opengeslagen boekje zijn aantekeningen en favoriete openingen, vooral gewaagde gambieten: het Aljechin, het Nimzowitsch, het Scandinavisch. Dan had ik een tv-maaltijd van Hungry-Man voor ons allebei opgewarmd, met de folie zorgvuldig over het perziktoetje heen gevouwen, en nam Semyon een hap van een perfect ruitvormig gehaktbroodje. Hij bestudeerde de schaakstukken. 'Er zijn miljarden verschillende partijen mogelijk!' verkondigde hij. 'Allemaal op die vierenzestig keurige vakjes, en je wint door logisch te denken en geduld te oefenen.' Hij opende Siciliaans en sloeg bressen op mijn helft van het bord, onderweg naar de zoveelste overwinning. 'Anders dan in het leven,' zei hij nog, en hij drukte de schaakklok in.

Ondanks al die avonden samen wist ik maar weinig over het leven van de ouders van mijn moeder voor mijn geboorte. Ze waren niet scheutig met dat soort informatie. Ik wist dat amper vijf procent van de Litouwse Joden de oorlog had overleefd. Semyon en Raisa, en daarmee ook mijn moeder en ik, waren statistische wonderen. Dat ze zo terughoudend waren, lag natuurlijk aan het leven dat ze hadden geleid. Ik wist dat mijn eigen voorzichtigheid, overmatige waakzaamheid en onwil om plannen te maken voor een toekomst die misschien nooit zou komen, betekenden dat ik hun mentaliteit en wereldbeeld had overgeërfd: de voorvaderlijke omgang met het onverwachte.

Toen ik terug was uit Oekraïne, begonnen die gaten in mijn kennis van hun levensloop me dwars te zitten. De ontmoeting met Vasili sloeg een barst in het beeld dat ik van mijn familie had, en in het beeld dat ik van menselijk gedrag had. Ik begon te begrijpen hoe het politieke en het persoonlijke op elkaar inwerken. Menselijke verbanden die voor mij om genegenheid, wrok en misverstanden hadden gedraaid, waren in feite beïnvloed door grote collectieve gebeurtenissen en de dagelijkse realiteit die ze aan individuen opdrongen. Ik zag in dat alle vier mijn grootouders hadden geleefd in een land en een tijd waarin de buffer tussen geschiedenis en levensgeschiedenis flinterdun was geworden.

Toen was ik al te ver naar vroeger afgedreven. In New York ging ik steeds meer in het verleden van mijn familie leven en ik had meer informatie nodig. Ik had Vasili gevonden, en om het allemaal beter te begrijpen moest ik ook meer te weten komen over Semyon en Raisa. Toen ik Vinnytsia bezocht, waren ze allebei al overleden, maar veel van hun leven was bewaard gebleven via mijn moeder. Vandaar dat mijn moeder en ik, een paar jaar nadat ik Vasili had ontmoet, naar haar Litouwse geboortestad Vilnius vlogen, waar ik als kind zoveel zomers had doorgebracht. Daar bleek het verleden ook te vervliegen, hoewel voor sommigen nog niet snel genoeg.

De eerste voorouder over wie ik iets kon achterhalen, was een betovergrootvader die Abel heette; in de taal van de bezetter, het Russische Rijk, werd hij Orel genoemd. In de tweede helft van de negentiende eeuw hadden mensen en plaatsen vaak meer dan één naam. Abel/Orel woonde niet in de Joodse buurt, maar in de nieuwe stad, aan de Novgorodstraat (nu Naugarduko gatvė). Nog ongebruikelijker was dat hij zijn eigen huis met drie verdiepingen had, dankzij een klein fortuin dat hij met de doorverkoop van oud ijzer had verdiend. Ik trof zijn naam aan in een in linnen gebonden register met de gegevens van alle onderdanen van de tsaar, in het jaar 1861 geboren op zijn grondgebied: 12 november, of 9 kislev, volgens de Joodse kalender. Zijn besnijdenis zes dagen later werd eveneens vermeld. Ook de namen van zijn ouders, Aron en Risa, stonden erin, en die van zijn grootvaders, die allebei Abram heetten en afkomstig waren uit het naburige stadje Stakliškės, maar over hen kon ik verder niets vinden. In een ander register trof ik de Russische naam van Abels broer Ovsej aan, die vijftien jaar later geboren was. Ook over Ovsej kwam ik weinig meer te weten dan de data van zijn geboorte en besnijdenis, opgetekend in een sierlijk oudcyrillisch handschrift, met identieke inktkrullen die eruitzagen alsof ze gedrukt waren.

Ik zat gebogen over die registers in een betonnen bunker die de gemeentearchieven van Vilnius herbergde. Binnen hadden het meubilair en personeel schijnbaar het grijsbruin van de betonnen muren aangenomen, alsof de roffelende regen op het dak alle kleur eruit had gespoeld. Een archivaris, een geverfde blondine van begin vijftig met een bloemetjessjaaltje, zat afwezig te tikken achter haar bureau terwijl ik de broze bladzijden omdraaide. Er waren nog meer registers en databanken die Halberstadts bevatten: Arons, Girsjen, Tserna's, Tsjajka's en zelfs een Frade die in augustus 1930 op zijn achttiende zelfmoord had gepleegd, maar of dat verwanten of vreemden waren, daar kwam ik niet achter.

Het spoor van de voorouders van mijn grootvader was het verst te achterhalen. Naar zijn zeggen was zijn familie naar Litouwen gekomen uit het prinsbisdom Halberstadt in de Nedersaksische kreits van het Heilige Roomse Rijk, in het huidige Saksen-Anhalt, waarschijnlijk na een zoveelste uitzetting van Joden door de Kerk of na een van de vele bloedbaden. Halberstadt stond bekend om zijn Thorageleerden en Talmoedscholen, maar wanneer of waarom zijn voorouders er precies weggingen, wist mijn grootvader niet. Hoogstwaarschijnlijk trokken ze in de vijftiende of begin zestiende eeuw samen met vele anderen naar het oosten vanwege de gunstige omstandigheden voor Joden in Litouwen. Als het laatste gekerstende land in Europa was het nog een tijdlang gezegend met ongewoon egalitaire en vooruitziende heersers.

Als kind had mijn grootvader bejaarde buren die heilige slangen in huis hielden: het was ooit een land van animisten geweest. De naam Litouwen verscheen voor het eerst in het jaar 1009 in de Annalen van Quedlinburg, een kerkelijke kroniek die vermeldt dat de Saksische missionaris Bruno van Querfurt 'onthoofd werd door heidenen [...] bij de Russische en Litouwse grens'. (Tegenwoordig dateren de Litouwers de stichting van hun land op de gebeurtenis uit dat citaat.) Volgens sommige bronnen zou de heilige Bruno hebben geprobeerd om een plaatselijke hoofdman te bekeren en werd hij vermoord door diens broer, volgens andere zouden de heidenen hem hebben onthoofd omdat hij in een heilig bos had geslapen.

De Litouwse heersers hielden vast aan hun animistische geloof tot de kans zich voordeed om over het katholieke Polen te heersen door de elfjarige koningin te huwen, waarmee meteen ook een einde zou komen aan de aanvallen van de Duitse Orde, die haar kruisvaarten in het oosten had voortgezet: bij elkaar genoeg om hen ervan te overtuigen zich te bekeren. Het volk van koning Jogaila placht zijn doden samen met hun paard, honden en valken te verbranden en de klauwen van wilde dieren op de brandstapel te gooien, zodat de gestorvene de heuvel in het hiernamaals makkelijker op kon klimmen. In februari 1387 reed Jogaila met zijn mannen het bos in dat zijn voorouders en hijzelf hadden aanbeden. Ze hakten de eiken om, haalden de godenbeelden omver, doodden de heilige slangen en doofden de offervuren. Er kwamen kruisen voor in de plaats.

Een jaar later kende Jogaila's neef Vytautas een privilege toe aan de Joden van Troki, Brest en Grodno, dat uiteindelijk voor iedereen op Litouwse grond zou gelden. Het was een bijzonder document, dat tegen de stroom van intolerantie en godsdienstwaanzin inging die in het overgrote deel van Europa heerste. Je hoefde maar naar West-Europa te kijken om in te zien hoe uitzonderlijk het was: in 1290 verdreef Edward I de Joden uit Engeland. Zestien jaar later volgde Filips de Schone zijn voorbeeld in Frankrijk. In 1492 verordenden Columbus' mecenassen Ferdinand en Isabella dat meer dan zestigduizend Joden Spanje moesten verlaten. De Spanjaarden vermoordden duizenden van hen zodra die hun huis uit kwamen.

Het Litouwse privilege daarentegen verbood bloedsprookjes (antisemitische stadslegenden over rituele moorden) en voorzag in een straf voor christenen die Joodse graven schonden. Er werd in vastgelegd dat indien een Jood beschuldigd werd van een misdrijf, dat moest worden bevestigd door zowel een christen als een Jood. Er werd een boete opgelegd aan christenen die geen gehoor gaven aan een nachtelijk verzoek om hulp van een Joodse buurman. Tegenwoordig leest het handvest als een kleinsteeds bestemmingsplan dat het recht van de Joden vastlegde om te 'wonen in de wijken waar ze in Grodno wonen, dat wil zeggen vanaf de brug bij het kasteel van Grodno tot aan de markt, aan weerszijden van de straat, tot de straat die van de Kasteelstraat naar Podol loopt; in de wijken tegenover de kerken en het huis van Ivanovski; van de overkant van de straat naar het kerkhof, en voorbij het kerkhof tot aan de grond van de kerk en helemaal tot aan de rivier de Gorodnitsjanka'. De nazaten van de groothertog handhaafden het privilege grotendeels en vanaf de zestiende eeuw stroomden Joden het land binnen uit het westen en oosten, waardoor de Joodse gemeenschap in Litouwen uiteindelijk de grootste van de diaspora zou worden, en de grootste sinds Babylonische tijden. Litouwen werd bijna even belangrijk voor de Joden als voor de Litouwers.

De ruimdenkendheid van de koningen die vanuit Warschau over Litouwen heersten, gold echter zelden voor de burgemeester of de plaatselijke gilden: kooplieden en handelaars zagen de Joden als concurrenten en verzochten het gezag voortdurend om hun rechten in te perken. In de zeventiende en achttiende eeuw mochten Joden zich enkel nog vestigen in één smalle, overbevolkte strook van Vilnius die door de christenen de Zwarte Wijk werd genoemd. De binnenplaatsen daar veranderden in een bijenkorf van winkeltjes, stalletjes van ambachtslieden, jesjieves en synagogen. De deuren en grendels van de woonblokken waren van ijzer om potentiële indringers af te schrikken.

De vroege Litvaks (zo noemden de Litouwse Joden zichzelf) die ik in de geschiedschrijving tegenkwam, leken in niets op de beroemde seculiere Joden in Semyons verhalen: Horowitz, Wittgenstein, Freud en de Nobelprijswinnaars scheikunde en natuurkunde die zijn grote voorbeelden waren. Op foto's en ferrotypieën uit de sjtetls zijn bebaarde mannen in zware donkere jassen en met bolle petten te zien, en vrouwen met hoofddoeken in zwarte enkellange jurken.

Ze doen denken aan Mendel Singer, de hoofdpersoon uit *Job* van Joseph Roth, die zijn christelijke buren in het Joods Vestigingsgebied met nurkse desinteresse beschouwt, op het sarcastische af. In hun ogenschijnlijke onverschilligheid jegens de christelijke samenleving waar ze in leefden en in hun isolement deden deze Oost-Europese kleinsteedse Joden me denken aan de orthodoxe volgelingen van de Lubavitcher Rebbe die ik in Brooklyn leerde kennen.

De bron van die onverschilligheid jegens alles wat niet Joods was, was de Thora. De Litvaks kaderden hun bestaan in een tijdvak van onbekende duur, ergens tussen de overhandiging van de wetten in Bijbelse tijden en de aanstaande komst van de Messias. Bij het heden hadden ze gemengde en soms negatieve gevoelens. Wat stelde zo'n tijdelijke cultuur ook voor naast duizenden jaren van onwrikbare rabbijnse commentaren bij het woord Gods en een traditie die terugging tot de vestiging van Abrahams stam in Kanaän, achttienhonderd jaar voor onze tijdrekening? De voornaamste taak van de Litvaks was het bestuderen van de Thora, de Talmoed en de vele latere boeken met geleerde beschouwingen. Naast de geboden die Mozes van de berg Sinaï meenam, wisten de rabbijnen nog 613 wetten uit de eerste vijf boeken van de Bijbel te puren: 248 keer 'gij zult' en 365 keer 'gij zult niet'. Elke dag besteedde een Jood uren aan gebeden en het uitspreken van zegeningen voorafgaand aan vele, vooral aangename bezigheden. Behalve uit populair vermaak in het Jiddisch (vaak door vrouwen geschreven en met een argwanend oog bekeken door het rabbinaat) bestond de Joodse literaire productie uit eindeloze commentaren op de Thora in het Hebreeuws en Aramees, de zogeheten 'pilpoel'. De schrijvers onderscheidden zich door originaliteit en retorische brille, improviserend rond de geïnternaliseerde wetten van een staatloos volk.

Over integratie braken de voorvaderen van mijn grootouders zich het hoofd niet. Een Litvak behield een aangeboren gevoel van anders-zijn en een verhoogde waakzaamheid voor dreigend gevaar in de eigen omgeving. Voor veel Litvaks was kiddoesj hasjeem, sterven voor God, niet zomaar een fantasie of religieus ideaal. Ze waren opgegroeid met verhalen over de slachtingen, verbanningen en gedwongen dopen die hun voorouders vroeger en die Joden elders in Europa nog steeds doorstonden. Eeuwenlang moesten Litvaks het werk doen waar de meeste christenen hun neus voor ophaalden. Soms waren ze ambachts- of koopman, voornamelijk binnen de gemeenschap, soms belastinginner, distilleerder, slijter of kroegbaas. Ze leefden in een gespannen evenwicht met hun christelijke buren en bleven voorzichtigheidshalve op afstand.

Zelfs de politieke beroering van die tijd drong nauwelijks door. Een typische opmerking voor een Litvak was dat het hem een zorg was wie de laatste oorlog had gewonnen. Toch waren de omstandigheden in Litouwen gunstiger dan elders, en duizenden Joden lieten huis en haard achter om naar de oevers van de Neris te trekken. De eerste synagoge in Vilnius opende haar deuren in 1573. Tegen de negentiende eeuw vormden de Joden er de helft van de bevolking. Naar verluidt noemde Napoleon de stad het Jeruzalem van het Noorden, na een blik op het renaissancistische interieur van de Grote Synagoge en een wandeling door de Zwarte Wijk.

In de archieven trof ik ook een regel over mijn overgrootvader aan, Abels zoon Haskel Halberstadt, die in 1897 een tandartspraktijk opende op de Calvariestraat 12 (nu Kalvarijų gatvė), net ten noorden van de Neris. In dat jaar telde Vilnius bijna vijfenzestigduizend Joden. In de straten en stegen van de stad liep het vol Joodse nieuwkomers, meestal mismoedig uitziende vluchtelingen uit de provincie die door een Russisch edict uit hun stadjes waren verdreven. Naar verluidt wist vier vijfde van de Joden in de stad 's avonds niet waar ze hun volgende maaltijd vandaan moesten halen en leefde bijna de helft van liefdadigheid.

Dankzij de winstgevende zaak van zijn vader behoorde Haskel niet tot hen. Hij was afgestudeerd van de stedelijke universiteit en in Kiev opgeleid tot kaakchirurg. Om de inwoners te bedienen van een metropool zo divers als Shanghai of Berlijn, leerde Haskel een mondje of meer Russisch, Litouws, Pools, Oekraïens, Jiddisch en Wit-Russisch en daarnaast las hij Hebreeuws. Rond de geboorte van mijn grootvader kreeg hij een aantal officieren van de Duitse keizer uit het wervingsbureau aan de overkant van de straat als patiënt en leerde hij ook Duits. Uiteindelijk behandelde hij evenveel christenen als Joden.

Hij was klein van stuk, met verfijnde gelaatstrekken, donkere ogen, een aangenaam gezicht en rustige, afgemeten manieren. Hij trouwde jong en kreeg een zoon, de lieve, eenzelvige, pijnlijk verlegen Roevim, die Roma werd genoemd. Haskel was dertig toen zijn vrouw Sara buikpijn kreeg. Mijn moeder weet nog dat Semyon vertelde dat ze aan buikvliesontsteking was gestorven, maar in het register wordt maagkanker als doodsoorzaak genoemd.

Hoe dan ook stierf ze een plotselinge dood en liet Haskel achter met een drukke tandartspraktijk en een zoontje van negen. Hij kon het zich niet veroorloven lang weduwnaar te blijven. Dankzij een koppelaarster trouwde hij nog geen jaar later met een vrouw uit Švenčionys (Svintsjan in het Jiddisch), een dorp in het noorden. De eigenzinnige, onafhankelijke Frida Levin was twee jaar jonger dan Haskel en had geluk dat ze nog een man kon vinden. Met achtentwintig was ze al lang en breed een oude vrijster, voornamelijk doordat ze de religieuze voorschriften vrolijk in de wind sloeg en ongewoon werelds was voor een vrouw uit een dorp van zesduizend inwoners.

De carrièrevooruitzichten waren voor de meeste Litvakvrouwen door hun sekse zeer beperkt. Vaders leerden hun zonen simpele gebeden zodra ze konden praten en deden hen op hun vijfde op een cheider, een religieuze school. Sommige jongens trouwden al op hun tiende, vanuit de overtuiging dat de messiaanse tijd pas kon beginnen wanneer elke Joodse ziel haar voorbestemde wederhelft had gevonden; vaak woonde de bruidegom dan bij de ouders van de bruid in tot hij zijn Talmoedstudie had voltooid en daarmee man was geworden. Meisjes gingen doorgaans niet naar school, maar werden door hun vader onderwezen, en soms helemaal niet. Weinig Litvakvrouwen konden een beroep kiezen, en nog minder konden er naar de universiteit. Hun taak was om zonen te baren en die voor te bereiden op een leven van rechtschapenheid en Thorastudie.

Frida was niet van plan zo'n vrouw te worden. Ze choqueerde de Joden van Svintsjan door naar een seculier gymnasium te gaan, en volgde daarna een medische opleiding in Hamburg, om af te studeren als tandarts. Een zoveelste obstakel bij het vinden van een bruidegom was haar oncharmante gestalte. Ze was een kop groter dan haar man en woog tien kilo meer dan hij. Maar met haar zonnige natuur en positieve instelling, en haar vriendelijke uitstraling, zelfs wanneer ze de voetbediende gietijzeren boor liet draaien, was ze een aanwinst voor Haskels tandartspraktijk. Wanneer Haskel een kies wilde trekken riep hij Frida erbij. Zij hield het hoofd van de patiënt stevig tegen haar weelderige boezem, terwijl haar man zich met één knie tegen de metalen stoel afzette. Terwijl hij trok, fluisterde Frida de patiënt troostende woorden en beloften in het oor.

Voor het huwelijk had ze Haskel laten weten dat ze nog een kind wilde en daar liever niet mee wachtte. Tien maanden na de bruiloft kreeg ze mijn grootvader, op 9 oktober 1915. Zijn vader noemde hem Sjimon, maar Frida stond erop om hem bij zijn Russische naam te noemen, Semjon (in de VS zou dat Semyon worden). Een paar weken eerder, op Jom Kipoer, was Vilnius bezet door Duitse troepen. (Ergens in het westen raakte Vasili's vader Anany gewond, de Oekraïense bietenboer met de oudtestamentische naam, en werd door datzelfde leger gevangengezet.)

Door de Duitse bezetting werden de armoede en overbevolking in de stad nog schrijnender en verkommerde de Joodse wijk. In Vilnius kwamen nog eens tweeëntwintigduizend Joden aan, bij edict van de tsaar verdreven uit Kaunas, Grodno en elders, naast tienduizend christelijke vluchtelingen. Veel van die thuisloos geworden Joden dwaalden door de stad en sliepen op de grond in synagogen en koosjere slachthuizen. Brood was op de bon en meer dan honderd gaarkeukens deelden broden en soep uit, niet alleen aan de armen in de stad, maar ook aan de tot armoe vervallen middenklasse. Door reisverboden was de werkloosheid wijdverbreid. De Duitse regering kondigde af dat broodbonhouders die niet binnen de tien dagen werk vonden, ingelijfd zouden worden in arbeidsbataljons. Daarop werden duizenden Litvaks gedeporteerd om in de kolenmijnen van het Ruhrgebied en Opper-Silezië of in de haven van Tilsit te werken. Andere arbeiders werden door soldaten naar het platteland gedirigeerd om wegen aan te leggen en bossen te rooien. Ze sliepen op planken in onverwarmde houten barakken en in de winter van 1915 stierven ze met honderden tegelijk in hun slaap van de kou. De stad was een broeihaard van tyfus en dysenterie. Kinderen werden door hun moeder op straat achtergelaten omdat ze in het weeshuis beter te eten zouden krijgen.

In zeven jaar tijd veranderde Vilnius acht keer van eigenaar. Nadat de Duitse en Russische grootmachten in 1918 waren verdreven, heersten honger en wetteloosheid nog meer. De roodstenen torenspitsen van de Sint-Annakerk en de oude paardenkastanjes in de stad keken uit over krottenwijken vol zwarthandelaars, prostituees en bedelende kinderen, vol nachtelijke steekpartijen om niets, waar een bord paardenvlees met radijzen een veelvoorkomende maaltijd was. De sterfte onder de Litvaks in de stad vervijfvoudigde tot bijna tien procent. Van de rijkste inwoners waren er al veel gevlucht. In 1918 lag Frida in bed met de Spaanse griep toen er een onbekende bij hun huis aanklopte die één ei uit zijn jas tevoorschijn toverde. Haskel betaalde grif. Frida zei: 'Geef maar aan Senetsjka,' het koosnaampje van de jongste. Semyon was twee en had al wekenlang alleen in melk geweekt brood gegeten. Toen moest Haskel toegeven dat zijn stad, zijn geliefde geboorteplaats, onleefbaar was geworden.

Hij klapte de luiken voor zijn praktijk aan de Calvariestraat dicht en vertrok met paard-en-wagen, met zijn gezin en twee gietijzeren boren. Ze trokken zo'n honderd kilometer naar het noorden, naar Utena, een kleurloos, afgelegen dorp bij de rivier de Vyžuona. In een volkstelling uit die tijd komt het naar voren als een nederzetting met zevenhonderd huizen, vierendertig winkels, drie molens, een zaagmolen, een leerlooierij en een paar fabriekjes. Ruwweg de helft van de inwoners waren Joden die de sjtetl bij zijn Jiddische naam noemden: Oetjan. Ziekte en honger waren er minder nijpend, de prijzen waren lager en de chaos en ellende van Vilnius werden een verre, doffe herinnering.

Haskel kocht een huis met zes slaapkamers bij het centrum en begon een tandartspraktijk in de buurt. De stem van mijn grootvader kreeg een weemoedig-zangerige klank wanneer hij over die tijd praatte. Hij zag het grote, tochtige huis vaak terug in zijn dromen. Uit zijn herinneringen rees een beeld op van tsjechoviaans provinciaal comfort, nog net geen weelde. In elke kamer stonden snijbloemen, er waren een piano, een Litouwse huishoudster en een kokkin. 's Ochtends zat Semyon met zijn broer en vader rond de eettafel terwijl Frida in de keuken redderde. Haskel dronk sterke koffie, smeerde kruisbessenjam op zijn geroosterde brood en mompelde iets voor zich uit met één oog op de Jiddische krant. 'Een omelet voor Romotsjka en een zacht eitje voor Senetsjka,' zei de gezellig dikke kokkin in lijzig Litouws. Ze kwam de keuken uit met een dampend zachtgekookt bruin ei in een porseleinen eierdopje, tikte ertegen met een lepel en zette het toen samen met een zilveren zoutvaatje op Semyons bord.

Ik heb geprobeerd om de idyllische herinneringen van mijn grootvader aan die plaats en periode te rijmen met historische bronnen. Politiek historici dikken hun verhaal over die tijd in tot één aaneenschakeling van geweld en oproer, terwijl cultuurhistorici het hunne reduceren tot de omzwervingen van een ontheemde minderheid. Een voorbeeld: Vilnius ging heen en weer tussen het bewind van de bolsjewieken en van Poolse militairen. De Polen beschuldigden de Joden ervan dat ze de kant van de vijand kozen en schonden de oude Sjnipisjokbegraafplaats, de laatste verzetshaard van de Russen, in de hoop muntgeld en geweren in de graven van reeds lang overleden rabbijnen te vinden. Daarna werden een stuk of tachtig Joden doodgeschoten door soldaten en werden er andere met hun handen vastgebonden achter hun rug in het ijskoude water van de Wilia gegooid, de Poolse naam van de Neris.

Voor zover die gebeurtenissen tot het bewustzijn van mijn grootvader doordrongen, was het via gefluisterde gesprekken onder volwassenen. Wat hij zich uit die tijd nog het best herinnert, is de bioscoop. In Utena was binnen loopafstand van het huis van zijn ouders een filmtheater opengegaan, met bordeauxrode fluwelen stoelen en een kale muziekleraar die tijdens de vertoning van stille films op een staande piano pingelde. Hele middagen kon Semyon zich er verliezen in films met Mary Pickford, Buster Keaton, Ivan Mozzjoechin en, nog gedenkwaardiger, Marlene Dietrich in *Der blaue Engel*, die tot het einde van zijn leven zijn favoriete film zou blijven. Op feestdagen kregen ze familiebezoek en organiseerde Frida toneelstukjes voor de kinderen in de duistere woonkamer. Zij zong, iemand anders speelde viool of piano en later bemande Haskel de slinger van de grammofoon die Chopin of Strauss de nacht in schalde. De volwassenen dronken te veel slivovitsj en dansten.

Haskel zei Kaddiesj in de plaatselijke synagoge, mompelde haastige zegeningen bij de wijn of runderpaté en praatte Jiddisch met zijn zonen. Frida sprak accentloos Russisch met hen. Zij vond de vroomheid van die kleinsteedse Litvaks maar gênant en met hun taal had ze weinig op. Hoe het ook zij, ze had zelf een buitengewoon merkwaardige familie, zoals Semyon ontdekte wanneer er ooms, tantes, neven en nichten van moederskant langskwamen in Utena.

Frida kwam uit een gezin met dertien kinderen. Haar vader, Esai Levin, was een advocaat aan wie de ongekende eer toeviel tot magistraat te worden benoemd. Op hoge leeftijd zwoeren zijn kleinkinderen nog steeds dat hij de enige Joodse rechter was in het hele Russische Rijk. Zijn kinderen erfden van hem een vrolijke veronachtzaming van de nauw luisterende geboden van het Joodse geloof en een vertrouwen in seculier onderwijs, de wetenschap en de moderniteit. Hij beschouwde reizen als een noodzaak en gaf die houding ook door aan zijn kinderen. Frida's Duitse scholing was representatief voor het nomadische leven dat al haar broers en zussen leidden. Haar jongere broer Aäron, die ook in Hamburg opgeleid was tot tandarts, woonde bij Haskel en Frida in Vilnius, en bleef daar toen zij naar Utena verhuisden. Lea ging naar Sint-Petersburg, naar een van de weinige universitaire opleidingen voor vrouwen in het Russische Rijk. David werd hoofd van de internationalistische communistische organisatie in Shanghai en opende later een fietsenfabriek in China. Max, de jongste en uiterlijk de knapste, werd een succesvol advocaat in München. Hij was begin dertig toen hij op bed ging zitten, de loop van een revolver in zijn mond stopte en een kogel door zijn hoofd joeg. Volgens twee van zijn zussen was hij wanhopig omdat hij een blauwtje had gelopen, maar Aäron beweerde dat die arme Max syfilis had.

Toen Frida naar Utena verhuisde, was haar vader Esai inmiddels overleden, en woonde haar moeder Sara bij haar en Haskel in. Sara liep tegen de tachtig en vermaakte de kinderen met verhalen over de zondagochtenden in Esais grote, gerieflijke huis in Svintsjan. Rond de lange eettafel zat vaak meer dan twintig man, met Esai aan het hoofd, terwijl Sara eromheen liep met een blad *bialy's*, nog warm uit de oven. Vol trots wees ze erop dat onder haar gasten evenveel christenen als Joden waren.

Aan haar kleinzonen vertelde ze een verhaal dat voor de familie een oorsprongsmythe zou worden. Tijdens een herfstnacht in de jaren negentig van de negentiende eeuw klom er een man door een open raam in de keuken. Esai, die een slechte slaper was en aan de keukentafel zat te lezen, herkende de inbreker niet. De sjofel uitziende man trok een pistool uit zijn broeksband en richtte het op Esai. Hij herinnerde de magistraat eraan dat die de voorzitter van de rechtbank was geweest bij zijn proces (Semyon twijfelde altijd of het nu voor moord of doodslag was) en hem tot een gevangenisstraf van tientallen jaren had veroordeeld. Nu kwam de ontsnapte gevangene zich wreken.

In huis sliep verder iedereen. Esai vroeg de indringer om een paar minuten respijt voor hij werd doodgeschoten en bood hem een kop thee en iets te eten aan. Hij zette challe, boter, ingemaakte krieken en een restje koud rundvlees op tafel. De voortvluchtige legde zijn wapen op tafel en at en dronk gulzig. Ondertussen stortte hij zijn hart uit tegen Esai, die luisterde alsof er niets aan de hand was. Uren later, in huis was nog steeds niemand op, liepen de twee mannen als vrienden naar het politiebureau, alwaar de indringer zichzelf aangaf. Sara zwoer dat het verhaal tot in de kleinste details klopte.

Ik ben er nooit achter gekomen hoe Esai Levin eruitzag. De enige overgebleven foto van Semyons familie is jaren na zijn dood gemaakt. Op de foto moet mijn grootvader een jaar of veertien zijn geweest; hij staat in doublebreasted pak achter zijn ouders, Haskel en Frida. Zijn grootmoeder Sara zit naast haar dochter. Zijn halfbroer Roma staat achter haar. Oom Aäron zit links, met zijn dochter op schoot. Het jongetje in het midden, de enige die geen das om hoefde, is Aärons zoon. Altijd als ik die foto bekijk, dwaalt mijn blik af naar de kanten vitrage en de prent met de zittende figuur die aan de muur hangt. Misschien door de alledaagse details – die prent, de punaises, de kapstok, de vitrage met ingeweven viooltjes – ademt die foto voor mij het trage tempo en de echtheid van het gewone leven, en kan ik deze mensen plaatsen in een tijd waarin de gruwelijke toekomst die opdoemt nog maar één mogelijkheid is van vele.

In de kantlijn van die individuele levens was het land continu in verandering. In 1920, het jaar waarin mijn grootvader vijf werd, namen de Poolse troepen van generaal Żeligowski Vilnius in, samen met een fors stuk van Litouwen. Toen lag de geboortegrond van mijn grootvader en zijn ouders, een paar uur verderop, ineens in een vijandige staat. De nieuwe grens, een tien kilometer breed niemandsland bezaaid met mijnen, zou nog bijna twintig jaar onneembaar zijn. Semyon zou Vilnius pas terugzien nadat er nog een wereldoorlog overheen was gegaan.

Toen mijn grootvader oud genoeg was, stuurde Frida hem naar het beroemde Vilkomir Reali-gymnasium. Weliswaar was er een heel behoorlijke jesjieve in Utena, maar de school in Ukmergė (Vilkomir in het Jiddisch) was een van de twee scholen in het land waar de lessen in het Jiddisch werden gegeven in plaats van in het Hebreeuws. De school was een broedplaats voor de seculier-linksige ideeën van de jiddischisten, die vonden dat het rechtmatige thuisland van de Joden Litouwen was, en niet, zoals de zionisten meenden, Palestina, en dat de taal van de Joodse literatuur en onderwijs het Jiddisch moest zijn, met zijn Europese stam, en niet het Bijbelse Hebreeuws. De directeur was de eminente taalkundige en journalist Yudel Mark. Frida wilde geen andere school, ook al was deze vijfenzestig kilometer ver weg. Ze huurde voor haar zoon een zolderkamer in huis bij een leerkracht op loopafstand van de school en zag hem daarna alleen in de vakanties en op belangrijke feestdagen. Naast Jiddisch kreeg Semyon op school natuurwetenschappen, poëzie, muziek en vreemde talen. Hij ging naar de les in een gestreken uniform, een gesteven overhemd en een pet met het geelkoperen insigne van de school boven de met schellak verstevigde klep.

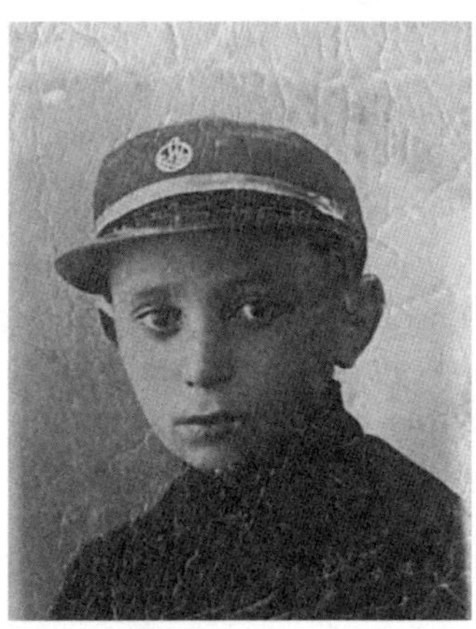

Op feestdagen keerde Semyon beladen met boeken terug naar huis. Hij las 's nachts bij lamplicht, viel bij het krieken van de dag in slaap en miste meestal het ontbijt. Veel boeken waren in het Duits, een taal die hij makkelijk leerde doordat die zo op het Jiddisch leek. Hij las Goethes *Werther* en *Faust* keer op keer en zat urenlang gedichten van Schiller, Heine en Hölderlin uit zijn hoofd te leren. Tijdens het avondmaal op sjabbat droeg hij graag en tot Frida's grote en onverbloemde genoegen uit haar favoriet voor, Schillers *Lied von der Glocke*. Naar eigen zeggen had Semyon alle 430 regels van het beroemde gedicht vanbuiten geleerd. Op zo'n feestmaal had Haskel dan zijn zegeningen bij de challe en wijn gepreveld, waarna Semyon ging staan om, een adorerende blik op zijn moeder, met zijn hoge knapenstem de Duitse regels op te zeggen:

> Denn mit der Freude Feierklange
> Begrüßt sie das geliebte Kind
> Auf seines Lebens erstem Gange,
> Den es in Schlafes Arm beginnt.

> Met jubelklanken die ver dragen
> begroet ze het geliefde kind
> dat net zijn eerste levensdagen
> in d'armen van de slaap begint.

Nadat mijn vader zijn gymnasiumdiploma had gehaald, verhuisde Haskel weer met zijn familie, deze keer naar Kaunas, de nieuwe Litouwse hoofdstad. Wat ik over hun leven daar heb kunnen achterhalen, is beperkt tot een paar cruciale gebeurtenissen, voornamelijk doordat Semyon liever niet over zijn tijd in Kaunas praatte, die hem herinnerde aan de verschrikkingen van begin jaren veertig. De oorlog verdeelde het verhaal van zijn vroege volwassenheid in een ouverture die rooskleuriger werd naarmate er meer tijd overheen ging en een periode van rampspoed die naar zijn zeggen zijn mensbeeld voorgoed aantastte.

Daar in het buitengebied was Haskels tandartspraktijk minder goed gaan lopen, en Kaunas was niet alleen de grootste stad in het recent opgedeelde Litouwen, maar ook de culturele hoofdstad van de Joden. De Poolse bezetting van het oudere en meer kosmopolitische Vilnius betekende een stimulans voor Kaunas. Langs de hoofdweg, de Laisvės Alėja, een lommerrijke boulevard die bij een plompe neoklassieke kathedraal eindigde, verrezen hotels, variététheaters en restaurants die in luister Wenen en zelfs Parijs naar de kroon staken. Boven de samenvloeiing van de Neman en de Neris liet de stad een Zwitserse tandradbaan bouwen om toeristen naar een panoramapunt in Aleksotas te brengen, vanwaar ze de gotische kerken in de oude stad en het weidse bestrate plein voor het paleis van de aartsbisschop konden bewonderen. Bijna een derde van de bevolking van de stad bestond uit Joden. De grootste nederzetting lag aan de overkant van de Neris en dateerde uit de tijd toen ze zich nog niet in de stad mochten vestigen. De wijk heette Vilijampolė, maar werd door de bewoners Slobodka genoemd.

De onafhankelijkheid van Litouwen begon met een belofte van gelijkheid voor de Litvaks. In 1922 kregen ze gedeeltelijke culturele autonomie en een rol in de regering die bijna in verhouding stond tot hun percentage van de bevolking. Maar in de jaren dertig, zeker na de stichting van het Derde Rijk en de exponentiële groei van het antisemitisme in buurland Polen, werd hun situatie slechter dan ooit tevoren. Joden werden geweerd uit de regering, uit hoge militaire functies, uit het bankwezen, de rechtspraak en het onderwijs. Onder druk van ondernemers raakten ze ook hun bescheiden positie in de meeste fatsoenlijke handelsactiviteiten kwijt.

Desondanks maakten ze de stad die ze Kovno noemden tot een levendige, kosmopolitische thuisbasis. Er waren vijf middelbare scholen, een rabbijnenopleiding, meerdere beroepsopleidingen, een etnografische kring met museum, dertig synagogen, twee theaters, vijf dagbladen en drie bibliotheken. Liefdadigheidsorganisaties, sportclubs, vakverenigingen, politieke partijen, een weeshuis, een ziekenhuis en talloze restaurants en cafés completeerden een Joods gemeenschapsleven dat alleen werd overtroffen door dat van Vilnius.

Mijn grootvader schreef zich in 1933 in aan de natuurwetenschappelijke en wiskundefaculteit van de universiteit. Er waren toen nog een handvol Joodse docenten over. Tijdens de colleges klaagden sommige studenten openlijk over het 'Joodse probleem'. Enkelen maakten vijandige grappen, zo luid dat iedereen in de aula het kon horen; ze pestten hun Joodse medestudenten met hun Jiddisch en hun accent in het Litouws. Semyon, die naast Jiddisch en Hebreeuws ook Duits, Russisch, Pools en Litouws kende, had een hekel aan die stokers, vaak boerenzonen uit naburige dorpen die alleen hun moedertaal spraken.

Zijn beste vrienden op de universiteit bleven hem en elkaar nabij, en zouden dat nog veertig jaar blijven. Alle drie waren het Litouwers: de boomlange, toen al kalende Balevičius, die een voorbereidend jaar rechten deed, de schilder Savickas en Valius, een spichtige ornitholoog. (Mijn grootvader had een paar negentiende-eeuwse Duitse vogelgidsen van Valius geërfd, en als kind bladerde ik door de zorgvuldig met de hand ingekleurde etsen van lachsternen en dwerguilen; zulke adembenemende illustraties heb ik daarna nooit meer gezien.)

Zelfs toen al verwonderden Semyons vrienden zich erover dat er volstrekt geen kwaad of rancune in hem stak; zijn kinderlijke verrukking en verbazing zou hij tot het eind van zijn leven behouden. Ik weet nog dat hij soms zo vol kon zijn van een anekdote of een muziekstuk dat de tranen over zijn wangen biggelden. Ook zijn driftbuien waren kinderlijk in hun onvoorspelbaarheid en stormachtigheid, en konden angstaanjagend zijn. Fysiek was hij geen indrukwekkende verschijning, maar toch vocht hij vaak. Wanneer een medestudent op de universiteit achter hem nep-Jiddisch lispelde, haalde Semyon meteen uit, bijna zonder kijken en zonder nadenken over zijn kansen of de gevolgen. In de les stond hij tijdens nationalistische tirades op om luid met de geschrokken docenten te bakkeleien, daden van protest waar hij een reprimande voor kreeg, maar nooit om van school werd gestuurd.

Ik weet niet waar hij woonde in Kaunas. Zijn naam en die van de andere gezinsleden komen niet voor in de stadsarchieven. Het enige spoor van zijn jaren daar is een lijst van alle leden van de Litouwse strijdkrachten in een encyclopedie uit het interbellum. Naast de naam Semionas Galberstatas verschijnt een korte opsomming van data en rangen. Dankzij zijn universitaire diploma kwam hij het leger binnen als officier, zodat hij niet halfgek van de honger door aardappelvelden hoefde te sjouwen met een rugzak en een geweer, maar naar de militaire academie in Kaunas kon. Daar werd hij opgeleid om cavaleristen aan te voeren en, voor mij heel bevreemdend, won hij trofeeën voor zijn rijkunst.

In feite hield hij meer van paarden dan van paardrijden. Hij vond de kronkels van het paardenbrein fascinerend en kreeg er geen genoeg van om te zien hoe hij met het kleinste gebaar de dieren in beweging kreeg. Jaren later zou hij een ruitjesblok naast de boeken leggen die hij aan het lezen was en hele bladzijden volschetsen met paarden, altijd van opzij gezien. Toen ik zijn artikeltje in de militaire encyclopedie las, probeerde ik mijn grootvader voor me te zien als een slanke ruiter in paardrijbroek en glimmende leren laarzen. Steeds weer werd ik afgeleid door de gepensioneerde met de bolle buik die ik tijdens mijn puberteit had gekend en die 's avonds meestal in slaap viel in een geelgebloemde leunstoel met een exemplaar van het schaakblad opengeklapt op schoot.

Hij studeerde als luitenant af van de militaire academie, met onderscheiding. Maar toen hij naderhand werk zocht als leraar natuurwetenschappen, kwam hij erachter dat alle banen alleen openstonden voor etnische Litouwers. Stomtoevallig begon een kennis over een baantje op een modieus Duits gymnasium dat de jonge kinderen van de rijkere stedelingen in het gareel moest houden. Daar zou Semyon geen les geven in plant- en natuurkunde, maar voor een klasje keurig gekamde zevenjarigen staan die in het Litouws over eendjes in de vijver zongen. Hij hield van kinderen en vond het best aardig werk. Hij verhuisde naar een flatje bij het stadscentrum en bracht zijn avonden lezend door, of maakte een wandeling en ging luisteren naar de orkestjes aan de Laisvės Alėja. Nu en dan nam hij een vrouw mee uit, maar erg serieus was dat niet.

Aan die relatief zorgeloze maanden kwam half juni 1940 een eind. Semyon liep onder de oude bomen langs de Laisvės Alėja toen er vanuit een zijstraat ineens een tank aan kwam rollen. Eén paniekerig ogenblik lang dacht hij dat de Duitsers het land waren binnengevallen. Duitsland had buurland Polen bezet, en het afgelopen jaar had hij krantenberichten gelezen over de onmenselijke behandeling van de Poolse Joden door de Duitsers. De Litvaks in Kovno hadden het over niets anders. Maar er stond geen kruis op de grauwe zijkant van de tank. De Sovjet-Unie had dat najaar Vilnius aan Litouwen teruggegeven en nu kwamen de Russen verhaal halen. Toen het nieuws van de invasie rondging, vierden sommige Joden feest. Ze dachten dat de Russische tanks een muur zouden vormen tussen hen en de nazi's.

Voor zover de bevelhebbers van het Rode Leger al indruk maakten op de inwoners van Kaunas met hun wellevendheid, duurde dat niet lang. Haveloze soldaten plunderden de winkels en namen herenschoenen en winterjassen in alle soorten en maten, camera's en wiegjes mee: die konden ze goed gebruiken, thuis in Chimki of Toela. Fabrieken werden ontmanteld door detachementen van het Rode Leger en de machines op vrachtwagens geladen om ze honderden kilometer verderop naar het oosten weer in elkaar te zetten. Over de radio werd omgeroepen dat alle ondernemingen en privéhuizen nu Sovjeteigendom waren. Toch bleven de meeste stadsbewoners op dezelfde plek wonen en werken. Voor het eerst bleken de Russen welwillender te staan tegenover Joden dan hun voormalige vazallen, de Litouwers, die hen van pro-Duitse sympathieën verdachten. Ineens stonden hoge posities aan de pas gesovjetiseerde universiteiten, ministeries en fabrieken open voor Joodse sollicitanten, vaak ten koste van hun voormalige Litouwse bazen. Maar dat sommige Litvaks zich misschien om hun sociale promotie verkneukelden, zouden hun christelijke buren niet licht vergeten.

De nieuwe banen wogen nauwelijks op tegen de antigodsdienstcampagne van de Sovjets en de opheffing van het Joodse gemeenschapsleven. Agenten van de NKVD sloten synagogen en kerken af. Op straat boden soldaten van het Rode Leger kinderen repen chocolade aan om er in ruil hun provinciale bijgeloof voor op te geven. Daarbij vroegen ze: 'Heeft Jezus je deze reep gegeven of ik?' In Semyons klasje plakten Sovjetbeambten portretten van politbureauleden boven het bord en aan de wanden, en kwamen er kinderen naar school met foto's van Molotov en Boelganin op hun kleren gespeld. Sovjet-'opvoeders' lieten hen rond de speelplaats marcheren en leerden hen hun r te laten rollen in onwennig Russisch. Voor Semyon kregen de dagen iets surreëels, alsof de grenzen van de realiteit elke ochtend opnieuw werden verlegd, terwijl de stad haar adem inhield.

Door de bezetting kreeg Haskel nieuwe patiënten in zijn tandartspraktijk: voornamelijk stugge Russische soldaten met abcessen en een dikke wang. Thuis bleef Haskel vrolijk en mild; op de occasionele verzuchting 'Vei iz mir' na lachte hij de dagelijkse beslommeringen weg. Roma hielp in de praktijk en werd een vroeggrijze, angstige man die het liefst in de buurt van zijn familie bleef en een prettige, bedeesde, ingetogen glimlach had. In zijn vrije uren aquarelleerde hij of luisterde op zijn kamer naar de radio.

Op een ochtend in het voorjaar van 1941 kwam Haskel naar zijn praktijk met een indigestie die tegen de middag tot een bonzende buikpijn was uitgegroeid. Tussen twee patiënten door zei hij tegen Frida dat hij naar de dokter verderop in de straat ging, een collega naar wie hij soms patiënten doorverwees. 'Hij zal wel zuiveringszout voorschrijven,' zei hij. Haskel zat in de wachtkamer toen alle leven uit zijn gezicht trok en hij opzij uit zijn stoel viel, dodelijk getroffen door een hartaanval. De begrafenis was op de charmante oude Joodse begraafplaats in Žaliakalnis, een wijk genoemd naar de groene heuvel waar die op verrees. Het regende toen de doodgraver de grond met een schop aanstampte. Semyon zette een houten merkteken bij het graf van zijn vader: naar Joods gebruik mochten de rouwenden pas een jaar nadien een grafsteen onthullen. Tientallen patiënten van Haskel kwamen langs tijdens de sjivve, de rouwperiode van zeven dagen. Na afloop nam Frida de tandartspraktijk over.

In maart werden door een Sovjetverordening Duitse burgers uit de geannexeerde gebieden verdreven. In de twee jaar sinds Molotov en de nationaalsocialistische minister van Buitenlandse Zaken Ribbentrop in het Kremlin een non-agressiepact hadden getekend, hadden de Sovjet-Unie en Duitsland het land dat tussen hen in lag in stukken verdeeld. Maar de grenzen bleken niet waterdicht. In Moskou weigerde Stalin te geloven dat Hitler het pact zou schenden, maar in het uiterste westen van het land werden de Sovjettroepen onrustig; ze roken dat het eindspel eraan kwam, alsof er een stortbui in de lucht hing.

Laat op de avond van 14 juni verspreidden vrachtwagens zich door Kaunas en stopten voor flatgebouwen en huizen met dichte luiken. Agenten van de NKVD stormden naar binnen met hun karabijn in de aanslag en laadden de bewoners in de vrachtwagens. Net als elders in de Sovjet-Unie werden de gearresteerden beschuldigd van allerlei inbreuken op ideologie en klasse: het waren vastgoedbezitters, regeringsambtenaren, al te godsdienstige types, zionisten of Joodse socialisten, of ze hadden zich publiekelijk tegen Stalin en de Sovjets uitgesproken, en net als altijd waren er ook gewoon pechvogels onder. In vier avonden tijd arresteerde de geheime politie dertigduizend mensen in de Litouwse Socialistische Sovjetrepubliek, zoals het land inmiddels heette. Onder de gevangenen waren Litouwers, Polen, Wit-Russen en Russen, naast zo'n zevenduizend Joden. De NKVD-troepen propten ze in treinen – honderdvijftig à tweehonderd mensen per wagon, zonder toilet, met één raampje als enige verluchting – en barricadeerden de deuren met prikkeldraad. Met witte verf kalkten ze 'Verraders van het vaderland' op de wagons. De gevangenen gingen op weg naar een leven van dwangarbeid in Kazachstan, Zuid-Siberië of bij de monding van de Lena aan de Noordelijke IJszee. Na de deportaties liep iedereen in Kaunas lijkbleek en stilletjes rond. Volgens mijn grootvader hielden zelfs de vogels op met zingen.

Zes dagen na de laatste Sovjetrazzia, op 22 juni, werd Semyon in het donker wakker van een ontploffing. Het was halfvier, vier uur 's ochtends. Hij hoorde sirenes, maar begreep niet waar het geluid vandaan kwam en sliep weer in. Een uur of twee later werd hij weer wakker en trok een raam open. Aan de overzijde van de twee rivieren smeulde de luchtmachtbasis in Aleksotas nog na. Tegen de lichter wordende zomerhemel, die in zijn herinnering de kleur van pruimen had, vervlochten opstijgende rookkolommen zich met elkaar. Semyon ging weer naar bed, maar kon niet meer slapen. Na zessen zette hij de radio aan. De omroeper meldde dat Duitsland de oorlog had verklaard aan de Sovjet-Unie. Op alle zenders gonsde het van hetzelfde nieuws. De grens met het bezette Polen lag honderd kilometer verderop. Het drong tot Semyon door dat de Duitsers een paar uur later al in de stad konden zijn.

Buiten renden half aangeklede soldaten van het Rode Leger door de straten, sommige zonder schoenen of kiel. Hier en daar schoten Litouwse partizanen op hen vanuit het raam, maar de Russen beantwoordden het vuur niet eens. Semyon trok snel een overhemd aan en holde naar het huis van zijn moeder. In de gangen van het gebouw waar ze woonde, kwam hij geschrokken Joodse buren tegen, die aan het steggelen waren of ze uit Kaunas weg moesten of niet. Iedereen was naar de flat gekomen: zijn halfbroer Roma, zijn grootmoeder Sara, die uit Utena was meeverhuisd, en natuurlijk was zijn moeder Frida er ook. Ze stond onverstoord koffie te zetten. Semyon ging hijgend tegen een muur staan. De woorden tuimelden uit zijn mond. Binnen twee uur moesten ze de stad uit zijn, zei hij, en toen niemand zich verroerde, ging hij schreeuwen. Hadden ze dan niet zelf gelezen hoe de Poolse Joden werden behandeld?

'De Duitsers zullen zich fatsoenlijk gedragen,' antwoordde Frida, op de categorische toon die ze tijdens familieruzies opzette. Ze herinnerde zich de vorige Duitse bezetting nog. Generaal Ludendorff, de adjudant van de Duitse chef-staf Paul von Hindenburg, had een pamflet geschreven dat begon met: 'Meine liebe Juden...' Het ging verder: 'We komen uw leven veranderen!' De Duitsers waren geen pretje, maar ze zouden zich nu ook weer gedragen als geciviliseerde Europeanen, verzekerde Frida iedereen. Tenslotte hadden we het over de landgenoten van Schiller en Bach. Trouwens, de Litvaks hadden wel meer bezettingen meegemaakt, deze kon er ook nog wel bij. Sara van honderdtwee was net zo goedlachs als altijd. Ze zei dat ze al te lang op deze wereld rondliep om er nu vandoor te gaan, en bovendien kon ze niet zonder de 'Kinder'.

Toen was alleen Roma nog over. Semyon smeekte zijn oudere halfbroer, maar Roma keek beteuterd naar de grond. Hij kon alleen uitbrengen dat iemand op de tandartspraktijk moest passen. Frida werkte al in haar eentje sinds de dood van hun vader, en hij durfde haar niet achter te laten. 'Ik zorg voor moeder,' stamelde hij zonder het zelf echt te geloven. Semyon wilde zijn broer bij de kraag vatten en hem mee naar buiten sleuren, maar begon aan zichzelf te twijfelen. Vluchten was niets voor Roma. Hij was niet atletisch en voelde zich niet op zijn gemak bij vreemden: een argwanende vrijgezel, zo'n man over wie de buren roddelden en die door vrouwen werd gemeden. En als ze gescheiden zouden worden? Het schaapachtige, betraande gezicht van zijn broer verontrustte hem. Ik jaag hem nog de dood in, dacht hij. Zo stond hij te wikken en wegen toen Frida tussen hen in ging staan en haar hand op de schouder van haar zoon legde. Ze zei dat ze veilig waren in Kaunas en elkaar zouden terugzien nadat de storm was gaan liggen. Semyon wilde nog iets zeggen, maar de woorden bleven in zijn keel steken. Hij gaf zijn moeder en grootmoeder een zoen, omhelsde Roma en rende naar huis. Hij stopte wat kleren, boeken en proviand in een koffer, draaide zijn voordeur op slot en ging naar het station. Daar haastten zich meer mensen heen, zo te zien ook Joden, met in allerijl gepakte koffers en tassen.

Het wemelde er van de mensen die in een trein wilden stappen waar ze niet in pasten. De wagons waren ramvol met passagiers, koffers en huilende kinderen. Op het perron werd er geschreeuwd naar degenen die wel hadden kunnen instappen of verdwenen waren in de menigte: mensen wilden afscheid nemen, een trui of een in krantenpapier verpakt brood aanreiken. Er braken gevechten uit. De steviger mannen trokken gewoon iemand uit de trein en namen diens plaats in. Semyon probeerde zich een paar keer een wagon in te ellebogen, maar hij liep tegen een muur van lichamen op. Hij rende langs de rails op zoek naar een gaatje. Uiteindelijk klauterde hij een metalen ladder op en schuifelde op handen en voeten op het golfdak van een treinstel. Hij ging plat op zijn buik liggen en schoof zijn koffer onder zijn hoofd bij wijze van kussen.

Zijn witte overhemd – geen goed idee, zag hij nu in – was al vies en nu ook doorweekt van het zweet. De stoomfluit klonk en mijn grootvader zag Kaunas, de stad waar bijna iedereen achterbleef die hij kende, met een ruk achter zich verdwijnen. De locomotief blies een rookpluim uit die boven hem vervloog. Hij lag te tobben over zijn moeder en zijn broer toen de houten huisjes aan de stadsrand plaatsmaakten voor bos, kilometers ver: de diepe, ondoordringbare wouden waar Litouwen om bekendstaat. Het metalen dak onder hem warmde op in de zon, en hij kleedde zich uit tot op zijn hemd.

Zo gingen er uren voorbij, met de prettig wiegende trein onder hem en de zon die tussen de naaldbomen door flitste.

Hij kalmeerde en zijn gepieker vertraagde tot losse overpeinzingen op het ritme van de treinwielen. Hij moest denken aan een verhaal dat hij op het gymnasium in Ukmergė had gelezen. Vilnius werd belegerd door het leger van Catharina de Grote, dat eropuit was om de Poolse rebellen te verdrijven. Elia ben Sjlomo, de toen tweeënzeventigjarige vrome rabbijnse geleerde die bekendstaat als de Gaon van Wilna, kwam bij de Grote Synagoge, waar een menigte zich had verzameld. In het kaarslicht van de imposante tempel hadden de paniekerige Joden het over bloedbaden en slavernij. Onder het gejammer opende de Gaon de ark en ging de gemeente voor bij het zevenmaal opzeggen van psalm 20: 'Moge de HEER u antwoorden in dagen van nood.' Net op dat moment viel er een kanonskogel, afgevuurd van een nabijgelegen burcht, op het dak van de synagoge, zonder veel schade aan te richten; hij zou er blijven steken tot een eind in de twintigste eeuw. Binnen schrokken de Joden van de klap, maar de Gaon meldde dat het kwaad afgewend was. Weinig later openden de Polen de stadspoorten en was het beleg ten einde. Dat was op de vijftiende dag van de maand av 1792. Semyon vroeg zich af of de Litouwse Joden honderdvijftig jaar later ook door zo'n wonder zouden worden gered.

Hij had dorst en zijn ogen prikten. In het halfdonker keek hij over de rand van het dak en riep naar een man die in zijn hemd uit het raampje leunde. De man en zijn vrouw hielpen hem de wagon in. Die was stampvol, zodat Semyon op de grond moest hurken, tussen de bankjes. Een paar uur later werd de trein tegengehouden door een cavalerieafdeling van het Rode Leger. Een laaggeplaatste officier ondervroeg de gezonde mannen aan boord van de trein en rekruteerde de meeste ter plekke. Gevraagd naar een militaire opleiding loog Semyon en ontkende. Hij betwijfelde of Stalins officieren een luitenant van een vreemd leger welwillend zouden bejegenen. Na zijn kennismaking met de Russen in Kaunas had hij bovendien geen zin in de politieke spitsroeden van het bevelvoeren. Hij werd soldaat in de Sovjetinfanterie en ontving voorlopige papieren. Twee weken later zou hij zijn overjas en geweer krijgen.

Vijfentwintig was mijn grootvader toen hij Sovjetsoldaat werd. In de vier jaar daarna ontving hij geen enkel bericht over zijn familie of bekenden. Vaak heb ik me afgevraagd hoe hij dat volhield. Pas aan het eind van de oorlog hoorde hij wat zijn moeder, grootmoeder en broer, zijn vrienden en buren was overkomen. Het weinige dat ik over hun leven en dood heb kunnen vinden, is afkomstig van verslagen en rudimentaire statistieken opgesteld door SS-officieren die een paar dagen na de ontsnapping van mijn grootvader in Kaunas aankwamen, en van onderzoek en getuigenissen uit de decennia erna. Toch is het meer dan Semyon in zijn leven ooit over die gebeurtenissen heeft kunnen bijeensprokkelen.

Op zondag 22 juni 1941, de ochtend waarop mijn grootvader uit Kaunas vertrok, waren Stalins deportaties nog geen week geleden. Door de hele stad moedigden katholieke priesters in de mis hun parochianen aan om samen te werken met het Duitse leger. Sommigen riepen vanaf de kansel op tot wraak op Sovjetcollaborateurs en op Joden in het bijzonder. Maandagochtend om halftien deed Radio Kaunas verslag van de vorming van een voorlopige Litouwse regering. De mars uit *Aida* werd gedraaid, onderbroken door berichten dat de radiozender in handen van de partizanen was en dat de bolsjewieken gevlucht waren. Eindelijk was Litouwen vrij, oreerde een omroeper.

Die middag kondigde de Litouwse bevelhebber Jurgis Bobelis aan dat de Duitse troepen waren aangevallen vanuit door Joden bewoonde huizen, en waarschuwde dat er voor elke dode Duitse soldaat honderd Joden zouden worden neergeschoten. Toen de Wehrmacht en de eerste eenheid van de ss-Einsatzgruppen dinsdag 24 juni in Kaunas aankwamen, waren naar verluidt al duizend Joden dood, een op de dertig in de stad. De trein die een paar uur na die van mijn grootvader naar het oosten reed, werd getroffen door Luftwaffebommen. De locomotief en een paar wagons eindigden smeulend tussen de bomen. De overlevende passagiers werden gearresteerd en terug naar Kaunas gestuurd, verkracht of ter plekke geëxecuteerd.

Die maandag mobiliseerden de Witte Armbanden, zoals de Litouwse paramilitairen bekend zouden komen te staan. Zij aan zij met studenten van de universiteit waar mijn grootvader op had gezeten, staken ze de brug over de Neris over, naar Slobodka. Die wijk herbergde zesduizend van de armste en vroomste Joden van de stad, wier voorouders er soms al sinds de middeleeuwen woonden. De stoet Litouwers had geweren, messen, bijlen en hamers bij zich. Ze drongen de huizen in Slobodka binnen en joegen de bewoners de straat op. Zodra er genoeg Joden bijeen waren gedreven, werden ze onder schot gehouden en gesommeerd om naar de rivier te rennen. Daar gaven anderen hun het bevel om hun kleren uit te trekken en het water in te rennen. Terwijl de naakte mannen en vrouwen, soms vastgeklampt aan broers of zussen, ouders of kinderen, de Neris in waadden, de oude rivier die zich langs de grafheuvels van de heidense Litouwers, de mythische rotsen en de heilige eiken slingerde, openden mannen met machinegeweren van achteren het vuur.

Sommige leden van de lynchploeg waren nog niet tevreden met de keurig verlopen executie. Ze stormden de huizen van Slobodka binnen en verrasten gezinnen bij het middageten. De indringers hakten armen en benen af, nagelden handen aan de muur, prikten naalden en priemen in ogen. Ze onthoofdden rabbi Zalman Ostrovski en zetten zijn hoofd in het raam als een decorstuk in de etalage. Ze staken handgeschreven Thorarollen en heilige arken in brand. Ze sneden baarden af met glasscherven, goten petroleum over de mannen heen en staken hen ook in brand, waarna de pas aangekomen SS-officieren de brandende lichamen fotografeerden. De straten waren bezaaid met lijken. Er wankelden mannen langs met geweren en verwilderde blik, veelal dronken, die 'Joden! Communisten!' brulden.

Elders in Kaunas arresteerden de Witte Armbanden Joden, verzegelden de deur van hun huis en voerden hen naar de oude tsaristische forten, waar ze vrijwel allemaal doodgeschoten zouden worden. Op vrijdag 27 juni werden nog vijftig of zestig Joden opgepakt door een horde Litouwers en naar Garage Lietūkis bij het stadscentrum gedreven. Voor de ogen van de omstanders duwden een paar mannen de gevangenen brandweerslangen in hun mond en draaiden de kraan open tot hun buik ontplofte. De garage stond aan de Vytauto gatvė. Die straat was genoemd naar de groothertog wiens privileges duizenden Joden naar het land lokten dat bij hen Lita heette: de heerser die ze de Litouwse Cyrus noemden, naar de hun goedgezinde Perzische koning die hun voorouders uit de Babylonische ballingschap had bevrijd.

Hoelang de Joden precies onder de Litouwers hadden geleefd, is niet opgetekend. Wel bekend is dat de eersten aankwamen vele jaren voordat de priesters onder Jogaila massabekeringen in de Neris uitvoerden. Aan zeshonderd jaar samenleven kwam in juni 1941 een eind. In de vijf maanden volgend op de Duitse invasie werden meer dan 137.000 Joden in het land geliquideerd, zoals de SS het noemde, door hun collega's en buren. De meesten werden in haastig gegraven kuilen gedumpt. Voor het einde van de oorlog werden er nog eens 70.000 neergeschoten of vergast.

De doden werden zorgvuldig bijgehouden. In een verslag gedateerd op 1 december 1941 beweerde Standartenführer Karl Jäger, leider van het doodseskader Einsatzkommando 3, niet helemaal terecht dat Litouwen 'judenfrei' was. Bij de naam van elke stad en sjtetl voegde hij een liquidatiedatum of -data en de aantallen slachtoffers toe, waarbij hij niet alleen de geëxecuteerde Joodse mannen, vrouwen en kinderen telde, maar ook de communisten, dieven, grafrovers en geesteszieken. De massale fusillades werden volgens Jäger uitgevoerd 'op mijn gezag en bevel door Litouwse partizanen'.

Minder dan een op de twintig Litvaks zou het einde van de oorlog halen, het laagste percentage overlevenden in Europa. De ouders van mijn moeder waren daarbij. Zij waren de laatste dragers van een cultuur die nooit meer zou terugkeren in het noordelijke land van steenmannetjes, romaanse ruïnes en ondoordringbare wouden, waar een nieuw Jeruzalem verdween als sneeuw in de lente.

Net als de meeste Sovjetkinderen groeide ik op met televisieprogramma's over de Grote Vaderlandse Oorlog, zoals de Tweede Wereldoorlog in Rusland nog steeds heet. Men was het erover eens dat de strijd tegen het fascisme een offer en geschenk aan de wereld was, de glorietijd van het land, waarin de Sovjetbevolking zich altruïstisch en nobel had opgesteld, eensgezind in haar gemeenschappelijke plicht. Net als andere Sovjetjongens keek ik liever oorlogsfilms dan musicals of documentaires over de graanproductie in de Warschaupactlanden, en ik kon er geen genoeg van krijgen. Ik was natuurlijk apetrots dat Semyon had meegevochten en bestookte hem met vragen. Zijn onwil om te praten was bijna net zo groot als mijn verlangen naar antwoorden.

Op bezoek in Vilnius speelde ik met de medailles die hij

in een ivoorwit kistje bewaarde. Het waren niet de belangrijke onderscheidingen die ik van de tv kende, de Rode Ster of de Orde van Lenin. Zijn dof geworden medailles, op een gestreept strookje stof gespeld, herdachten veldslagen en jubilea. Op een ervan stond: 'Voor moed'. Semyon vertelde dat hij hem had gekregen nadat de legerdokters twee granaatscherven uit zijn rug hadden gehaald. Hij deed zijn bloes omhoog om me een van de littekens te laten zien, een rafelige sleuf in de sproetige holte onder zijn schouderblad. In New York zou hij zich aansluiten bij een organisatie van WO II-veteranen: een paar tientallen bejaarde Russischtalige Joden in gekreukte pakken, die elke maand in een kebabtent in Queens bijeenkwamen. Toch begon Semyon zelf zelden over zijn oorlogservaringen. Aan het front had hij veel doden gezien, meestal jonger dan hij, en hij zei dat hij mij of iemand anders niet met die beelden wilde opzadelen. Daarmee was het meestal afgelopen.

Een paar keer leverde mijn gezeur wat feiten op: hij had in de zestiende divisie van het Rode Leger gediend, die bekendstond als de Litouwse Divisie omdat ze voornamelijk bestond uit vluchtelingen uit de voormalige Litouwse Socialistische Sovjetrepubliek. Hij bediende een mortier waarmee vijandige loopgraven werden leeggeschoten en beschut opgestelde voertuigen en troepen opgeblazen. In 1944 zette een commandant die onder de indruk was van zijn vloeiende Duits hem in als vertaler. Semyon tolkte ondervragingen van gevangengenomen vijandelijke soldaten en leden van de Waffen-SS, en vertaalde radio-uitzendingen, documenten en communiqués. Naderhand had hij naar eigen zeggen niet veel meer van de strijd gezien.

Begin mei 1945 viel hij Berlijn binnen met het Eerste Wit-Russische Front, aangevoerd door maarschalk Zjoekov. Semyon ging niet in detail in op wat hij daar had gezien, en de beelden die ik van de slag en de nasleep ervan heb, zijn grotendeels afkomstig van foto's en uit boeken: Sovjetstoottroepen en -tankeenheden die de verwoeste hoofdstad binnentrekken, door de Amerikanen geleverde Buicks en Studebakers met lichte artillerie erachter, bereden kozakken met oorlogstrofeeën aan hun zadel. De dag na de val van de Reichstag poseerden soldaten van het Rode Leger voor een vaak gereproduceerde foto bij het hijsen van hun vuurrode vlag op het dak. De aanloop tot de eindstrijd resulteerde in honderdduizenden doden en verminkten. De zegevierende Sovjettroepen plunderden huizen en winkels, schoten gevangengenomen soldaten en burgers dood en sloegen sterkedrank, bier en oplosmiddelen uit het lab achterover, zodat ze nog dagenlang dronken waren. Een correspondent van het Sovjetleger meldde dat 'Russische soldaten elke Duitse vrouw tussen de acht en de tachtig verkrachtten'.

Semyon zei weinig over die weken, maar liet doorschemeren dat hij de gruwelen nog steeds niet van zich af kon zetten. Het verhaal dat hij wel vertelde, speelde zich af op Unter den Linden, de boulevard die naar de Brandenburger Tor loopt, waar de fraaiste gebouwen van Berlijn uitkeken op de oude linden waar de straat naar was genoemd. In de laatste dagen van de gevechten hadden de bewoners de bomen omgehakt voor brandhout. Semyon vertelde dat hij moest huilen toen hij de boulevard voor het eerst zag. De Sovjetartillerie had sommige monumentale panden gereduceerd tot geraamten die in een berg puin stonden.

Maar ze waren niet allemaal verwoest. Semyon ging een paar huizen binnen die niet afgesloten waren en dwaalde door de verlaten kamers, vol bewondering voor het chique behangen de marmeren schoorsteenmantels. Op een keukentafel kwam hij een half opgegeten ontbijt tegen, nog warm, achtergelaten door de vluchtende bewoners. Hij vertelde dat hij de meeste tijd besteedde aan het neuzen in honderden boeken, op planken die tot de zoldering reikten. Achter een vroege handverluchte uitgave van Goethes Wilhelm Meister-boeken en wat poëziebundels ontdekte hij een verboden roman van Heinrich Heine. Hij propte een stuk of tien van de zeldzaamste, waardevolste boeken in zijn rugzak.

Semyon vertelde met meer enthousiasme over de boeken dan over de hele verdere oorlog. Weken later marcheerde zijn bataljon vanaf het Duitse front naar het oosten, over onverharde wegen die door laarzen, vrachtwagenbanden en dagenlange regen in een diepe modderpoel waren veranderd. De riemen van zijn rugzak sneden in zijn schouders. Ten langen leste zette hij de zware rugzak op de grond en legde de oude boeken, waaronder de prachtige Meisters, op een stapel langs de kant van de modderige weg. Hij vergaf het zichzelf nooit.

In het najaar van 1945 keerde hij terug naar huis, naar Kaunas. Hij liep langs de straten die onder een dikke laag stof en puin lagen en waar de inwoners uit weggevaagd leken. Niets deed het nog in de stad. De overgebleven bewoners stonden in de rij voor rantsoenbonnen. Mijn grootvader liep naar het huis van mijn moeder, maar trof er een Litouws gezin aan. Ze beweerden niets over het lot van de vorige bewoners te weten. Frida's spullen en meubels waren weg.

Haskels tandartspraktijk was leeggeroofd, zelfs het sanitair was verdwenen. Semyon trof nauwelijks nog een spoor aan van zijn familie en zijn vroegere leven. In de buurt van het stadscentrum kwam hij een bekend gezicht tegen: een Joodse buurvrouw van Frida van voor de oorlog. Ze was rimpelig en vermagerd, en ze bleek tot het handjevol overlevenden van het getto van Kaunas te behoren. Ze omhelsden elkaar. Ze vertelde Semyon dat er een paar dagen na zijn vertrek uit de stad gewapende mannen met witte armbanden naar het huis van zijn moeder waren gekomen. Nauwelijks binnen hadden de partizanen zijn grootmoeder van honderdtwee neergeschoten; Sara bloedde dood op de grond in de woonkamer. Zijn moeder en broer werden naar het Zevende Fort meegenomen. Samen met zo'n drieduizend anderen werden ze neergemaaid met mitrailleurs; hun lijken werden vlakbij in een kuil gesmeten. Ze hadden vast hun eigen graf moeten graven, zei de buurvrouw nog. 'Je vader was een slimme kerel,' merkte ze op. 'Dat was een goed moment om dood te gaan.'

Een paar uur na die ontmoeting vertrok Semyon uit Kaunas. Hij moest er niet aan denken nog meer sporen van zijn leven daar te vinden. Toen stapte hij maar op de trein naar Vilnius, zijn geboortestad. Sinds zijn tweede was hij niet meer in Vilnius geweest, maar tot zijn aangename verrassing vond hij Frida's broer Aäron terug, de tandarts. Een jaar of dertig eerder had zijn oom bij hen in Vilnius gewoond, en later had hij hen vaak in Utena opgezocht. Aäron had onvoorstelbaar veel geluk gehad: hij had de oorlogsjaren diep in het Russische binnenland doorgebracht met het genezen van ontstoken monden en het trekken van kiezen, en had zelfs zijn oude huis in Vilnius terug weten te krijgen. Semyon trok meteen bij hem in. Mijn grootvader was negenentwintig en opgelucht dat hij toch nog één overlevende van zijn familie had teruggevonden, de laatste die hem eraan herinnerde dat hij niet in eenzaamheid geboren was.

De naoorlogse Sovjettijd in Vilnius werd getekend door alle mogelijke tekorten. Als veteraan had Semyon recht op privileges, zijn rantsoenbonnen gaf hij aan Aäron. Meestal hadden ze genoeg suiker, eieren, koffie en boter. Tot Aäron op een keer slechtgehumeurd aan het avondeten zat. Toen Semyon een boterham smeerde, voer zijn oom uit omdat hij er te veel boter op deed: wist hij dan niet hoe moeilijk je aan zelfs maar een ons boter kon komen? Hij bleef foeteren totdat Semyon zijn bord met een klap op tafel gooide, opstond en zijn jas aantrok. Hij kon er niet bij dat zijn oom na zoveel dood en ontworteling zo bekrompen kon doen. De ruzie liep uit de hand. 'Ik ben je enige familie!' riep Aäron. 'Je vindt het vast niet leuk daarbuiten in je eentje met verder niemand. Straks sta je hier weer, met je staart tussen je benen.' Mijn grootvader deed zijn riem om. Het was een versleten varkensleren riem met een ster op de geelkoperen gesp, nog uit zijn legertijd. 'Dan maar geen familie,' was zijn antwoord voor hij de deur uit liep. Semyon sliep een paar maanden op de bank bij zijn vriend Valius. Zijn oom zag hij nooit meer terug.

Hij sliep slecht in die tijd, sommige nachten niet meer dan drie of vier uur. Hij droomde meestal van zijn moeder en vooral van zijn broer. Dan keek de schuchtere Roma hem met zijn donkere ogen beschuldigend aan en schrok hij wakker, zijn hart bonzend in zijn borst. Nachtenlang lag hij in het donker en liet die ochtend in juni 1941 opnieuw voor zijn geestesoog passeren, overtuigd dat hij hen had kunnen redden. Hij had moeten eisen, dreigen, hen aan hun kraag naar buiten trekken en hen naar het station moeten slepen. Waarom had hij naar zijn moeder geluisterd? En hoe had hij voor zichzelf kunnen kiezen en niet voor zijn broer, zijn lieve eenzelvige broer uit wiens mond hij over niemand ooit een onaardig woord had gehoord?

Hij concludeerde dat het domweg geluk was dat hij het had overleefd. In zijn dromen zag hij steeds Frida's huisnummer in Kaunas terug: 10-9. Ondanks zijn wetenschappelijke afkeer van bijgeloof begon hij het getal 19 te vermijden, overtuigd dat het ongeluk en misschien zelfs de dood bracht. Op een dag bedacht hij dat de ramp die hem trof hoogstwaarschijnlijk voorbeschikt was. Volgens de juliaanse kalender die gebruikt werd in zijn geboorteland, het tsaristische Litouwen, was hij geboren op 9 oktober, 9-10, bij elkaar opgeteld alweer hetzelfde onheilsgetal. En dus vierde hij zijn volgende verjaardag, zijn eenendertigste, in 1946, door een paar vrienden bij hem thuis uit te nodigen op 15 november, een willekeurig gekozen datum. Later vulde hij die ook op documenten als zijn geboortedatum in. Hij was bereid om vijf weken jonger te worden als dat het ongeluk kon afwenden waardoor hij alleen op de wereld was achtergebleven.

In 1945, een paar maanden voor de val van Berlijn, zat Semyon in de eetzaal toen hij een legerbeambte zag met lang blond haar en een Veronica Lake-lok voor haar ogen. Hij realiseerde zich dat hij haar eerder had gezien, in Kaunas, en wist zelfs nog hoe ze heette. Ze kwam uit Slobodka en was getrouwd met een voorman van de Bund, een Joodse socialistische organisatie. Onwillekeurig staarde hij haar aan. Natuurlijk blond haar was al een zeldzaamheid onder Litvakvrouwen, maar ze was ook nog slank met een wespentaille, en dan die glanzende blauwe ogen…

Hij was de eerste noch de laatste soldaat die haar een aanzoek deed, maar aan het hele Eerste Wit-Russische Front was geen aanbidder zo volhardend als hij. Hij liet zich niet ontmoedigen doordat iedereen haar te mooi voor hem vond; mijn grootvader placht te zeggen dat een man alleen knapper dan een aap hoefde te zijn. Voor de oorlog ten einde was, stond ze hem enkele gesprekjes en zelfs een paar zoentjes toe. Daarbij zorgde hij ervoor dat ze hem zich zou herinneren, in het besef dat hij haar ook niet licht zou vergeten.

Twee jaar na het einde van de oorlog zag hij haar terug in Vilnius. Ze stond op een hoek te kijken naar een etalage met tweedehandsspullen. Die winkels, waar arme mensen hun bezittingen in consignatie gaven in ruil voor broodnodige roebels, waren de enige plek waar je een fatsoenlijke bloes of een paar goede leren schoenen kon vinden. De voormalige legerbeambte zag Semyon in de etalage weerspiegeld terwijl hij de straat overstak, naar haar toe. Als hij me ziet, laat hij me nooit meer met rust, dacht ze, en ze keek naar het trottoir, maar Semyon had haar herkend vanaf de overkant. Zelfs de vorm van haar rug had hij onthouden.

Raisa Mebelis stond hem toe om haar een paar keer mee uit te nemen. Ze was weduwe en had zoveel mannen aan het front gezien dat ze geen haast had om een nieuwe te vinden. Ze was ook het type niet om smoorverliefd te worden. Raisa's eerste man, een politicus en een serieuze kerel, was vroeg in de oorlog gesneuveld. Hij had een knap, al even serieus gezicht gehad, met een hoog, smal voorhoofd en de vooruitstekende wenkbrauwboog van een man met principes en een hoger doel.

Semyon van zijn kant maakte haar vooral aan het lachen met zijn melige grapjes en voortdurende liefdesbetuigingen. Hij nam steevast bloemen voor haar mee, al waren het maar madeliefjes in een oude krant, hij hield de deur voor haar open en hij dook achter haar op wanneer ze haar korenbloemblauwe jas met de vossenkraag aan of uit wilde trekken. Hij was betrouwbaar en grappig, en op die neus na kon hij er best mee door. Een jaar later trouwde ze met hem. Op hun trouwdag stuurde ze haar jongere zus Ida veelbetekenende blikken toe. Raisa had voor de bruiloft tegen Ida gezegd dat ze vast niet meer dan een jaar of anderhalf bij Semyon zou blijven en dan gauw van hem zou scheiden. Vijfenveertig jaar zijn mijn grootouders getrouwd gebleven.

Als kind beschouwde ik mijn grootmoeder als de perfecte vrouw, een idee dat ik nooit helemaal ben ontgroeid. Ze was rijzig en slank, met zulke lange vingers dat onbekenden vroegen waarom ze geen piano speelde. Semyon mocht graag zeggen dat ze op Ingrid Bergman leek. Op de vaag jaloerse en wantrouwige manier waarop Joden over blonde mensen praten, zeiden vrienden dat ze er 'noords' uitzag. Haar schoonheid werd bekroond door een sterk karakter. Zelden verhief Raisa haar stem of gebruikte ze meer woorden dan noodzakelijk, en tegenslag bood ze het hoofd met een kalme tegenwoordigheid van geest die geruststelde en contrasteerde met de botheid, de eindeloze woordenstroom en het opvliegende temperament van mijn grootvader.

Het was dan ook aan Raisa om de opvliegendheid van haar man te temperen en zijn ongelukkige beslissingen in goede banen te leiden. Wanneer ze in Moskou op bezoek was, was ik nog het dankbaarst dat ze er was zodra mijn ouders ruzie kregen. Semyon trok partij voor mijn moeder en ging mee bakkeleien, waardoor het altijd uit de hand liep. Dan pakte Raisa mijn hand en nam me mee naar een andere kamer. Ze deed de deur dicht, las me met zachte, vaste stem voor en keek af en toe of ik wel oplette. Binnen de kortste keren viel ik in slaap op haar schoot.

Ik kon me toen niet voorstellen dat ze ooit jong was geweest. Ik was drie of vier toen haar benen begonnen te trillen en ze af en toe spiersamentrekkingen kreeg, vaak bij het oversteken. Een specialist aan de faculteit geneeskunde waar Semyon lesgaf, diagnosticeerde haar met de ziekte van Parkinson. De symptomen ontstonden door premature degeneratie van de basale ganglia, legde hij uit, alsof hij uit een medisch handboek voorlas, en hij schreef een hele batterij pillen voor. Hij zei tegen haar dat de oorzaak onbekend was en dat de symptomen geleidelijk erger zouden worden.

Semyon gaf zichzelf de schuld. Hij was ontrouw geweest, en erger nog, indiscreet. Een kennis van Raisa had hem in een restaurant gezien met een promovenda, een mollige brunette. Daar confronteerde Raisa hem mee en ze kregen ruzie. Ze schreeuwden naar elkaar en hij gaf haar een duw.

Raisa viel tegen een muur aan en klaagde nog wekenlang over hoofdpijn. Na de diagnose begroef Semyon zich in wetenschappelijke artikelen over de ziekte omdat hij dacht dat hij die met zijn woedeaanval had veroorzaakt. Daarna werd hij milder en tederder en bleef hij vaker thuis bij haar.

Met mijn moeder en mij spraken mijn grootouders Russisch, met hun collega's en buren Litouws, maar thuis met elkaar spraken ze zangerig Jiddisch. Mijn grootvader noemde zijn vrouw bij de informele variant van haar Russische naam, Raja, maar wanneer hij extra lief wilde zijn, noemde hij haar Chajele in zacht geaspireerd Jiddisch.

Toen Raisa me voor het eerst zag, zei mijn moeder, was ze verbaasd en verrukt over mijn blauwe ogen en blonde haar (dat met de jaren donkerder is geworden); ze vond dat ik op haar jongere broertje Lejb leek. Een van mijn vroegste herinneringen is dat ik wakker werd in de flat van mijn grootouders in Vilnius en dat mijn grootmoeder naast me zat. Door de spijlen van het babybedje keek ik naar de geometrische patronen die de zon op het parket tekende, en ik voelde me veilig. Raisa vond het leuk als ik haar gezelschap hield in de keuken terwijl zij kookte of, aan het eind van de zomer, komkommers, kool en vruchten inmaakte.

Tijdens mijn bezoekjes verzon ze een recept dat vooral opviel door zijn hoge prijs en bewerkelijkheid. Ze stuurde Semyon naar de boerenmarkt voor een kip, schroeide boven het gasvuur de laatste veren van het beest af, beende het uit en sneed het in stukken. De filets draaide ze met de hand door een gietijzeren gehaktmolen waar slierten roze vlees uit kwamen; daar deed ze melk, ui, dille en fijngemalen witbrood doorheen, vormde er schijven van en bakte die bruin in boter. Ik zat ernaast op een krukje en keek toe. Onder het koken vertelde ze me over zussen, neven en nichtjes die ik niet kende en die nu in Sydney, Beersjewa of Tel Aviv woonden, en soms praatte ze over haar jeugd of die van mijn moeder. Een enkele keer had ze het zelfs over de oorlog. Ik zag aan haar dat ze er niet van hield om te zwelgen in het verleden.

Op een middag toen ik een jaar of zeven, acht was, moet Raisa een voor haar atypische bui hebben gehad, want ze pakte een fotoalbum met een roze fluwelen omslag met reliëfpatroon van een plank en zette mij erbij. Ze wees naar een klein zwart-witfotootje. Op de foto had ze een schaapsleren jas aan en een legerriem om met een ster op de geelkoperen gesp. Ze keek in de lens met een uitdagende halve glimlach. Ik vond het uniform en militaire insigne spannend, maar ik kon die uitdagende blik niet rijmen met de lieve, broze vrouw die me aankeek met altijd vochtige ogen die door haar leesbril werden vergroot tot bibberige lichtblauwe schoteltjes. Ik wilde haar iets vragen over de foto, maar de manier waarop ze me aankeek, maakte dat ik mijn woorden inslikte. Raisa zette het album terug op de plank en liep weer naar de keuken.

In tegenstelling tot Semyon had Raisa geen magistraten, geen oude vrijsters die in Duitsland hadden gestudeerd en geen succesvolle zakenlieden in de familie. De sjtetl waar ze in hetzelfde jaar als mijn grootvader was geboren, was even verdrukt en onopmerkelijk als elke andere in het Joods Vestigingsgebied. Kaišiadorys, Kosjedar in het Jiddisch, zou zo genoemd zijn nadat de spoorwegen besloten er een tussenstation voor locomotieven te bouwen om halverwege tussen Kaunas en Vilnius water in te nemen. Volgens dit waarschijnlijk apocriefe verhaal trof de landmeter die met de taak was belast op de open plek in het bos waar het station moest komen twee boeren aan die bij een vuurtje zaten. 'Wat doen jullie hier?' vroeg hij de twee, die opsprongen en stijf rechtop gingen staan bij het zien van het Russische uniform van de staatsbeambte. 'Kasja koken, uwe excellentie,' antwoordde de een, naast de pot met boekweitpap.

Raisa's vader Moisje, een metaalbewerker met een grote bos rood haar, voorzag de gammele huisjes in het dorp, voornamelijk die van zijn buren, van een dak. Zijn vrouw was een schuchtere naaister en heette Liba. Geen van beiden had veel opleiding genoten, afgezien van wat huisbakken godsdienstles en net genoeg woordjes om een zegening te lezen. Mijn grootmoeder, die in het Jiddisch Chaja heette, was de tweede van vier: drie meisjes en een jongetje. De oudste, Dvoira, was net als haar moeder donker van haar, maar de anderen waren geboren met blond haar en blauwe ogen. De christelijke buren knipoogden naar hen en vroegen: 'Zijn jullie wel Joods? Of hebben ze jullie van Litouwse ouders gestolen?' Thuis werd er niet veel aan rituelen of gebed gedaan. Er was nooit genoeg eten, kleren of geld, en niemand geloofde echt dat de Koning der Wereld belangstelling had voor hun armoe.

Op haar veertiende had Raisa een fulltimebaan als boekhoudster een paar dorpen verderop, bij een bierbrouwerij die ook mineraalwater en limonade bottelde. Een foto uit 1932 toont een groepje bij een vrachtwagen waar de naam van de brouwerij op prijkt: Zilberkveito. Raisa moet zestien of zeventien zijn, ze draagt een lange jurk met een opvallende kraag en klemt een kasboek in haar handen. Ze staat naast een oudere man in driedelig pak die eruitziet alsof hij het voor het zeggen heeft. Naast hem, met haar argwanende blik en afhangende schouders, ziet ze er onvoorstelbaar jong uit.

Door haar temperament en door noodzaak gedwongen werd zij het verantwoordelijke kind. Haar oudere zus Dvoira, die een hekel had aan de klank van haar Jiddische naam en zich liever bij de tsjechoviaanse naam Vera liet noemen, was koppig, scherp van verstand en streng. Toen Raisa bij de brouwerij begon, had Vera al een paar weken gezeten voor het uitdelen van subversieve pamfletten. Ze was onverbeterlijk en bleef naar clandestiene communistische bijeenkomsten gaan; op een daarvan kwam ze Jonas tegen, een stroharige Litouwse jongen met wie ze iets begon. Toen Moisje erachter kwam, onterfde hij zijn dochter. Vera ging het huis uit zonder er een traan om te laten en vervloekte haar vader. Geen kerk of synagoge wilde hen trouwen, dus liftten Vera en Jonas naar Klaipėda, een stadje aan de Oostzee, om zich er door een magistraat in de echt te laten verbinden. Ze noemden hun zoon Karl, naar de Litouwse revolutionair Karolis Požela, en natuurlijk naar Karl Marx. Vera zwoer niet alleen haar vader af, maar al Kosjedars provinciale Joden, of zoals dat in het Russisch heet: ze maakte een kruis over hen. Naderhand stuurde ze nieuws aan haar moeder, broer en zussen in de vorm van schaarse kattebelletjes die ze achter op ansichtkaarten krabbelde.

Moisje vloekte binnensmonds toen Liba een derde dochter kreeg. Hij zei dat hij net zoveel behoefte had aan nog een meisje in huis als aan een 'loch in kop', een gat in zijn hoofd. De jongere zus van mijn grootmoeder, Ida, groeide op tot een goedgehumeurd, sloom kind dat dol was op dansfeesten en partijen en haar weinige geld aan haarspeldjes en kammen uitgaf. Na haar bat mitswa leerde Raisa haar de beginselen van het boekhouden en met dat vak zou Ida de rest van haar leven haar brood verdienen.

Lejb was de lieveling van het gezin. Iedereen wist nog dat de vijfjarige Lejbele met Chanoeka een kamer vol volwassenen dubbel liet liggen van het lachen toen hij tijdens het eten binnenkwam met een krat sneeuw en aankondigde dat hij van plan was die te bewaren voor de zomer. Hij was lief en aantrekkelijk, en op zijn dertiende al langer dan zijn vader. Wanneer die van Mebelis naar school liepen, werd de jongen omringd door de drie zussen, die hem beschermden en trots op hem waren.

Moisje, Liba en de kinderen trokken halverwege de jaren dertig uit het houten huis met het metalen dak en verhuisden net als veel andere dorpelingen naar Kaunas, met zijn belofte van meer werk en betere scholen. Net als de meeste Joden met een kleine beurs kwamen ze in Slobodka terecht. Twee nichtjes van Raisa, Alta en Ester, woonden al aan de Veiverių gatvė, op loopafstand van de brug over de Neman, met een grandioos uitzicht over de gotische kathedraal aan de overkant van de rivier. Moisje werd weer dakdekker, Liba naaide negligés en Ida en Lejb schreven zich in aan een drukbezocht Hebreeuws gymnasium.

Mijn grootmoeder was dol op Kaunas. Ze volgde boekhoudles en vond werk, voornamelijk in fabrieken. Er was werk genoeg, althans voor haar: niet alleen was Raisa zorgvuldig en werkte ze hard, ze kwam ook naar de saaie kantoren van kuipers en paraplufabrikanten in opvallend elegante mantelpakjes en slank gesneden jurken die nooit gewaagd waren. De naaisters van Slobodka maakten ze voor de helft van de prijs die de kleermakers uit het centrum vroegen. Raisa combineerde ze met ivoorwit met koraalroze cameeën, vossenbontjes en broderie anglaise. Ze werd voortdurend lastiggevallen door mannen. Ze kreeg een paar keer verkering, maar werd verliefd op een elegante, ambitieuze jongen die actief was in socialistische kringen en een leidende positie had verworven in de Bund.

Zijn naam is mij onbekend. Mijn moeder hoorde pas dat Raisa met iemand anders dan haar vader getrouwd was geweest toen ze het huis uit ging om te gaan studeren. Een of twee keer hadden ze het over hem gehad, en nooit waar ik bij was. Mijn moeder wist niet eens meer of Raisa zijn naam wel had genoemd. Mijn grootmoeder had een foto van haar eerste man in een juwelenkistje bewaard en een paar jaar voor mijn geboorte was die foto zoekgeraakt, zo vertelde ze althans. Alles wat ik weet, komt van roddels opgepikt op familiefeestjes: ze vormden een stijlvol stel en woonden korte tijd in een groot appartement bij het centrum van Kaunas. Ze dansten in de nachtclubs aan de Laisvės Alėja, waren dol op cabaret en gingen met vrienden uit eten in chique restaurants en cafés. Er werd gegrapt dat hij nog eens minister of rechter zou worden. Ze trouwden nog geen jaar voor de Sovjetinvasie.

Een Russische kolonel was zo verkikkerd op Raisa dat hij op het ministerie van Financiën een leidinggevende baan voor haar regelde die een maand eerder nog verboden was geweest voor Joden. Ze had nu een klein aantal werknemers onder zich en, helemaal onvoorstelbaar, een chauffeur die haar elke ochtend voor de deur met draaiende motor stond op te wachten. Raisa's Sovjetinspecteur vond haar aardig, net als al haar chefs, en tijdens de Sovjetdeportaties in juni 1941 werden er wel een paar vrienden van haar man gearresteerd, maar gingen de agenten van de NKVD aan hun huis voorbij. Een paar dagen later belde de kolonel: als de Duitsers de grens overstaken, zouden zij en haar familie worden gearresteerd, of erger. Bij de eerste tekenen van oorlog moest ze vertrekken.

Op de morgen van de Duitse invasie, zondag 22 juni, stond de chauffeur van het ministerie voor de deur te wachten. Ze stapte in samen met haar ouders, Ida, Leib en haar nicht Alta, die haar dochtertje van vier, Sara, op schoot nam. De passagiers moesten zich tussen koffers, tassen, dekens en een tamme papegaai wurmen. De onterfde Vera had de stad al verlaten met haar man en de andere vluchtende communisten. Raisa's man was van plan om met zijn ouders de stad uit te gaan; ze spraken af dat ze elkaar in Rusland terug zouden zien. De auto vertrok en Raisa zag Slobodka kleiner worden in de achteruitkijkspiegel.

Bij de Wit-Russische grens werd de auto tegengehouden door Sovjetsoldaten. Iedereen die naar het oosten wilde, moest gaan lopen. Liba en Moisje protesteerden, ze vonden het mesjogge om kilometers ver te lopen zonder bestemming. Alta's dochtertje begon te huilen. Daar stonden ze dan, aan de kant van de weg elkaar vragend aan te kijken. Uiteindelijk besloot de helft terug te keren en het toch maar in Kaunas te proberen. Liba huilde toen ze haar kinderen omhelsde, die haar het grootste deel van hun geld gaven. Raisa zag haar ouders en nichtje achter een bocht in de weg tussen de bomen verdwijnen. Toen pakte ze haar spullen en liep samen met haar jongere broer en zus naar het oosten.

De koffers waren zwaar en een paar dagen later was het eten op. De gehuchten waar ze langskwamen, zagen er doods uit: halsoverkop verlaten huizen, gebroken ruiten, loeiend vee op de weg. Ze overwogen om terug te keren, maar hoorden dat Kaunas ingenomen was, dat de Duitsers verder naar het oosten optrokken en hen dicht op de hielen zaten. Toen hun geld op was, ruilden ze hun bezittingen voor eten. In kerken en schuren, naast vrachtwagens, aan de kant van de weg ruilde Raisa haar cameeën en zijden onderjurken voor een homp oudbakken brood of een schort vol onrijpe appels. De dorpsvrouwen trokken de kleren aan waar zij bij stond, gewoon buiten, en als ze niet pasten, namen ze ze meestal toch. Raisa ruilde haar met bont afgezette handschoenen, twee hoeden, Ida's ivoren kammen, poederdozen, sieraden en al haar onderkleding, tot de koffers leeg waren. Toen ruilde ze de koffers. Haar gouden trouwring ging als laatste.

Drie weken nadat ze uit Kaunas waren vertrokken, was hun buik opgezet van de honger. Vaak wisten ze niet waar ze waren of welke dag het was, tot ze door een man met een paardenkar die langskwam op de onverharde weg werden meegenomen naar een station. Een wonder, vond mijn grootmoeder. Ze hadden samen nog net genoeg spullen over om te ruilen voor drie treinkaartjes.

Er was niets te eten in de trein, en ze hadden toch niets meer te ruilen gehad. Op de tweede dag vond Ida een homp oud brood onder een bankje. Ze braken het in drieën en likten de harde kruimels van hun handen. Waar de trein heen ging, vroegen ze niet. Ze stapten ergens over, stapten toen weer over en bleven aan boord zolang de trein naar het oosten of zuiden reed. De wagons waren stampvol paniekerige of gelaten vluchtelingen. Wanneer er een man te dicht bij de meisjes kwam zitten, wierp Leib zich als beschermer op, al was hij mager en leek hij nauwelijks ouder dan zestien.

Op een nacht werd Raisa wakker met koorts. Haar kleren waren kletsnat van het zweet en haar armen zaten onder de paarse uitslag. Ida legde een natte lap op het hoofd van haar zus, maar de volgende ochtend lag ze te ijlen. Mijn grootmoeder vertelde dat ze niet meer wist wat er daarna gebeurde. Ze herinnerde zich alleen flarden: een bed onder zich, vreemde handen die het eten en de thee die ze niet binnenkreeg bij haar bed weghaalden, iemand die haar 's nachts op haar zij rolde om de lakens onder haar vandaan te halen.

Ze kwam bij in een noodhospitaal. Een verpleegster vertelde dat ze bijna aan tyfus was gestorven en drie weken had liggen ijlen, en dat ze in Oezbekistan was. Toen Raisa aan haar hoofd voelde, bleek ze kaal: terwijl ze buiten kennis was, had een verpleegster haar hoofd geschoren om de verspreiding van met tyfus besmette luizen tegen te gaan. Ida was er ook, en haar haar was er ook af – zij had dysenterie gehad – maar hun broer was verdwenen. Terwijl Raisa en Ida ziek waren, was Leib door een regiment van het Rode Leger ingelijfd en naar het front meegenomen. Het ziekenhuis, een voormalige collectieve boerderij, stonk naar hongerige en haveloze vluchtelingen, veelal ziek of stervende. Brood of vlees was er niet, er was niets te eten dan rijst en waterige meloenen. Een Oezbeekse hulpverpleger die de zaal schoonmaakte, deed Raisa een aanzoek. 'Trouw met mij, ik heb een gouden tand,' bood hij grijnzend aan. Zij en Ida sliepen naast vreemden en werden 's nachts wakker van de honger. 'We moeten ervandoor,' zei Raisa op een ochtend tegen haar zus, 'anders gaan we hier dood.'

Ze namen een trein naar de Oezbeekse hoofdstad Tasjkent, waar een Litouwse vertegenwoordiging zou zijn. Ze kregen genoeg geld bij elkaar geschraapt om halverwege te komen. In hun coupé werden ze argwanend aangekeken door een Joodse familie: twee broodmagere kale vrouwen, grauw van de honger en zichtbaar ziek, in mottige legerjassen ondanks de drukkende hitte van eind augustus. 'Pas maar op voor die twee,' mompelde een vrouw op het bankje tegenover hen in het Jiddisch. 'Ze hebben een dieventronie.' Raisa moest lachen. 'Wij zijn geen dieven, we hebben gewoon honger,' antwoordde ze in dezelfde taal, en algauw was iedereen in de coupé druk aan het praten en lachen. De vrouw tastte in een zak en gaf Ida een gekookte aardappel. De conducteur zou zo de kaartjes komen controleren, en Raisa en Ida gingen op een lager bankje tegen elkaar aan liggen, rug aan buik als lepeltjes in een la, terwijl de familie omslagdoeken en jurken over hen heen legde. Toen de conducteur binnenkwam, maande de Joodse vrouw hem stil te zijn; zag hij dan niet dat haar oude moeder onder die kleren lag te slapen?

Ik weet niet wat er gebeurde nadat mijn grootmoeder in Tasjkent was aangekomen. Ik heb het haar niet op tijd kunnen vragen. Ik weet dat de zussen wat later naar een stadje bij de Oeral werden geëvacueerd, waar ze in een munitiefabriek aan de lopende band stonden. Weer ergens anders verkocht Raisa aanmaaklimonade. Uiteindelijk namen zij en Ida dienst in de Litouwse Divisie van het Rode Leger. Ze was toen zesentwintig. Ze vertelde over slapen in tenten opgezet in de sneeuw en soldatenondergoed wassen in ijskoude riviertjes, maar omdat ik nog een kind was, vertelde ze niet dat ze kort nadat ze in dienst ging, hoorde dat haar man dood was. Vele jaren later vertrouwde ze mijn moeder toe dat ze een Russische geliefde had gehad tijdens de oorlog, een soldaat uit Moskou, een zekere Vasili. Na de oorlog kwam hij naar Vilnius en vroeg om haar hand, maar hij was geen Jood en ze wees hem af.

In mei 1944 zag Raisa haar broertje eindelijk terug. Het gebeurde in een droom: ze liep in een park op een zoele zonnige dag toen ze een jongen op een bankje zag liggen die van top tot teen in witte windsels was ingepakt. Ze schrok en zoals dat gaat in dromen, wist ze meteen dat het Leib was. Ze gilde en snikte in de droom en werd hijgend wakker, haar gezicht bezweet en onder de tranen. 's Middags vertelde ze er Ida over. Een paar uur later kwam er een klerk haar barak binnen die haar een telegram gaf dat ze met trillende handen openmaakte. Er stond in dat soldaat Leib Mebelis, tweeëntwintig jaar oud, op 1 mei bij Vitebsk in de strijd was gesneuveld.

Maanden later beschreef een man uit Leibs compagnie de gebeurtenissen in detail aan Raisa. Tijdens een Duitse tegenaanval had de bevelvoerend officier een vrijwilliger gevraagd om een kapotte telefoonlijn in vijandelijk gebied te repareren. Het was een gevaarlijke missie, en twee oudere soldaten namen Leib apart: jij hebt thuis geen vrouw en kinderen, dus jij gaat. De telefoonlijn was nodig om met de divisiecommandant te communiceren en Leib werd er drie keer op uit gestuurd om hem te repareren, tot hij getroffen werd door mortiervuur en op slag dood was. Een volgend telegram riep hem uit tot held en kende hem een postume medaille toe, die Raisa in een doodgewoon kartonnen doosje ontving, een hemelsblauwe strook satijn die vastzat aan een verguld koperen plaatje waarop stond: 'Voor moed'.

Na de oorlog keerde Raisa naar Kaunas terug. Het leger hielp haar met het terugvinden van haar overlevende familieleden. Haar oudere zus Vera had de hele oorlog omslagdoeken genaaid op een collectieve boerderij bij de Oeral. Haar nichtje Ester had op een collectieve boerderij in Oezbekistan gewerkt. Maar haar weelderige, vrolijke nicht Alta had gevangengezeten in het getto van Kaunas. Raisa herkende Alta ternauwernood. Haar gezicht had de kleur van perkament. Ze omhelsden elkaar en bleven een tijdje zo zitten. 'Je moeder is dood,' zei Alta stilletjes, en ze begon te huilen.

Stukje bij beetje vertelde Alta aan Raisa wat er gebeurd was nadat ze vier jaar eerder in de bossen bij de Wit-Russische grens uit elkaar waren gegaan. Voordat ze Kaunas konden bereiken, schoot een Litouwse militie Moisje dood en arresteerde Liba en Alta. In het getto deelden de twee vrouwen een kamer. Alta beschreef hoe Liba ergens in 1944 onder haar ogen werd weggehaald door bewakers en op transport werd gezet. Ze bleek naar Stutthof te zijn gebracht, een concentratiekamp bij Danzig, waar ze in de gaskamer was gestorven.

Niet lang nadat ze Alta had teruggevonden, liep Raisa over de brug naar Slobodka, naar haar ouderlijk huis aan de Veiverių gatvė. De enige die ze daar herkende, was hun voormalige Litouwse klusjesman. Hij zat op de trap voor het huis een sigaret te roken, ze begroetten elkaar en hij nodigde haar binnen uit. De man bood haar thee aan en ze praatten over wat er gebeurd was. 'Wat hadden we ook kunnen doen?' vroeg hij schaapachtig. Nadat ze afscheid had genomen, zag ze onderweg naar de deur dat haar lakens op zijn matras lagen.

Jaren later, nadat ze in Vilnius was neergestreken met mijn grootvader, namen ze een bus naar Kaišiadorys, de sjtetl waar ze geboren was. Tijdens de oorlog had de SS er een werkkamp van gemaakt, waar gevangenen uit het getto van Kaunas turf staken in de venige bossen. Niemand daar scheen zich haar ouders te herinneren, of dat zeiden ze althans; de Joodse families die ze had gekend, waren verdwenen. Geen van de handgeschilderde borden in het Jiddisch die ooit langs de straat te zien waren geweest, waren er nog, en er was niemand meer om het stadje bij zijn Jiddische naam te noemen, Kosjedar, die voortaan alleen nog in boeken te vinden was. Op de borden stond alleen nog de Litouwse naam: Kaišiadorys. Mijn grootmoeder liep zwijgend door de straten. Het huis uit haar kindertijd was er nog, en ze klopte aan. Er woonde inmiddels een Litouws gezin. De vrouw die de deur opendeed, droeg de jas van haar grootmoeder.

Raisa was vierendertig toen mijn moeder geboren werd. Semyon had een jongen gewild, maar was toch dolgelukkig toen hij hoorde dat hij een dochter had. 'Wie zou er na zo'n oorlog nog als man geboren willen worden?' zei hij een keer. De tijd van Hebreeuwse namen was voorbij, besloten Semyon en Raisa, en ze noemden hun dochter Anna, naar de heldin van Tolstoj. Met zijn drietjes verhuisden ze naar een art-decogebouw van vier verdiepingen aan een straat die ooit Zavalnajastraat had geheten maar nu naar de Komsomol was genoemd. Ze deelden een tweekamerflat zonder warm water op de derde verdieping met een ander getrouwd stel dat voor de stadsopera werkte en hun kinderen, Alfredas en Violetta, naar de noodlottige geliefden in *La Traviata* van Verdi had genoemd. Als klein meisje speelde mijn moeder vadertje en moedertje met Alfredas: hij de vader, zij de moeder, met hun plastic aapje, gekleed in een theedoek, als hun baby.

De drie kinderen groeiden op met het idee dat ze Russisch waren en misschien wel dat iedereen dat was. Russisch was de taal die hun ouders met hen spraken, de taal van de peuterklas en van school, van radioberichten en straatnaamborden. Andere talen waren alleen voor privégesprekken tussen ouders. Door Alfredas' grootmoeder besefte mijn moeder dat ze anders waren. De oude vrouw was het hoofd van de jongen aan het inzepen in de gemeenschappelijke badkuip toen ze in het Litouws opmerkte dat de buren Joden waren. Mijn moeder stond vlak achter de badkamerdeur en vroeg wat Joden waren; ze had het woord nog nooit gehoord. 'Ze kan ons verstaan,' mompelde de oude vrouw en ze zei niets meer. In het gebouw stond ze bekend om haar onprettig directe en cryptische uitspraken. Bij hun kennismaking meldde ze Semyon en Raisa dat ze een kleptomane was: 's nachts sloop ze regelmatig door de kelder om stookolie af te tappen uit de verwarmingsketel van de buren.

Mijn moeder was acht toen Semyon haar voor het eerst meenam naar Kaunas. (Raisa was na de oorlog met haar zussen, neven en nichten naar Vilnius verhuisd; ze had een hekel aan de kleinere stad, was er bang voor en bleef thuis. De enige keer dat ze bereid was terug te gaan was jaren later, bij de onthulling van een monument voor de slachtoffers van het getto van Kaunas, waar zij en Semyon geld voor hadden gedoneerd.) Vanaf het station namen ze de bus naar de top van een groene, zonnige heuvel en liepen naar de Žaliakalnis-begraafplaats, waar Semyon van plan was om eindelijk een steen bij het graf van zijn vader te zetten. De beheerder vertelde dat de registers van de begraafplaats vernietigd waren of verloren waren gegaan, en dat Semyon het graf zelf zou moeten vinden. De rest van de dag trok Semyon mijn moeder mee langs rijen marmeren obelisken, praalgraven en hutjemutje bij elkaar staande granieten grafstenen. Hij stopte bij elk naamloos graf en probeerde zich te herinneren waar hij elf jaar eerder bij Haskels begrafenis had gestaan, een paar maanden voor de Sovjetdeportaties en de Duitse invasie.

De zon hing al laag in de bomen en nog had hij het graf niet gevonden. Uiteindelijk wist hij het tot drie mogelijke graven te beperken. De volgende ochtend betaalde hij voor een simpele granieten steen met Haskels naam in het Russisch en zijn geboorte- en overlijdensdatum erop, en liet die bij de begraafplaats afleveren. De beheerder vroeg op welk van de drie graven de steen moest komen. 'Kies er maar een uit,' zei Semyon. Hij pakte de hand van zijn dochter en liep naar de smeedijzeren poort waar de davidsster op prijkte.

Nadat mijn moeder en ik in ons hotel in Vilnius hadden ingecheckt, wilde ze graag naar de Poort van het Morgenrood lopen. Daar las een priester net een Poolse mis in een openluchtkapel, hoog boven het plaveisel. Er waren altijd pelgrims om de beroemde icoon van de Heilige Maagd te bezoeken, die naar men zei op Barbara Radziwiłł leek, een adellijke dame die een geheime affaire had met Sigismund II Augustus, koningin werd en kort daarna stierf, mogelijk vergiftigd door de moeder van de koning. In vroeger tijden namen de Joden hun keppeltje af wanneer ze onder de poort door liepen. Soms, als ze dat veronachtzaamden of vergaten, vertelde mijn moeder, rukten de christenen het eraf en nagelden het aan een muur. In de Sovjettijd werd de Maria-aanbidding ontmoedigd, maar als kind ging mijn moeder graag naar de pelgrims kijken, vooral oudere vrouwen van het platteland, die zich op de klinkers onder de Madonna ter aarde wierpen.

Toen wij er waren, hadden zich honderden bedevaartgangers bij de poort verzameld. Ze knielden in de regen en bogen bij bepaalde gedeelten van de mis voorover tot hun voorhoofd het natte plaveisel aanraakte. Veel pelgrims hadden laarzen en een leren jack aan, soms met Harley Davidson-logo achterop. Het waren leden van een christelijke motorclub gewijd aan Onze-Lieve-Vrouwe van de Poort van het Morgenrood die hierheen waren komen rijden vanuit Polen. Achter op hun veiligheidsgele regenponcho's stond het internetadres van de club. Zo op elkaar gepakt in het smalle straatje zagen de bikers er stoer uit met hun bandana's en aviatorbrillen, en vielen ze tegelijk uit de toon, als de roadies van een metalband die op de set van een middeleeuws kostuumdrama verzeild waren. Wanneer ze als één man voor Maria bogen, blikkerde het chroom van hun studs in onze ogen.

De oude stad van Vilnius, een soort miniatuurversie van Praag, ziet eruit als een tere houtsnede. Terwijl we door de zijstraatjes liepen, probeerde ik me voor te stellen hoe het moest zijn geweest in de jaren vlak na de oorlog, de kindertijd van mijn moeder. Ook nu nog kan Vilnius zomaar ineens ophouden: als je maar lang genoeg doorloopt, verandert een straat ineens in een onverharde weg geflankeerd door lage, gammele houten huisjes en erfjes. Dan krijg je nog wel eens een waterpomp te zien, of scharrelende kippen in het gras. De stad zoals mijn moeder die zich uit haar kindertijd herinnert, was vol bouwvallig metselwerk en platgebulldozerde landjes met vingergras en paardenbloemen. De voorbije oorlog hing er nog in de lucht. Op een ochtend toen ze vijf of zes was, nam Semyon haar mee naar een boekhandel. Ze snuffelden wat rond, tot ze een donderend geluid hoorden en de ramen zwart zagen worden. Aan de overkant was een gebouw van vijf verdiepingen ingestort, dat al leegstond sinds de bezetting.

Terwijl we door de stad wandelden, deelde mijn moeder mee dat er nauwelijks iets veranderd was. Dat was nogal een bewering. Het was alsof ze ze nauwelijks had opgemerkt, de glas met stalen kantoortorens ten noorden van de rivier, de telefoonwinkels en de Europese kledingketens die zich aaneenregen langs de boulevards. Uiteindelijk kwamen we bij het plompe rijtjeshuis waar ze als kind had gewoond. De straat waar het aan lag, heette nu Pylimo gatvė en de vieze mosterdgele gevel toonde het bouwjaar: 1912.

Mijn moeder klopte aan en er werd opengedaan door een verschrikte jongeman in een wit hemd, die ons binnenvroeg. Hij vond die bezoekers uit het verre verleden wel grappig. Mijn moeder liep door de flat met haar handen voor zich uit alsof ze tastend in het donker de weg probeerde te vinden. Voorzichtig stapte ze over de drempel van de kamer die ze met haar ouders had gedeeld. Op de grond lag groene vloerbedekking en naast een futon stond een zoemende computer op een kaarttafel, als een altaarstuk.

De vroegste herinneringen van mijn moeder zijn voornamelijk bevolkt door nichten, neven en tantes. Toen ze klein was, zag ze haar ouders weinig en een paar jaar lang echt zelden. Kort na haar geboorte begon Semyon zijn promotieonderzoek aan de Moskouse Staatsuniversiteit – in het Baltische gebied waren geen neurofysiologen om hem te begeleiden – en woonde toen maanden aan een stuk in de Sovjethoofdstad. Raisa volgde colleges economie aan de universiteit en vond een baan bij een staatsorganisatie die verantwoordelijk was voor de voedselproductie. Ze inspecteerde de boeken bij afgelegen fabrieken en was zelden thuis voor mijn moeder naar bed moest, al stopte ze tijdens die reisjes wel haar blauwe lakleren handtas vol met snoep en wafeltjes voor haar dochter.

Wanneer Semyon terug was uit Moskou, schreef hij thuis aan zijn eerste proefschrift en kwam de zorg voor hun dochter vooral op hem terecht. Door zijn kinderlijke temperament was hij een ideale speelkameraad. Hij maakte mijn moeder wijs dat hij in het circus gewerkt had, en om dat te bewijzen deed hij goocheltrucs en jongleerde zelfs, hoewel niet al te best. Hij verzon ter plekke rijmpjes over de stoute jongen Vovka en leerde mijn moeder lezen en tekenen toen ze vijf was. In de stad liepen ze overal samen heen: naar het Pioniersfilmtheater, de boerenmarkt bij het station, de schaakclub aan het Leninplein. Soms gaf hij haar een jongensnaam, Andrjoesja, en ging met haar worstelen alsof ze een jongen was. Terwijl hij typte, zat ze bij hem op schoot, te zeuren of hij een paard voor haar wilde tekenen. Meestal deed hij het, onder het fluiten van Verdi-melodieën. In plaats van sprookjes vertelde hij haar verhalen over het grote huis van zijn ouders in Utena, waar Frida toneelstukjes organiseerde, de kokkin hem 's ochtends een zachtgekookt eitje bracht en er in elke kamer snijbloemen stonden.

Als kind zat mijn moeder de meeste middagen bij Raisa's zussen, neven en nichten, die op loopafstand van elkaar bij de oude Joodse wijk in de stad woonden. Ze ging graag bij Ester langs, een nicht van haar moeder die een zoon van haar leeftijd had, en speelde vaak met Ida's aardige, bijziende dochters. Vera woonde in een nieuwe betonnen torenflat aan de rand van de stad. Haar Litouwse man was met zijn compagnie bij een Duitse wegversperring gesneuveld en postuum tot Held van de Sovjet-Unie uitgeroepen. Als weduwe van een held had Vera een privéappartement met warm water gekregen. In plaats van naar het openbare badhuis te gaan, waar hele gezinnen elkaar met twijgjes afranselden, nam Raisa mijn moeder in de weekenden mee naar de flat van haar oudere zus aan de Sjevtsjenkostraat om in haar eentje van een bad te genieten.

Dan was Alta er nog, de kinderloze tante van mijn moeder. Ze was rond en vrolijk, bakte graag en verblijdde iedereen met ovenwarme koekjes, taarten en luidruchtige, meisjesachtige omhelzingen op familiebijeenkomsten. Wanneer er een wals of een Russische romance op de radio klonk, huppelde Alta door de woonkamer met haar armen om een onzichtbare danspartner heen en kweelde ze met haar sentimentele sopraan als een vogeltje mee. Ze werd alleen stil en mistroostig wanneer mijn moeder erbij was, die dan ook jarenlang dacht dat haar tante haar gewoon niet mocht. Alta deed haar plicht door haar te eten te geven en af en toe even te komen kijken, maar niet meer dan dat. Daarna verdween ze weer naar haar slaapkamer tot Raisa haar kwam aflossen.

Ik was al geboren toen mijn moeder erachter kwam waarom Alta zo afstandelijk deed. Drie jaar voor de oorlog had Alta een dochtertje met donker haar en groene ogen gekregen, dat ze Sara had genoemd. In het getto van Kaunas sliepen ze samen in één bed, op een paar passen van Liba, die voor het meisje hielp zorgen. In de ochtend van 27 mei 1944 kwamen gewapende mannen in bestelwagens de kinderen ophalen. De Duitsers noemden hun geplande massamoorden 'acties', en de beruchtste van allemaal zou de *Kinderaktion* worden. Volgens getuigen klonk het gehuil en geschreeuw van de Joodse moeders nog uren door de straten.

Die ochtend kwam er een agent van de gettopolitie die Poolse bevelen riep om Sara te halen, maar Alta weigerde haar mee te geven. Ze eindigden op straat en na een handgemeen pakte Alta haar dochter van zes op en rende weg. De agent greep zijn karabijn en schoot. De kogel ging recht door Alta's linkerarm en Sara's borst. Sara stierf ter plekke, in de armen van haar moeder. Alta viel flauw. Ze werd wakker in de hulppost van het getto, snikkend en schreeuwend tot ze moest overgeven en er bijna in stikte. Dagenlang kon ze geen eten of water binnenhouden. De dokter concludeerde dat ze psychotisch was geworden en injecteerde haar nog wekenlang met een kalmeermiddel.

In 1971, toen mijn moeder studeerde en op een feestdag thuis was, nam Alta haar terzijde en vertelde haar dit verhaal. Alta zei dat ze het moeilijk had gehad met mijn moeder in de buurt, omdat ze als kind zoveel op haar eigen dochter leek.

De eerste keer dat ik er was, had ik Vilnius meteen al betoverend gevonden, met zijn dwergkerkjes en mansardedaken, de eerste voorbeelden van niet-Sovjetarchitectuur die ik ooit zag. Voor mij was de stad als een gotische nederzetting op de grens met het mythische Westen, een mysterieus, magisch oord als uit een sprookje. Maar Vilnius was ook nog iets anders, en dat zou ik pas jaren later inzien. Op bezoek bij mijn grootouders kwam ik, toen vijf of zes jaar oud, een jongen van mijn leeftijd tegen op hun binnenplaats. 'Ben jij een Jood?' vroeg hij. Het was een vraag die ik niet eerder had gehoord, en ik zei dat ik het niet wist. Dat was de waarheid. Door de reactie van mijn grootouders werd ik me echter bewust van de onderstroom van angst en haat die tussen de christenen en Joden van de stad bestond en die voor mij, als kind van het socialisme, even archaïsch leek als de architectuur van de stad. Ik voelde ook de beklemming en het ongemak van mijn moeder wanneer ze de stad bezocht of er zelfs maar over sprak. Ze zei vaak dat Vilnius niets magisch had.

Om de verhalen uit haar jeugd hangt een onbestemde dreiging. Mijn moeder was te jong om zich te herinneren dat Semyon ontslagen werd als docent aan de universiteit van Vilnius, een paar weken voordat hij zijn proefschrift zou verdedigen. Een officiële reden werd er niet gegeven, maar iedereen wist hoe het zat. Het was 1952 en Stalin had net de ergste antisemitische regeringsretoriek weer opgerakeld, waarna er in het hele land zuiveringen waren gevolgd. Die lente en zomer kwam het tot een hetze waarbij een aantal Joodse dokters werd beschuldigd van een moordcomplot tegen Stalin.

Semyon en Raisa vreesden het ergste – een terugkeer naar de vervolging uit de oorlogsjaren – en bedachten een plan. Semyons oude vriend Balevičius, een rijzige, kale advocaat, zou mijn moeder, toen drie, bij zijn bejaarde ouders op het platteland laten wonen. Ze zouden haar bruine haar blond verven en haar hun achternaam geven. Balevičius, een Litouwer die in een sjtetl was opgegroeid en vloeiend Jiddisch sprak, was getrouwd met de dochter van een Joodse buurman. Tijdens de Duitse bezetting gaf hij wiskundeles aan dorpskinderen en hield de identiteit van zijn vrouw verborgen. Toen een Russische buurman haar na de oorlog een keer 'zjidovka' noemde, smous, trapte Balevičius de ruiten van diens kelder in en zat een paar maanden voor vandalisme.

Het verontrustendste verhaal van mijn moeder speelt zich halverwege de jaren vijftig af, toen het verkrachte en gewurgde lijkje van een vijfjarig Litouws meisje in een kelder in Vilnius werd gevonden. Tijdens de zoektocht naar haar moordenaar, die veel persaandacht kreeg, gingen de aloude roddels weer rond in de stad: het meisje zou zijn vermoord door een Jood die haar bloed bij godsdienstige rituelen wilde gebruiken. Wekenlang hing er een naargeestige, wraakzuchtige sfeer rond winkels, speelplaatsen en scholen in de stad. Er werd verteld dat de burgemeester om troepen had gevraagd die aan de rand van de stad zouden worden gelegerd, voor het geval er rellen uitbraken.

De roddels vervlogen toen de moordenaar werd gevonden. Het bleek een getroebleerde Litouwse twintiger te zijn, de zoon van een zekere Petrila, die toevallig biologie doceerde aan dezelfde faculteit als mijn grootvader. De moordenaar bekende zijn misdaad aan zijn vader en bloedde kort daarna dood in een badkuip nadat zijn moeder, de ex-vrouw van de hoogleraar, hem had geholpen zijn polsen door te snijden. Toen Petrila eenmaal naar de politie was gegaan en de identiteit van zijn zoon bekend werd, namen partijfunctionarissen het hem kwalijk dat hij hem niet eerder had aangegeven; hij raakte zijn huis en zijn werk kwijt en werd gesommeerd om naar een collectieve boerderij te verhuizen.

Professor Petrila was een vriend van de familie. Hij kwam nog één keer bij mijn grootouders langs om afscheid te nemen en om geld te vragen. Na een kort gesprek vertrok Semyon. Nog geen uur later was hij terug en gaf Petrila een dikke rol bankbiljetten: al zijn spaargeld. Mijn moeder, die niet veel ouder was dan het gewurgde meisje, zag dit allemaal gebeuren terwijl ze zat te ontbijten. Ik heb er vaak over nagedacht hoe dicht ze er toen op zat, op de onverkwikkelijkheden die niet langer onderhuids bleven tussen Litouwers, Russen en Joden in dat land, op de kloof die nooit gedicht zou worden, terwijl ze die tragische bezoeker in de keuken van haar ouders langs zag komen.

Mettertijd waaiden de ergste voortekenen over. Mijn moeder werd niet naar het platteland gestuurd en hoefde haar haar niet te laten blonderen. Balevičius werd rector van de rechtenfaculteit aan de universiteit van Vilnius. Stalins dood maakte een eind aan de agressiefste antisemitische propaganda. Een paar maanden na Stalins uitvaart spande Semyon een proces aan tegen de universiteit voor onregelmatige ontslag, voor mij nu een blijk van ongehoord veel lef, en kreeg tot vrijwel ieders verbazing zijn baan terug. Hij zou er nog zevenentwintig jaar blijven.

De jaren die volgden herinnert mijn moeder zich als een rustige, relatief welvarende tijd, wat bevestigd wordt door de details uit haar verhalen. Zo installeerde Semyon begin jaren zestig een boiler, kreeg Raisa hulp in het huishouden van oudgelovige vrouwen en werd er elk jaar in juli en augustus een huisje gehuurd. Bij die blokhut niet ver van het strand van Valakampiai hoorden een moestuintje, een waterput en een oudere verhuurster, een Poolse die Pani Verpatsjovska werd genoemd en de gewoonte had om luid tegen haar vijf katten te praten. Ida en Ester huurden de huisjes ernaast, en in de herinnering van mijn moeder speelde ze hele zomerdagen lang in de bossen met haar nichtjes en en neefjes. In een van die zomers hadden ze *De laatste der Mohikanen* gelezen en smeerden haar neef Grisja en zij hun gezicht in met schoensmeer, maakten ze rokjes van eikenbladeren en staken veren die ze uit Esters hoed hadden geplukt in hun haar. Daarna klommen ze in een eik om te huilen en te joelen naar voorbijgangers alsof ze indianen waren.

Op feestdagen en wanneer er iets te vieren was, kwam de hele familie bijeen, meestal in Ida's flat op de eerste verdieping. Raisa's jongere zus was de beste kok van de familie en een begenadigde gastvrouw, en in die jaren na de oorlog waren de feestjes in kleine kring geleidelijk uitgebreid met de zussen, neven en nichten van mijn grootmoeder en hun echtgenoten en kinderen. Onlangs nog vertelde mijn moeder over een verjaardag, van wie wist ze niet meer, toen ze vijf of zes was. Het was ver na middernacht en iedereen had gegeten, gedronken en gedanst. De volwassenen, nog niet helemaal in staat om afscheid te nemen, waren weggedommeld in hun stoel. Alleen nicht Ester stond met veel gekletter af te wassen in de keuken. De kinderen sliepen in de andere kamer, behalve mijn moeder, die zich in een hoekje van de bank had genesteld en in slaap was gevallen. Ergens die nacht opende ze haar ogen, wakker geschrokken van een geluidje of een droom, en keek de kamer rond.

Vera, de oudste zus van haar moeder, zat in haar eentje met haar jas met de chinchillakraag al aan en dichtgeknoopt; zelfs in haar slaap was haar mond een strenge streep. Ida, de gastvrouw, vocht tegen de slaap, maar dutte langzaam in op de schouder van haar man Chaim, die niet bekendstond als een groot licht, maar een goede zangstem en een kast vol zwierige pakken had. Raisa leunde achterover op de bank naast mijn moeder, die haar hoofd op Semyons schoot had gelegd. Midden in de kamer waren twee tafels tegen elkaar aangeschoven met een tafelkleed eroverheen, en gedekt met de rijkdommen van die tijd: restjes haring in zure room (in het Russisch 'haring onder een bontjas'), Ida's beroemde gefilte fisj, runderstoofpot met pruimen en worteltjes, mierikswortelsaus, roggebrood, challe, Esters zelfgebakken eclairs, en gekonfijte sinaasappelschilletjes. Er stonden een fles wodka en een fles rode wijn. Er waren theekopjes op bijpassende schoteltjes, een blauwe porseleinen theepot, een sifon spuitwater, een kannetje melk, een bordje met een waaier van citroenschijfjes, een suikerpot beschilderd met primula's en twee vazen van geslepen glas met wilgenkatjes en mimosa's. Er waren een miniatuurmenora en houtsnijwerk versierd met Litouwse barnsteen. Er hingen ingelijste familiefoto's aan de muur, een scheurkalender die twee dagen achterliep, een lelijke klok van imitatiemalachiet en geelkoper. Misschien nog het merkwaardigst van alles was het wandtapijt met een man die een steek droeg en een vrouw in achttiende-eeuwse kleding galant een beekje over hielp. Er hingen zelfgemaakte zeegroene gordijnen die opbolden in het briesje, een plank met boeken, een kapstok. Er stond een paraplubak met gedroogde rietsigaren, maar zonder paraplu's, en aan de muur hing een ovale paarlemoeren spiegel waarin de vrouwen om beurten hun make-up bijwerkten en die door de mannen nadrukkelijk werd vermeden.

In de hoek stond een radio, een blondhouten console op taps toelopende pootjes bekroond door twee sprieten van antennes, met een rookglazen front en twee grote bakelieten knoppen. Hij lichtte op en speelde zachtjes de bigbandmuziek die halverwege de jaren vijftig nog populair was, 'Bésame Mucho' of 'Moskouse nachten' misschien. Alta, die zelden naar mijn moeder lachte, de kinderloze tante die haar dochter in het getto had verloren, danste in haar eentje bij het licht van de lamp. Ze wiegde met haar heupen onder haar zware plooirok en trok in de maat van de muziek aan de punten van een denkbeeldige omslagdoek. Haar keurig met kohl aangezette ogen had ze dicht. Ze zwierde wat mee op het ritme van de muziek, en haar rok zwierde achter haar aan. Alleen mijn moeder zag haar. Het orkest bleef spelen, de ijle saxofoons maakten plaats voor trompetten en vice versa, ergens achterin klonk er slagwerk. Naast de oplichtende console en de opbollende gordijnen danste Alta, misschien wel heel lang, in elk geval totdat mijn moeder, die zat te geeuwen op de bank, haar ogen dichtdeed.

Als pas aangesteld hoogleraar aan de universiteit kon Semyon een plekje voor zijn dochter krijgen op de beste school van de stad, tussen kinderen van plaatselijke partijbonzen en ouders met connecties. In het bankje naast dat van mijn moeder zat een jongen wiens vader het hoofd was van de Litouwse afdeling van de partij. De vader van de jongen daarnaast was bevelhebber van de Litouwse Divisie van het Rode Leger. Mijn moeder vond het er eenzaam en benauwend. Haar beste vriendin was Giedre, een jongensachtig meisje met scherpe trekken. In hun naschoolse conclaven voeren ze uit tegen de blondines met de grote koeienogen die kookten en breiden en over hun bruiloft fantaseerden. Mijn moeder had een hekel aan de school, ook nadat de andere meisjes moesten toegeven dat ze mooi was en haar uitnodigden op feestjes waar de populaire stelletjes sigaretten rookten, dronken werden van appelwijn en dansten op eindeloos gekopieerde cassettebandjes van Connie Francis en Paul Anka.

Nadat ze een stedelijke tekenwedstrijd had gewonnen, keek mijn moeder het meest uit naar de tekenles, en verder las ze vooral veel. Ergens in de tweede klas van de middelbare school begon ze ook naar de naschoolse leesclub te gaan van haar favoriete lerares, Rosa Vladimirovna, een melancholische geboren Russin met kort haar en een dikke bril. Naderhand zou Rosa mijn moeder over haar eigen ouders vertellen, die krantenredacteur waren in Moskou. In 1937, op het hoogtepunt van de Grote Terreur, werden ze gearresteerd en doodgeschoten en de rest van haar jeugd bracht ze door in een weeshuis in de grauwe stad Gorki, genoemd naar de schrijver van populaire socialistisch-realistische romans. Tegen het schoolreglement in liet ze de club Anna Achmatova, Marina Tsvetajeva en Osip Mandelstam lezen, de grote dichters van de Zilveren Eeuw die zich tegen Stalin hadden verzet. De uit Vilnius afkomstige dichter Tomas Venclova, een lange, smalle man van halverwege de twintig die toen al bekendstond als dissident, bezocht de leesclub uitgedost in trui en zwarte baret en vertelde een klasje dertienjarigen over de zelfmoord van Tsvetajeva en over Mandelstams krankzinnigheid en uiteindelijke dood in een werkkamp. Aan de scholieren vroeg hij: 'Hebben jullie er weleens bij stilgestaan dat geen van onze grote dichters een natuurlijke dood is gestorven?'

Tijdens die naschoolse bijeenkomsten begon het mijn moeder te dagen dat ze in een duister land en in een zware tijd leefde. Dat besef ontstak in haar een fel, jeugdig misprijzen voor de officiële Sovjetversie van geschiedenis en cultuur die ze op school voorgeschoteld kreeg. Maar ze kwam er ook achter hoeveel geluk ze had. In die tijd moest ze vaak aan een verhaal uit de oorlog denken dat haar tante Ester haar verteld had. Op een dag, toen Ester zeventien was en op een collectieve boerderij in Oezbekistan woonde, tekende ze gedachteloos een paar hoorntjes op een foto van Stalin die op de voorpagina van een krant stond. Ze werd aangegeven door een kamergenote, en twee agenten van de NKVD namen haar mee naar een raamloos kantoor en ondervroegen haar urenlang. Uiteindelijk werd ze niet gearresteerd, enkel en alleen omdat ze wees was en nog geen achttien. Mijn moeder moest aan Esters verhaal denken wanneer ze haar eigen leven overpeinsde: ze besefte hoeveel geluk ze had gehad dat ze na de zuiveringen en na de oorlog geboren was.

Mijn moeder wist dat ze anders was, alleen wist ze aanvankelijk niet waarom. Was de Sovjet-Unie dan geen klasseloze staat waar iedereen één nationaliteit had en waar godsdienst was weggezet als een vorm van bijgeloof? Een of twee keer hoorde ze een klasgenootje mompelen dat Hitler zijn werk niet had afgemaakt, maar zulke ronduit racistische opmerkingen waren zeldzaam. Subtielere aanwijzingen waren er volop. Ze merkte wel dat ze op bijeenkomsten en schoolbals ontvangen werd met gestaar en stiltes, en later herkende ze ook de tersluikse blikken van de volwassenen, die ernstiger waren.

Ze was nog een kind en in Vilnius hadden alleen kinderen het voorrecht om het verleden niet te kennen, dat vlak onder het vernisje van de lome dagelijkse routine van de provinciestad lag. Het was nog geen vijftien jaar geleden dat de resten van tachtig- of negentigduizend mensen, voor het merendeel plaatselijke Joden, begraven waren op een gerooid terrein in het bos zeven kilometer ten zuidwesten van Vilnius, in Ponary, een schilderachtig mooi plekje waar voor de oorlog nog gepicknickt werd. Het Duitse bevel koos het uit vanwege de diepe kuilen die er door Russische soldaten gegraven waren om er benzine en diesel in op te slaan. Zoals wel vaker bij het recente verleden van Litouwen wist iedereen ervan, maar de naam Ponary werd nauwelijks nog genoemd. Naarmate mijn moeder meer kon achterhalen over de gebeurtenis groeide haar afkeer van haar fraaie barokke geboortestad, waar de geheimen op straat lagen voor wie ze maar wilde zien.

De droom van de jiddischisten had zijn glans verloren. De Joden die in Litouwen bleven, wisten dat het land nooit meer een thuis voor hen zou zijn. Ida en haar dochters waren de eersten van de familie die emigreerden; mijn moeder was vijftien toen ze hun een afscheidsknuffel gaf op de luchthaven. Ester en haar familie volgden hen vier jaar later naar Israël. Algauw vertrokken ook Vera, haar kinderen en Alta. Ik was vijf toen mijn moeder en haar ouders als laatsten van Raisa's familie in de Sovjet-Unie achterbleven. Mijn moeder smeekte haar ouders om te vertrekken: naar Israël, de Verenigde Staten, Australië, waar dan ook, maar weg van daar. Ze geloofde dat het antwoord op haar ellende en die van haar ouders achter de gesloten grens lag waar de zon onderging boven de Oostzee.

Vanwege Semyon bleven ze in Vilnius. Door de week zat hij gebogen over stapels mappen te zwoegen aan een postdoctoraal onderzoek waarvan de afronding steeds net wat langer op zich liet wachten. Er lag altijd nog wel een boek of wetenschappelijk artikel om af te werken of aan te beginnen, en voortdurend zat hij op het randje van een doorbraak die de financiële situatie van het gezin zou verbeteren. Mijn moeder had bijna dagelijks ruzie met hem. Ze was woest omdat hij hen in die benauwende stad vasthield, meer nog dan om zijn ontrouw, die hij niet eens voor zijn dochter verborgen kon houden. Mijn moeder was opgegroeid tot een koppige, trotse puber, die over Semyon oordeelde met de eigengerechtige zwart-witmoraal van de jeugd.

Tot overmaat van ramp was Semyon allesbehalve het type om carrière te maken. De tact en discretie die hij in zijn jeugd ontbeerde, waren ook niet met de jaren gekomen. Hij was niet in staat om zich beschaafd te gedragen tegenover collega's die hij mislukt vond en praatte tegen zijn superieuren aan de universiteit met een aan botheid grenzende directheid. Op een feestje van de faculteit dronk hij het ene glas wodka na het andere op een lege maag, kreeg de eerste van drie hartaanvallen en moest afgevoerd worden op een brancard. Hij publiceerde aan de lopende band, twaalf boeken en tientallen artikelen, maar door zijn botheid en neiging om af te dwalen van veilige gespreksonderwerpen bleven de promoties en prijzen die hij ambieerde buiten zijn bereik.

Tegen niemand deed Semyon zo vervelend als tegen zijn neef, een zoon van Frida's oudere zus, die een paar keer per jaar langskwam. Die bezoekjes hadden heuglijk kunnen zijn, aangezien Valeri Kirpotin een van de weinige overlevende leden van Semyons familie was. Daarnaast was hij in alle opzichten een belangrijk man. Kirpotin was zijn revolutionaire nom de guerre, de achternaam waar hij mee geboren was, was Rabinovitsj. Hij was een fervent voorvechter van de zaak van de bolsjewieken en in de vroege jaren van de Sovjet-Unie was hij de privésecretaris van Maksim Gorki geweest, Ruslands beroemdste schrijver. Later zou hij een van de grootste literaire critici van het land worden.

Kirpotin mocht dan wel gespecialiseerd zijn in Dostojevski, hij behoorde tot de belangrijkste hoeders van de socialistisch-realistische esthetiek en ideologie. In officiële bladen hekelde hij collega-auteurs en critici vanwege hun anti-Sovjetondertoon, hun lof voor de verkeerde schrijvers en hun navolging van het bourgeois Westen. Zijn denkbeelden waren uitgekristalliseerd tijdens het notuleren bij Gorki's ontmoetingen met Stalin, en tot het einde van zijn dagen bleef hij persoonlijk betrokken bij de productie, ontvangst en censuur van Sovjetliteratuur.

De neef van mijn grootvader woonde in een vorstelijk appartement in Moskou en reisde per limousine met chauffeur. Zijn broer Sergej Dalin, eveneens een voormalig bolsjewiek, werd een vooraanstaand econoom die China en de Verenigde Staten bestudeerde. Op het toppunt van Kirpotins invloed werd Dalin gearresteerd en veroordeeld tot twintig jaar werkkamp. Dat was conform Stalins gewoonte om de vrouwen, broers, zussen en kinderen van zijn vertrouwelingen en andere hooggeplaatste figuren te arresteren, zodat ze volgzaam en loyaal bleven.

Mijn moeder keek uit naar Kirpotins bezoekjes omdat haar beroemde oom serieus met haar over schrijvers en boeken sprak en haar aanmoedigde te lezen, en daarmee de enige in de familie was die haar als een volwassene behandelde. Er bestaat een foto van hen in een park in het stadje Ignalina. Kirpotin heeft een brede hoed in zijn hand en zit naast zijn vrouw, naast hen zitten zijn broer Dalin en hun tante Tanja en mijn moeder staat achter de bank naast Frosia, de blonde huishoudster van haar ouders.

Kirpotin was een jesjievestudent uit een sjtetl die zich had opgewerkt tot een van de meest vooraanstaande officiële intellectuelen van het land, maar dat wilde Semyon niet weten; als vanouds was hij vol argwaan en hoon jegens zijn neef. Bij het avondeten ruzieden ze luidruchtig, waarbij hun dubbeldekkers van Levin-neuzen tegenover elkaar stonden als duellisten op een open plek in het bos. Die ruzies duurden tot diep in de nacht, aangevuurd door Kirpotins partijpolitieke uitspraken, die door Semyon werden afgedaan als 'volkscommissarissenquatsch'. De volgende morgen liepen ze allebei te mokken en ontweken ze elkaar. Soms bleef de nare sfeer nog maanden hangen. Ik weet niet of Semyon besefte hoe groot het risico was dat hij en zijn familie liepen door zijn anticommunistische uitspraken, maar hoe dan ook bleef hij ze ongestraft doen waar zijn neef bij was. 'Wanneer je een menigte één kant op ziet rennen,' zei hij eens tegen mijn moeder, 'ren dan zelf de andere kant op.'

Toen ik op bezoek begon te gaan bij mijn grootouders, waren ze van hartje Vilnius naar de buitenwijk Antakalnis verhuisd. Hun privéappartement met drie kamers maakte deel uit van een groepje gebouwen dat door een Zweedse architect ontworpen was en daarom chic gevonden werd. Mijn moeder woonde er een paar jaar, tot ze afstudeerde als een van de besten van haar klas en naar Moskou vluchtte, haar tijdelijke surrogaat voor Jeruzalem, Sydney of New York.

Semyon bouwde de voormalige slaapkamer van mijn moeder om tot laboratorium, en als kind zat ik daar hele zomermiddagen om hem te assisteren bij zijn experimenten. Meestal ontleedde hij kikkers. Dan maakte hij een snee in de huid van het ruggetje, bevestigde elektroden aan de twee dikste zenuwbundels die langs de ruggengraat lopen en porde de kikker daarna met een heel legertje instrumenten. Ondertussen registreerde een trillerige metalen arm de onwillekeurige reacties van de kikker als inktkrabbels op een roterend papieren lint. Semyon hield vol dat zijn experimenten diervriendelijk waren. Hij verdoofde de kikkers met ether voordat hij zijn chirurgische schaar op ze losliet en maakte ze na afloop af door een naald door hun hersentjes te jagen.

Wat ik me nog het beste herinner uit zijn lab, zijn de geluiden: het gekwaak van kikkers in hun potten tegen de plint, het gekras van vogels in hun kooi, het gesnor van de stalen trommels waar het papieren lint omheen draaide, het vleiende gebabbel van promovendi die altijd bereid waren om te blijven eten, de achtergrondruis van voetbal op de tv in de woonkamer. Soms riep Raisa uit de keuken of Semyon de vuilnis buiten wilde zetten of een ander huishoudelijk klusje wilde doen. Dan knikte hij vaag zonder van zijn werk op te kijken en antwoordde, zo stil dat zij hem nauwelijks kon verstaan: 'Lieve schat, ik heb geen flauw idee waar je het over hebt.'

Zijn verstrooidheid was legendarisch. Elke dag weer struikelde hij door het huis, koortsachtig op zoek naar de bril die hij op zijn voorhoofd had. 's Morgens maakte hij de zachtgekookte eieren waar hij al sinds zijn kindertijd dol op was. Zeker eens per maand liet hij de eieren zakken in het kokende water, dacht na over zijn werk en liep naar buiten voor een ontspannen wandelingetje van vijfentwintig minuten. Naar eigen zeggen kon hij onder het wandelen beter nadenken. Bij thuiskomst waren de eieren dan ontploft in de zwartgeblakerde pan. Semyon ging eens de deur uit om college te geven, bedacht plots dat hij geen stropdas om had en stopte er een in zijn zak. Hij knoopte hem om in de bus, zonder spiegel. Na zijn college kwam er een student naar hem toe die bedeesd vroeg: 'Professor, waarom hebt u twee stropdassen om?'

Soms mocht ik mee naar zijn werk. Hij schatte zelf dat hij zo'n vijfendertigduizend studenten college had gegeven, onder wie ook de meeste artsen van de stad: overal kwam hij ze tegen. Bij elke zijstraat zei wel iemand gedag of knikte hem toe. Veel studenten van Semyon, die ik tot in New York nog tegenkom, herinneren zich vooral dat hij allesbehalve kleinzerig was. Wanneer mijn grootvader studenten bloed leerde prikken, rolde hij een mouw op en legde zijn arm op een bureau met de handpalm naar boven. Hij at een boterham en bladerde wat in een zoölogieboek terwijl een rij van dertig dokters in spe hun beurt afwachtten om zijn ader te doorboren met een Sovjetformaat spuit. Af en toe keek hij even mee om ze bij te sturen.

In een geel neobarok gebouw op de campus beheerde Semyon een klein zoölogisch museum. De drie kamers herbergden een walvishaar, een opgezette veelvraat, een gigantisch gevlekt schaaldier uit het geslacht Homarus een paar mastodontenbotten en een vitrine met op zwart fluweel geprikte kolibries, waaronder meerdere witbuikvioletoorkolibries uit Zuid-Amerika met duimgrote iriserende lijfjes. Boven een kistje met glanzende torren besloot ik dat ik coloradokeverexpert wilde worden als ik groot was. Het oranje-bruin gestreepte insect zag er zo fijn roofzuchtig uit en, nog mooier, kwam uit Amerika. Ik was zeven en vertelde mijn grootvader over mijn plan. 'Natuurlijk,' knikte Semyon. 'Je bent een kerel, niet zo'n vrouwtje met een kippenverstand. Op een dag word jij ook wetenschapper.' Bij die woorden deed hij de museumdeur op slot met een ouderwetse sleutel aan een grote ring, pakte mijn hand in de zijne en nam me mee naar de lift.

Op de dag na onze aankomst in Vilnius wisten mijn moeder en ik Haskels praktijkruimte terug te vinden, op nummer 12 in de Calvariestraat, waar haar grootouders ooit kiezen hadden getrokken met een gietijzeren tang. Een handgeletterd bord voor de boetiek op de begane grond van het gebouw kondigde een uitverkoop van damesondergoed aan. We liepen langs de school van mijn moeder, die er volgens haar precies hetzelfde uitzag als vroeger, met het borstbeeld van de futuristische dichter en naamgever nog steeds bij de ingang. We wandelden door de Joodse wijk, door de Glasblazersstraat en de Jodenstraat, en bleven toen staan bij een onopvallende gedenksteen die aangaf waar het huis van de Gaon van Wilna had gestaan.

Terwijl in de cafés en biertuinen de lampjes aangingen en de gele en groene parasols in het licht zetten, liep ik met mijn moeder naar het restaurant waar ze met haar vriendinnen afgesproken had. Tweeënveertig jaar na haar eindexamen ging ze naar haar eerste reünie. Toen ze een groepje vrouwen voor het restaurant zag staan, rende ze erheen. Er volgden opgewonden gezoen en geknuffel, waarna de vrouwen samen op het trottoir met een arm om elkaars middel tranen stonden weg te pinken.

Van lieverlee vertelden ze mijn moeder wat er van haar klasgenoten was geworden. Het slimme, magere meisje dat door iedereen aardig gevonden werd en tv-journaliste werd, stierf als veertiger aan levercirrose. Iemand had diabetes met complicaties en kwam het huis niet meer uit. De knappe, weelderige blondine die in de vierde klas door iedereen benijd werd, woonde nu in Duitsland en had een e-mail gestuurd. Volgens de vrouwen was het met de meisjes beter afgelopen dan met de jongens, van wie meer dan de helft gestorven was: sommige aan de drank, eentje door zelfmoord, meerdere door hartkwalen. De jongen met de slaapkamerogen met wie iedereen wilde dansen, die slanke met het gladde bruine haar, was met zijn boot het meer op gegaan en na een hele dag drinken overboord gevallen en verdronken. Hij was nauwelijks veertig. Een paar van de vrouwen waren naar zijn uitvaart geweest. 'Maar wat heerlijk om je te zien,' zeiden ze tegen mijn moeder, en daar kwamen de tranen weer. Uiteindelijk namen de vrouwen mijn moeder tussen hen in en gingen ze het restaurant binnen. Ik zwaaide en liep terug naar ons hotel.

De volgende morgen nam haar vriendin Giedre ons mee naar de toren die over de stad uitkeek. Bovenop wapperde de Litouwse driekleur, kilometers ver zichtbaar. Volgens de vroegste verhalen leidde Gediminas, Jogaila's grootvader, een jachtstoet naar het Šventaragisdal, zoals het ons omringende land genoemd werd, en doodde een oeros. Die nacht zag hij in een levensechte droom een enorme wolf van ijzer, in een ijzeren harnas gehesen, die huilde op de top waar hij de oeros had buitgemaakt. Het klonk alsof er honderden wolven huilden in zijn binnenste. De volgende morgen verklaarde de heidense hogepriester Lizdeika de droom. Hij zei tegen Gediminas dat daar een stad zou worden gesticht, zo hard als ijzer en zo woest als wolvengehuil. We keken neer op Vilnius vanaf de stenen toren die Gediminas er bouwde: de stad lag, fijn geciseleerd als een antiek schaakspel, onder een lage, onweersgrauwe lucht.

Onder ons zagen we de pontificale rechthoek van de herbouwde kathedraal, de koepels en torenspitsen, de lage voorstedelijke flats in de verte, het rokerige zilveren lint van de Neris en, op de andere oever de onverbiddelijke betonnen woekering van een Sovjetstadion. Dat was opgetrokken waar ooit de Sjnipisjokbegraafplaats had gelegen, een Joodse dodenakker die tot de vijftiende eeuw terugging. Veel grafstenen, vaak met de leeuw van Juda, waren onleesbaar geworden. Voordat de begraafplaats in 1949 met de grond gelijk werd gemaakt, mochten de plaatselijke Joden de resten uit niet meer dan zeven graven bergen. Daar hoorde dat van de Gaon van Wilna natuurlijk bij. Toen zijn graf geopend werd, was zijn stoffelijk overschot volgens leden van de Joodse heilige vereniging niet ontbonden: zelfs de baardhaartjes van de Gaon waren nog intact.

Ze brachten zijn resten over naar Dembovka, een nieuwere Joodse begraafplaats in een afgelegen wijk van Vilnius. Daar bevindt het mausoleum van de Gaon zich nu. Zijn grafsteen is bedolven onder de beschimmelde briefjes in het Hebreeuws en Jiddisch die de voorspraak van de heilige afsmeken voor de enkele overgebleven Joden van de stad en voor bezoekers van buiten.

Vlakbij ligt de as van de *geer tsedek*, de mogelijk apocriefe rechtvaardige bekeerling. Die zonderlinge titel werd gegeven aan een Pool, graaf Walentyn Potocki, die halverwege de achttiende eeuw een ongehoorde daad beging: hij bekeerde zich tot het jodendom. Daarbij nam hij de wat opzichtige naam Avraham ben Avraham aan. Nadat hij de smeekbeden van zijn ouders om het heidense geloof af te zweren genegeerd had – ze boden hem zelfs een kasteel aan waar hij zijn godsdienst in de luwte kon uitoefenen – werd hij door de katholieke autoriteiten ter dood veroordeeld. De Gaon zou hem in de gevangenis hebben opgezocht en zelfs aangeboden om hem uit zijn cel te helpen ontsnappen, maar Potocki besloot dat hij liever als martelaar stierf. De Joden van Vilnius zeiden Kaddiesj voor hem toen hij op de brandstapel kwam, op de tweede dag van het Sjavoeotfeest in 1749. Bij zijn graf op de Sjnipisjokbegraafplaats schoot een vreemde, verwrongen boom op die er, naar men zei, uitzag als een menselijk lichaam. Nadat vandalen de takken hadden afgebroken, zetten de Joden er een ijzeren hek omheen. Vromen en bijgelovigen beweerden dat de boom zou verdorren als de Joden van de stad door ongeluk werden getroffen. Hij stond er nog in 1941, totdat de nazi's kwamen en iemand hem omhakte.

Toen Semyon klein was, liepen er voorzangers door de lanen van Sjnipisjok die voor een paar groschen een gebed zongen namens de overleden familieleden van de bezoekers. Op een grafsteen stond: 'Blijf staan en kijk goed! U bent hier nog op bezoek, ik ben hier thuis.' Na de egalisering van de begraafplaats door Sovjetbulldozers werden de grafstenen gebruikt om er een trap mee te bouwen in een nabije heuvelflank. Op de treden zijn tot op vandaag de namen van de overledenen te lezen.

En zo verdween geleidelijk de metropool van synagogen, rituele badhuizen, slachthuizen, Jiddische theaters en cafés: de bloeiendste Joodse stad van de diaspora. Na het verdwijnen van de Joden werden de restanten van hun cultuur stelselmatig uitgewist. In een zijstraat in de buurt van het gebouw waar Ida had gewoond, de tante van mijn moeder, trof ik tot mijn verrassing boven de ramen op de begane grond de contouren van Jiddische letters aan. Als schimmen schenen ze door een dunne laag witte verf heen.

De tastbaarste herinnering aan Joods Vilnius staat op een heuvel boven de Pamėnkalnio gatvė. Bijna iedereen noemt het het Groene Huis, hoewel het officieel bekendstaat als het Joods Staatsmuseum van Litouwen. In een stuk of wat zalen documenteert de enige permanente tentoonstelling onder de titel 'De ramp' het abrupte einde van Joods Vilnius. Door gebrek aan fondsen zijn er maar weinig originele objecten tentoongesteld in het Groene Huis, de meeste foto's en documenten aan de muren zijn fotokopieën.

Een hele wand wordt ingenomen door een uitvergrote reproductie van het verslag van Jäger, leider van het Einsatzkommando 3. Toen mijn moeder en ik het Groene Huis bezochten, bleef ik lang staan bij de droge statistieken van de doden. Bij Oetjan, het dorp waar Semyons familie woonde, stond een lijst van de liquidaties die daar op 31 juli

1941 waren uitgevoerd: '235 Joden, 16 Jodinnen, 4 Litouwse communisten, 1 tweevoudige roofmoordenaar'. Nog een telling, van een week later: '483 Joden, 87 Jodinnen, 1 Litouwer die de lijken van Duitse soldaten beroofde'. De lijst bij Raisa's geboortestad Kosjedar was beknopter: '1911: allemaal Joden, Jodinnen en Joodse kinderen'.

Aan de overkant van het Groene Huis wijst een nieuw uitziend bord de weg naar het Museum van Genocideslachtoffers, een veel voornamer instituut. Het zit in het neoklassieke tsaristische gerechtsgebouw dat ooit het hoofdkwartier van de Gestapo was en na de oorlog een KGB-gevangenis werd. Het Litouws Onderzoekscentrum Genocide en Verzet doet zijn werk in een belendend pand. De tentoonstelling binnen doet verslag van de deportatie, gevangenneming en politieke repressie van etnische Litouwers door de Sovjet-Russen: naar die genocide is het museum genoemd. Onder de tentoongestelde objecten zijn korrelige foto's van protesterende dissidenten, een verzameling KGB-pamfletten en -correspondentie en de uniformpet van een Sovjetgeneraal. Op niet meer dan een paar van de bordjes met uitgebreide uitleg worden de Litouwse Joden genoemd.

De theorie van de 'dubbele genocide', zoals ze bekend is komen te staan – de opvatting dat iedereen evenzeer onder de oorlog heeft geleden – is het voornaamste argument van de regering geworden om te weigeren de rol van Litouwers in de Holocaust te erkennen en nazicollaborateurs voor het gerecht te brengen. In 2007 kreeg die opvatting een bizarre consequentie. In dat jaar zette de belangrijkste openbare aanklager van het land eindelijk een onderzoek naar oorlogsmisdaden in gang. Gek genoeg was zijn doelwit niet nazicollaborateurs maar Joden, twee vrouwen en een man van in de tachtig, die het getto van Vilnius hadden overleefd. Begin jaren veertig hadden ze volgens de openbare aanklager deelgenomen aan aanslagen op etnische Litouwers. Dat ontkenden de beschuldigden niet. Tijdens de oorlog hadden zij in het Joodse verzet gezeten en de Litouwers in kwestie voor de SS gewerkt. Een van de beschuldigden was een voormalig directeur van Yad Vashem, de Holocaustgedenkplaats in Jeruzalem. Een tweede was een vriendin van de familie, een grootmoeder met zes kleinkinderen die tegelijk met Semyon biologie had gedoceerd aan de universiteit van Vilnius. Er verschenen krantenartikelen waarin er bij de regering op werd aangedrongen om de tachtigers voor de rechtbank te slepen. In het plaatselijke nieuws werden ze 'terroristen' genoemd.

Naarmate de Litouwse economie verder afkalfde, daalde er een grimmige sfeer neer over het mooie Baltische land, lid van de Europese Unie en de NAVO, en inmiddels bijna twintig jaar onafhankelijk. In Vilnius werd er 'Juden raus' op de laatst overgebleven synagoge van de stad gespoten en op de trap van een sjoel in Kaunas werd een afgehakte varkenskop achtergelaten. In 2009 publiceerde het op twee na grootste dagblad van het land, *Respublika*, een artikel op de voorpagina. Er werd een cartoon bij afgedrukt van twee mannen die samen een wereldbol op hun schouders droegen. Een van hen was dik en had een zwarte hoed en een haakneus, de ander had mascara op en niet meer dan een tanga aan het gebruinde, gespierde lijf. Onder de kop 'Wie heerst er echt over de wereld?' betoogde het artikel dat Joden en homoseksuelen samenspanden om de Litouwse economie kapot te maken. Drie dagen later drukte *Respublika* de cartoon opnieuw af op de voorpagina, volgens de krant omdat er een vloedgolf van belangstelling en steun van haar lezers gevolgd was.

De cartoon was een van de onderwerpen van gesprek in het enorme appartement vol boeken van Dovid Katz, waar ik heen ging na mijn bezoek aan het Groene Huis. Katz was een van de weinige publieke figuren in Litouwen die de Holocaust niet doodzwegen en ik wilde hem graag ontmoeten. Hij was een eminent taalkundige die in Yale en Oxford had gedoceerd en in de jaren negentig naar Vilnius was gekomen om een Jiddisch instituut op te richten, een kolossale prestatie voor de provinciale universiteit waar mijn grootvader aan verbonden was geweest. Toen werd Katz zonder uitleg door diezelfde universiteit ontslagen. Hij was ervan overtuigd dat hij aan de deur was gezet omdat hij artikelen had geschreven waarin hij de beschuldigde oudere Joodse partizanen had verdedigd en voor hen bij Europese en Amerikaanse diplomaten had gelobbyd. 'Het probleem is dat niemand hier bereid is om zijn mond open te doen over dit soort misstanden,' zei Katz terwijl hij mijn champagneglas bijvulde.

Met zijn omvangrijke buik, zwarte garderobe en onweerswolk van een zwarte baard zag Katz eruit als een Russische pope; wanneer hij in Wit-Rusland of Oekraïne was, vielen vrouwen met hoofddoekjes soms voor hem op de knieën om zijn hand te kussen. In feite was hij de zoon van een bekende Jiddische dichter uit Brooklyn. Op het feestje dat hij gaf, introduceerde hij mensen en laveerde tussen een medewerker van het Holocaust Memorial Museum in Washington, een Britse journaliste en de Amerikaanse ambassadrice van Litouwen door, die laatste een energiek uitziende vrouw in een marineblauwe plooirok met een speldje van het Amerikaanse ministerie van Buitenlandse Zaken op haar revers. Vlakbij besprak iemand een paar wetten die de regering onlangs had doorgevoerd. Een ervan bestrafte 'het ontkennen of bagatelliseren van een van beide genociden' met een gevangenisstraf van twee jaar; de andere legaliseerde de swastika als 'symbool van nationale betekenis'.

Een medewerker van het Duitse consulaat vertelde een stel Zweedse bezoekers over de recente gayparade. Het was pas de tweede in het Baltische gebied en de regering had het nodig gevonden om de route af te zetten met barricades en gehelmde oproerpolitie. Zo'n driehonderd deelnemers aan de optocht, voornamelijk vrouwen en buitenlanders, werden opgewacht door duizenden demonstranten die hen met stenen, verse worst en rookbommen bestookten. Twee parlementsleden sprongen over de barricades en werden tegengehouden door de politie. Onder de menigte waren ook skinheads en types die met hakenkruisvlaggen zwaaiden. Al sinds mijn aankomst in Vilnius was ik geen moment vergeten dat ik in een Europese hoofdstad was met maar één homobar, waar agressie tegen homo's en lesbiennes bijna evenveel voorkwam als homofobe grappen bij verder keurige dinertjes, en dat droeg bij aan mijn indruk dat in deze stad veel mensen in een verleden leefden waar ze niet mee geconfronteerd konden of wilden worden.

Bij Dovid Katz thuis stond ik met een champagneglas in de hand te praten met de man van de ambassadrice van de Verenigde Staten, een fitte kerel met het knappe maar karakterloze gezicht en de scrupulositeit van een carrièrediplomaat. Hij leek zo iemand die vergroeid was met zijn pak. Het pak dat hij aanhad, zat ook onberispelijk. Tegen mij had hij het uitgebreid over de 'realiteit op het terrein'. Natuurlijk was die complex, verzekerde hij me. Je moest de geopolitieke situatie en economische nukken en grillen meenemen, en de geschiedenis uiteraard, die al even complex was. Na de vernedering van de oorlog en talloze vreemde bezettingen, vond hij, moesten de mensen hier het gevoel krijgen dat ze hun eigen lot in handen hadden. Ze moesten trots kunnen zijn. Dat was een frase die ik in Moskou vaak genoeg gehoord had, meestal toegeschreven aan Poetin. Ook de mensen van Moskou moesten trots kunnen zijn op hun geschiedenis, al moest die geschiedenis dan herschreven worden om beter bij hun trots te passen. De Amerikaanse diplomaat sprak wijdlopig en zo zacht en lijzig dat hij moeilijk te volgen was, wat de bedoeling was, besefte ik ineens.

In het Groene Huis kwam een buikige, gedrongen man van eind vijftig op mijn moeder en mij af en vroeg waar we vandaan kwamen. Hij stelde zijn vraag uitdagend en iets te luid, ons strak aankijkend met bruine ogen die te dicht bij elkaar stonden. Op het T-shirt dat maar net om zijn buik paste, stond 'Shalom from New York'. Hij heette Efraim Gartman. Dat vertelde hij geheel vrijblijvend, en ook dat hij gids en amateurgenealoog was en uit Kaunas kwam. Toen mijn moeder zei dat haar ouders daar hadden gewoond, trok hij een wenkbrauw op en vroeg: 'Joden?' Zijn gretigheid was ietwat onaangenaam. Ik knikte en zei dat we op zoek waren naar informatie. 'Dat is dan geregeld,' riep Gartman uit, en pakte ons elk bij een onderarm alsof we familie waren die hij lang niet gezien had, 'morgen komen jullie naar Kaunas.' Hij krabbelde twee straatnamen neer en zei dat we hem om tien uur bij de kruising moesten treffen.

We konden meerijden naar Kaunas met Arunas, een werkloze econoom en de neef van de schoolvriendin van mijn moeder. Bij een bril die zijn ogen tot bleke bibberende schoteltjes uitvergrootte, droeg hij een diep in zijn broek gestoken overhemd met korte mouwen. Hij bestudeerde ons in de achteruitkijkspiegel van zijn Škoda, eerst verlegen, maar oprecht geïnteresseerd. De rit duurde uren. Langs de weg verkochten vrouwen plastic bakjes met wilde aardbeien en cantharellen. Ergens onderweg vertelde Arunas ineens dat een vriend van hem, een internist, Semyon als docent had gehad.

'Je grootvader was wel een grapjas,' zei Arunas. Volgens de vriend was Semyon berucht om een verhaal dat hij aan zijn studenten vertelde over zijn tijd als soldaat in Berlijn kort na de overwinning van de geallieerden. 'Hij vertelde altijd: "Daar liepen we dan, Halberstadt, Sjapiro en Goetman, Litouwse soldaten die Litouwse liedjes zongen in Berlijn."' Zijn schouders schokten van stille pret. 'Stel je voor, Halberstadt, Sjapiro en Goetman, mooie Litouwers!'

Efraim Gartman stond op de aangegeven hoek te wachten en ongeduldig op zijn horloge te kijken. Arunas parkeerde in de eerste parallelstraat vanaf de Laisvės Alėja bij de betonnen kubus waar het stadsarchief in huisde en deed zijn stoel naar achteren voor een dutje. Het was een zoele vrijdagochtend. Binnen keek de receptioniste Gartman scheef aan, alsof ze hem al verwachtte. Ze liet ons weten dat de hoofdarchivaris verkouden was en dat we maar een week later moesten terugkomen. Gartman knipoogde naar ons. Hij negeerde de receptioniste, werkte zich bij een kantoortje met laag plafond naar binnen en liet ons plaatsnemen voor een vrouw in een mohair vest. Ze keek op met een gezicht alsof ze het allang had opgegeven om hem nee te verkopen. 'Dag Efraim,' zei ze.

Gartman liet de archivaris weten dat we twee gezinnen zochten die in Kaunas hadden gewoond, en ze stemde er met tegenzin mee in om ons te helpen. Ik schreef de namen van de ouders en broers en zussen van Semyon en Raisa op een briefje en vertelde haar wat ik wist. Ze zei dat we over een halfuur terug moesten komen en verdween door een zijdeur. Toen we er weer waren, gebaarde ze naar een bakje vol vergeeld papier. 'Geen Halberstadts,' kondigde ze aan. Toen ze naar Kaunas verhuisden, waren hun gegevens vast in Utena gebleven, en vrijwel alle registers en documenten uit de kleinere steden waren verloren gegaan in de oorlog. 'Maar ik heb een paar Mebelissen gevonden.'

Ze reikte me een bakje aan met drie vergeelde persoonsbewijzen. Ze waren in inkt ingevuld en bevatten de namen, adressen en foto's van de familie van mijn moeder. Raisa's broer, achttien jaar oud, gladgeschoren, knap, donker colbertje en stropdas, keek strak in de camera. Op zijn persoonsbewijs stond: 'Mebelis, Leib, winkelbediende, geboren 7 april 1922 in Kaišiadorys.' Onder nationaliteit: 'Žydu', Jood. Onder de foto zijn handtekening in een krullerig, kinderlijk handschrift.

De andere persoonsbewijzen waren van Leibs vader Moisje, metaalbewerker, geboren in Ukmergė. Ik herkende zijn grote oren als die van Raisa; ze geneerde zich ervoor en droeg haar haar net lang genoeg om ze te bedekken. Een halfjaar later werd er een tweede persoonsbewijs uitgereikt, nadat Moisje het eerste ergens in 1940 was kwijtgeraakt. Zijn naam stond in een rijtje verloren en gestolen identiteitsbewijzen in de krant die ook in het bakje van de archivaris lag.

Op de oudere foto ziet Moisje er zelfverzekerd uit, imposant zelfs: goedverzorgd, met kravat en donkere jas, duidelijk voor de gelegenheid opgedoft. Op de tweede, die aan de vooravond van de Sovjetinvasie in Kaunas gemaakt is, staat hij haveloos en ongeschoren, zonder das, met gefronst voorhoofd, en lijkt hij jaren ouder in een kaal jasje en tot bovenaan dichtgeknoopt overhemd. Wat was er gebeurd in de maanden ertussen? De informatie op de persoonsbewijzen was identiek. Huidskleur, haarkleur, kleur van ogen, beroep. Onder 'lengte' stond bij allebei 'gemiddeld'. Zijn linkerschouder wordt bedekt door het blauwe stempel van het politiebureau. Op beide foto's is hij negenenvijftig, een jaar jonger dan mijn moeder op die dag in Kaunas. Ze keek aandachtig naar de identiteitsbewijzen en merkte op dat Moisje zo op Raisa leek. Het was de eerste keer dat ze een foto van haar grootvader zag.

Ze draaide de persoonsbewijzen om en las een adres voor: 'Veiverių gatvė 30-1'. 'Dat vind je vast niet terug,' kwam Gartman tussenbeide, meelezend over haar schouder. 'De nummering is veranderd.' Hij krabde zich op het hoofd, toen ging hem een licht op en zonder een woord uitleg holde hij de trap op. Terwijl hij weg was, maakten mijn moeder en ik een ommetje onder de bomen langs de Laisvės Alėja. Het werd helder en koel, met stapelwolken die als grote witte anjers in een strakke hemel zweefden. Daar vond Gartman ons en stopte hij me een vel papier in handen. Hij grijnsde breed. Het was een fotokopie van een vooroorlogse kaart van Slobodka. Nummer 30 bevond zich aan de kant van de Veiverių gatvė die het dichtst bij de Neris lag. 'Het staat er nog!' zei hij, met glimmende oogjes onder zijn bovenmaatse klep.

Het huis op de kaart stak af tegen het saaie landschap als een kale stronk tegen een woud met volwassen bomen. Het stond aan een weg die ooit een drukke hoofdstraat was geweest. Een paar jaar eerder had de stad de huizen en winkels aan de kant van de rivier platgegooid en de straat verbreed tot een meerbaansweg. Auto's en vrachtwagens zoefden langs, de stad uit. Op het aangrenzende terrein stond een benzinestation, een paar pompen op asfalt dat glom van de gemorste motorolie van jaren her. Het was nog steeds de armste buurt van de stad, schoorvoetend gemoderniseerd. Net als vaker in de periferie van Sovjetsteden zag alles eruit alsof het terugzakte in een agrarisch verleden. Langs de straat schoten de gammele, voornamelijk houten gebouwen met aanbouwsels die houtje-touwtje aan het vooroorlogse timmerwerk waren vastgemaakt, als beschimmelde paddenstoelen uit de grond. Ik vroeg me af of Moisje nog aan hun stokoude plaatmetalen daken had gewerkt.

Het huis waar mijn grootmoeder als jonge vrouw had gewoond, was het hoogste in de omgeving: een afbladderende blokkendoos van bakstenen en gebarsten cement waarvan een paar ramen met triplex waren uitgevlakt. Aan de achterkant was een balkon van de tweede verdieping gevallen. De voornaamste functie van het gebouw leek het torsen van een groot reclamebord voor een Franse supermarktketen. Helemaal onvoorstelbaar was dat er nog mensen woonden. Er hingen kleren aan een lijn boven de achtertuin en binnen, op een vensterbank boven aan een trap, lag een sardineblikje overvol sigarettenpeuken en as. 'Die mensen moeten straatarm zijn,' mompelde Gartman misprijzend.

De zeegrasgroene verf op de muren liet hier en daar los rond kauwgomroze en blauwe vlekjes. Er zat een hangslot op de deur naar het gedeelte waar mijn grootmoeder, haar broer en zussen en haar ouders tientallen jaren geleden hadden gewoond nadat ze hierheen waren verhuisd uit Kaišiadorys. Ik reikhalsde om door een raam te kijken, maar er was niet veel te zien, alleen een kale kamer met een stuk of wat ongeschilderde gipsplaten in een hoek tegen de muur gezet. Wat daar allemaal gebeurd was, hoe het voor hen moet zijn geweest om daar te wonen, dat viel niet meer te achterhalen. Mijn moeder liep de trap af en ging met een ondoorgrondelijk gezicht op de stoep staan, haar gedachten overstemd door het rumoer van de langsrazende vrachtwagens.

Efraim Gartman gidste ons door Slobodka, een wijk die allang weer bekendstond onder zijn Litouwse naam Vilijampolė. In een van de straten kwamen we langs een steen die het getto van Kaunas herdacht, een monument waar mijn grootouders nog aan hadden meebetaald. Het was een kale grijze obelisk met een korte inscriptie in het Litouws en Hebreeuws, en de data 1941-1944. De steen zag er zo onopvallend en sober uit als een brandkraan.

Terwijl hij ervoor stond, spuwde Gartman op de grond. In die stad waar nauwelijks nog Joden waren, zag de kleine, verbeten man met zijn T-shirt en pet met Hebreeuwse letters er absurd en uitdagend uit. Gartman, geboren in Kaunas, was naar zijn zeggen een computerprogrammeur die zich voor de plaatselijke geschiedenis was gaan interesseren. Als kleinsteedse luis in de pels bestookte hij de krant met brieven en ingezonden stukken over het verleden van de stad en schreef hij het aartsbisdom aan over historische incorrectheden op een bordje bij de hoofdingang van de kathedraal. Kort daarvoor had hij zelfs in eigen beheer een toeristische brochure in het Frans uitgegeven, *Les traces de la France à Kaunas*, over plaatselijke sporen van Napoleons leger. Maar wat hij vooral deed, was buitenlandse bezoekers gidsen, vooral Amerikaanse en Canadese Joden op zoek naar hun voorouders in Kaunas en de omringende sjtetls. 'Niet echt voor het geld,' benadrukte hij, 'meer uit persoonlijke belangstelling.'

Hij bewoog zich zelfverzekerd door de straten, alsof hij een gebalde vuist naar de stad uitstak. Een stel tieners die rond een gitaarspeler klitten, kwam vragen of hij een 'antiskinhead' was. De hele middag deed ik mijn best om niet de voor de hand liggende, maar vast tactloze vraag te stellen die al bij me was opgekomen toen we hem pas hadden leren kennen, maar uiteindelijk won mijn nieuwsgierigheid het toch. We zaten te lunchen in een restaurantje in de oude stad. 'Waarom woon je hier nog?' vroeg ik. 'Waarom niet?' was zijn antwoord.

Na de lunch reed Arunas met ons naar Žaliakalnis, waar mijn moeder op zoek wilde gaan naar het graf van haar grootvader. De smeedijzeren poort versierd met de ster van David hing open, het slot was gebroken. Het pad naar binnen leek naar een bos te leiden. Sommige graven waren nog na de oorlog gedolven, maar het geheel zag er meer uit als een luchtspiegeling uit de oudheid, even desolaat als een Romeinse necropool. Een stuk of wat monumenten en gedenkstenen stak her en der uit de grond, nauwelijks zichtbaar tussen de woekering van fluitenkruid, brandnetels en esdoornstruiken, waarvan de bladeren hun schaduw wierpen over de namen van de overledenen. Er lagen omgevallen grafstenen op de grond, tussen een tapijt van bierblikjes, wikkels en andere rotzooi. De meeste graven waren kaal, de zerken en gedenktekens waren verwijderd. In de Sovjettijd had de begraafplaats een betaalde beheerder in dienst gehad, vertelde Gartman, maar sinds de onafhankelijkheid was het er verlaten. Er waren niet genoeg Joden in Kaunas over om voor het onderhoud te betalen en veel van de marmeren en granieten grafstenen waren door de stedelingen weggehaald. Een buurman van Gartman had er één gebruikt om er een trap voor zijn boothuis van te maken. Uiteindelijk werd de begraafplaats een hangplek voor de plaatselijke jeugd, een griezelig, romantisch oord om 's avonds naartoe te gaan, ver van straatlantaarns en politiewagens.

Even leek het erop dat we de enige bezoekers waren op Žaliakalnis. Maar op een open plek kwamen we een stuk of zes tieners tegen, netjes gekleed en gekamd, in een kring rond een man van middelbare leeftijd die op een grafsteen zat. Een jongen in een ski-jack las iets in het Duits voor van een schermpje, en toen hij klaar was, klapten de anderen in hun handen. Ik liep erheen en vroeg wie ze waren. De leraar, een lange, donkerblonde man met een bril van transparante kunststof, vertelde in het Engels dat het een middelbareschoolklas uit Berlijn op schoolreis was. Ze waren naar de begraafplaats gekomen om ‘te leren over de duisterder aspecten van de geschiedenis van ons land’. Deze leerlingen hadden er zelf voor gekozen om hierheen te komen, verzekerde de leraar me, de rest van de klas zat in Marokko. Ik bedankte hem en hij gaf me een iets te stevige hand, om zijn solidariteit door te seinen. Toen knipperde hij de tranen in zijn ogen weg.

Urenlang liepen Gartman, Arunas, mijn moeder en ik tussen de graven, maar op geen ervan zagen we Haskels naam. In 1957 was mijn moeder te jong om zich veel van haar laatste bezoek hier te herinneren. Bovendien was de grafsteen waarschijnlijk toch verdwenen, zei Gartman. We wandelden langs obelisken – te groot om makkelijk weg te halen, begreep ik – en kindergraven die op takloze boomstronken leken, langs praalgraven van de rijken en vooraanstaanden, langs opschriften in het Hebreeuws, Jiddisch, Russisch, Pools, Litouws en zelfs Engels. Niemand zei een woord. Op de weg terug naar Arunas' auto aan de rand van de begraafplaats, kwamen we langs een graf met een naam die ik tot mijn verrassing herkende. Knusjes naast een bergje afval lag daar het graf van Danielius Dolskis.

Eerder die dag hadden we onder de iepen van de Laisvės Alėja voor een bronzen standbeeld van Dolskis gestaan, een paar jaar eerder opgericht door de stad. Het beeld was in frak en vlinderdas en viel uit de toon naast de pizzeria's en telefoonwinkels. De zanger, die eigenlijk Daniel Dolski heette, kwam in 1929 uit Leningrad naar zijn nieuwe vaderland, slechts twee jaar voor zijn dood op zijn veertigste. Nadat hij met ongebruikelijk enthousiasme de weerbarstige taal had geleerd, schreef en zong hij een schatkist vol met liedjes die vrijwel elke Litouwer van een zekere leeftijd nog steeds uit het hoofd kon neuriën of fluiten. Dolskis liet de variététheaters met namen als Versailles en Metropolis aan de Laisvės Alėja vollopen. In die gelegenheden danste Raisa met haar eerste man, Semyon nam er zijn vriendinnetjes mee naartoe in de jaren voor de oorlog. Dolskis zong jazzy, sentimentele schlagers over een zomerse korenbloem die zijn hart had geraakt en over het strand van Palanga, waar zijn beminde in de koude golven verdronk en hij tot in de eeuwigheid naar haar stem bleef luisteren.

Toevallig was Dolskis Joods. Op een open plek vol paardenbloemen en fluweelbomen lag daar zijn graf, niet grootser dan de omringende, tussen lege blikjes Barry Beer, gescheurde chipszakjes, snoeppapiertjes en uitgetrapte peuken, een curieuze rustplaats voor de geliefdste artiest van het land. ‘Een schande,’ gromde Arunas en hij raapte de bierblikjes op. Gartman kneep zijn ogen tot spleetjes tegen de ondergaande zon en zei niets. Tussen het opgeschoten onkruid zag hij eruit alsof hij tot het landschap behoorde, even ondoorgrondelijk als de beeldhouwwerken op de verbrokkelende praalgraven. Mijn moeder was in gedachten verzonken: ze probeerde de tekst terug te halen bij een melodie van Dolskis die Semyon voor haar zong terwijl hij haar in bed stopte toen ze klein was. Toen herinnerde ze zich een couplet. ‘Onyte, einam su manim pašokti,/ Leisk man karštai priglaust tave,’ zong ze. Het betekende: ‘Anna, kom dans met mij, heerlijk warm tegen me aan.’ Ze stond daar en zong het tegen de wind.

Jaren later keerde ik naar Vilnius terug voor een zomerbaantje: lesgeven op een cursus voor Amerikanen en Canadezen die op een exotische locatie wilden leren schrijven. Drie middagen per week zat ik met acht merendeels volwassen studenten in een met eikenhout gelambriseerd schoolgebouw, de overige tijd had ik voor mezelf. De cursuscoördinator belde me een paar dagen voor mijn vlucht vanuit Montreal. 'We hebben wat moeten schuiven met de accommodaties en jou in een ander appartement gestopt,' zei ze. 'Schrijf het nieuwe adres even op. Het is Kalvarijų gatvė 12, tweede verdieping.'

Ik bleef even naar het notitieblokje staren omdat ik dacht dat er ergens in mijn hersenpan een verkeerde synaps verbinding gemaakt had. Kalvarijų gatvė 12 was een van de twee of drie adressen in Vilnius die ik kende. De laatste keer dat ik er was, was ik er met mijn moeder gaan kijken: het was een huis met drie verdiepingen in een vage art-decostijl, dat zo vaak was herschilderd en bepleisterd dat het in verschillende historische perioden tegelijk leek te vertoeven. Het huis was ooit de tandartspraktijk van mijn overgrootvader Haskel geweest. In 1916, op de tweede verdieping, had een vroedvrouw Haskels tweede zoon ter wereld geholpen: mijn grootvader Semyon. Daar had bij de schrijfcursus niemand iets van geweten.

Het hoorde bij een blok huizen net ten noorden van de rivier de Neris en was van het stadscentrum gescheiden door een brug die wasafgezet met een rij zwart geworden socialistisch-realistische standbeelden van arbeiders en soldaten. Toen mijn taxi tegen de stoep aan parkeerde, was de boetiek op de begane grond open. Buiten maakte een vouwbord reclame voor een uitverkoop van damesondergoed, net als een paar jaar daarvoor. De winkeldame, dezelfde die ik eerder had gesproken, had nog steeds niets te melden over de geschiedenis van het gebouw. Ze glimlachte geamuseerd. Het huis aan de overkant van de straat waar Haskel en Frida gewoond hadden, nummer 13, was vervangen door een glas met stalen Holiday Inn-blok.

In de onverlichte vestibule van het huis van mijn overgrootvader hing de turvige lucht van oude Oost-Europese huizen. Het appartement op de tweede verdieping was pas geschilderd en ingericht met de anonieme spullen die eindigen in kamers voor de weekverhuur: een tweezitsbank, een elektrische waterkoker, een ingelijste foto van een Caribisch vakantieparadijs. De ouderdom van het appartement werd alleen verraden door de dikke gepleisterde muren en het smeedijzeren Franse balkonnetje dat uitkeek over een binnenplaats. Van daaraf kon ik net de deuren van de oude kelders zien waar vroeger bederfelijke waren en kolen bewaard werden. Inmiddels stond bijna de hele binnenplaats vol met geparkeerde Škoda's en Volkswagens, die half schuilgingen achter de hartvormige bladeren van één stoffige linde.

Achter de binnenplaats waaierde een architecturaal ratjetoe naar het noorden uit. Er stonden plompe witgekalkte negentiende-eeuwse huizen met gevels die grijs waren van ouderdom, de Sovjetblokken die elke stad van het voormalige rijk insluiten, meerdere houten huizen van onbestemde leeftijd met verbleekte betimmering tegen de gevels en de recente transparante torens van Finse en Oostenrijkse banken. Er werd een nieuwe toren gebouwd door een in buitenaards licht gehulde ring van kranen, en ik bleef even naar hun trage pantomime kijken. Van een Litouwse vriend hoorde ik dat dat gedeelte van Vilnius vanwege de rommelige skyline door de stedelingen 'Hongkong' genoemd werd.

Juli is de mooiste tijd van het jaar om in Vilnius te zijn. De nachten zijn koel en de straten ruiken naar seringen. Op de bankjes zitten mensen naar voorbijgangers te kijken alsof zoiets niet allang passé is. De parasols van de bierkroegen blijven tot 's ochtends op de stoep staan en om twee uur is het in het centrum nog steeds druk. Na de donkere wintermaanden wentelt iedereen zich in de zomerwaanzin van de noordelijke steden en doet mee aan de manische gezelligheid en braspartijen die je na zonsondergang in Stockholm, Reykjavik en Sint-Petersburg kunt vinden.

De dag na mijn aankomst ging ik naar een kennismakingsfeestje van de schrijfcursus in het stadscentrum en liep na afloop langs een onbekende meanderende route terug in de hoop ergens uit te komen waar ik het kende. Hoe groot kon de stad zijn? Ik was jarig en had er plezier in om dat voor me te houden. Twee studenten van de cursus, Californische vrouwen van in de veertig die allebei aan een roman werkten, liepen met me mee. We keken onze ogen uit naar de onbekende winkels, de hoge betraliede ramen en de monumenten voor baardige groothertogen, en hadden het over de merkwaardige ervaring om daar te zijn. Wat later riepen de schrijfsters een taxi.

We namen afscheid in de Glasblazersstraat, op de grens met de oude Joodse wijk, naast het kleine moderne monument voor de Gaon van Wilna, en ik liep nog een eindje door zonder er acht op te slaan waar ik was. Ik kwam langs een lutheraanse en een Russisch-orthodoxe kerk en eindigde voor de vaalrode torenspitsen van de Sint-Annakerk, die eruitzag als speelgoed. Op zijn doortocht door de stad op weg naar Moskou zou Napoleon gezegd hebben dat hij de kerk in zijn hand had willen pakken en meenemen naar Parijs, en daar kon ik inkomen. Het schemerde al bijna niet meer toen ik bij de kade kwam en langs de Neris liep, die tussen haar donkere oevers lag te glinsteren als een lint van blauwe folie. Ik was op een prettige manier verdwaald. Het was opwindend om ondergedompeld te zijn in de geschiedenis zonder erin verstrikt te raken, om zo geluidloos als een spierinkje door de straten te bewegen.

Toen ik eerder die dag langs het uit de Sovjettijd stammende station kwam, herinnerde ik me weer een van mijn tochtjes naar Vilnius als kind. Ik moet vijf of zes geweest zijn. Ik was toen al dol op treinreizen en liep bijna de hele rit vanaf Moskou op en neer door de gang, keek open coupés in, stelde vragen aan vreemden en keek naar het voorbijrazende landschap met mijn voorhoofd tegen de ruit aan gedrukt. Wat me nog het beste bijstaat, waren de gordijntjes in de trein. Op elk ervan stond een plaatje van de bezienswaardigheden van Vilnius, met elkaar verbonden door kronkellijnen: een stadskaart als een stripverhaal. Ik probeerde er wijs uit te worden toen mijn vader achter me kwam staan. Hij was in een prima bui, legde zijn hand op mijn hoofd en kwam op zijn hurken naast me zitten.

Hij wees net boven de stadskaart op het gordijntje en zei dat we daar zouden gaan wonen, in het huis van Semyon en Raisa in Antakalnis. Daarna ging hij met zijn wijsvinger van plaatje naar plaatje en legde uit wat het allemaal was: een museum, een kerk, de torens van de universiteit. Ik voelde de adem van mijn vader in mijn nek. Toen al besefte ik wat een bijzonder moment het was en verlegen leunde ik tegen hem aan. In mijn herinnering aan dat moment vallen er zulke felle zonnestralen door de witte gordijntjes dat de stofjes in de lucht en het goud van de trouwring van mijn vader erdoor in vuur en vlam staan. Hij legde een arm om me heen, drukte een prikkende wang tegen de mijne en gaf me een klinkende zoen op mijn oor. Ik weet nog dat er een opgewonden gevoel in me opwelde, alsof er een ballon opgeblazen werd in mijn borst, zo krachtig dat ik het gevoel kreeg dat ik zou flauwvallen. Toen wees hij naar een plaatje midden op de kaart, van een middeleeuws stenen fort op een heuvel. 'Als je braaf bent,' zei hij, 'gaan we de heuvel op en de toren beklimmen.' Daar moest ik ineens aan denken, in die donkere straat. De lucht was helder en de maan bijna vol, en er sjirpten krekels bij de rivier. Boven de daken kon ik de contouren van Gediminas' stenen fort onderscheiden.

Ik liep die nacht urenlang, soms zonder te weten waar ik was. Ik hield even halt in een felverlichte kroeg met een interieur van houtsnijwerk, waar ik lang over een halve liter pils deed en stelletjes observeerde die genoten van de laatste ronde van de avond. Ze praatten en lachten boven de ninetiespop die uit de luidsprekers klonk uit, maar op zijn Litouws: rustig en bijna bedeesd. Ik rekende af en sloeg een straat in afgezet met witgekalkte huisjes, en verdwaalde weer tot ik een bord zag dat me eerder was opgevallen. De recent aangebrachte verf kon de donkere contouren van de Jiddische letters eronder niet verhullen. Er waren maar twee of drie van die borden over in de stad, als laatste relicten van de Joden van Vilnius die nog buiten een museum bestonden.

Ergens moet ik naar het noorden zijn afgeslagen, want even later kwamen de Neris en de herkenbare brug met de zwart geworden beelden van soldaten en fabrieksarbeiders weer in beeld. In plaats van over te steken naar mijn appartement sloeg ik rechts af en bleef langs de rivier wandelen. De straten waren leeggestroomd; alleen een enkele auto die zich naar huis haastte, verlichtte de omgeving met zijn koplampen. Ik kwam bij een rotonde en langs een laatbarokke kerk. Achter de vlagele muur van de Petrus-en-Pauluskerk stond de suikertaartgevel, waar in grote letters REGINA PACIS FUNDA NOS IN PACE op geschilderd stond. Achter de kerk eindigde de oude stad plompverloren en begon een brede straat uit de socialistische stedenbouwkundige periode.

Als kind had ik die straat uit het raampje van een trolleybus gezien. Het was nu middernacht geweest en de trolleys reden niet meer; hun route werd aangegeven door parallelle kabels die boven de lege rijstroken hingen. Ik liep bijna een uur door de Antakalnio gatvė. Er stond nog steeds betonnen Sovjetbouw, maar alle bordjes die ik me uit mijn kindertijd herinnerde, waren weg. Ik kwam langs een pizzeria, een sportschool, een koffiebar die reclame maakte voor chocoladedrankjes en de groen-gele gevel van een supermarkt. Ik liep een hele tijd langs identieke flatgebouwen en daarna langs een betonnen schoolblok in de vriendschap-der-volkerenstijl uit de vroege jaren zestig. Bij de achterafgelegen ingang van een onderzoeksinstituut sloeg ik links af, een smalle bosrijke straat in die geleidelijk opliep naar de omliggende heuvels.

Ik was ver van het stadscentrum afgedwaald. Er stonden maar weinig lantaarns en ik kon de straatnaambordjes niet lezen, maar door een postduiveninstinct werd ik verder de heuvel op gedreven, al wist ik niet waarom. Mijn hoofd was heerlijk leeg. Ook de nacht was groot en leeg en het was fijn wandelen.

De smalle straat was naar een Poolse componist genoemd. Hogerop liep ze langs de duurdere panden van de stad, villa's die tegen de heuvel boven de rivier aan gebouwd waren, maar zo ver kwam ik niet. Ik sloeg links af toen ik de contouren herkende van het gebouw waar mijn grootouders ooit in hadden gewoond. Ik vroeg me af of het metalen dak van het schuurtje ervoor nog steeds vlekkerig zeewiergroen was, maar dat kon ik in het donker niet zien. Ik ging zitten op de rand van een betonnen bloembak, naast een palm in een pot en een paar gestalde fietsen, en keek naar de ramen op de begane grond waar Semyon, Raisa en mijn moeder hadden gewoond en waar ik meerdere zomers had doorgebracht. Achter de dichte gordijnen waren ze donker, op een blauwige schittering na, misschien de gloed van een tv of computerscherm. Er was niemand buiten. De wind ging liggen en de bladeren vielen stil.

Toen ik daar zo zat, moest ik denken aan een ochtend in juli, de zomer dat ik acht werd. Ik kon het precieze jaar afleiden omdat mijn ouders allebei in Vilnius waren, de laatste zomer dat we nog één gezin waren. Die ochtend werd ik wakker in de voormalige slaapkamer van de meid, in mijn kinderbed waar mijn benen te lang voor werden. Aan het rossige schijnsel achter de gordijnen zag ik dat het vroeg was en dat iedereen nog sliep, en op mijn sokken gleed ik over het koele parket de gang in. Semyon en Raisa hadden de woonkamer aan mijn ouders afgestaan. De deur ernaar stond op een kier, en ik keek erdoor naar mijn vader en moeder die op de bank sliepen: ze lagen verstrengeld, ze hielden elkaar vast met dat stiekeme, dat wanhopige dat ze in hun laatste jaar samen hadden. Ze sliepen op witte lakens, omringd door honderden boeken op blondhouten planken – meer boeken, dacht ik toen, dan iemand in zijn leven kon lezen – terwijl er een klok luid tikte op de salontafel.

De keuken rook naar roggebrood, maanzaad en zeep. Er was geen spoor van het eenzame muisje dat mijn moeder gillend de gordijnen in joeg en waar Semyon, met een dubbelhartige knipoog naar mij, weigerde een val voor te zetten. Aan een keukenkastje hing een streng gedroogd eekhoorntjesbrood, voor Raisa's paddenstoelensoep. Later die ochtend zou Semyon naar de markt lopen voor de kip die mijn grootmoeder zou plukken en boven het gasfornuis schroeien, tot het huis gevuld was met het lekkere luchtje van verbrande veren.

Ik glipte de werkkamer van mijn grootvader in. Semyon en Raisa sliepen in een hoek. Anders dan mijn ouders lagen ze elk aan één kant van het bed, opgeslokt door hun respectieve droombezigheden. Semyons laboratoriumuitrusting besloeg twee lange tafels: allerlei meters en meetinstrumenten, stapels met was gevulde ontleedbakken, rijen naalden, anatomische tangen, chirurgische scharen, met elastiekjes samengebonden strookjes papier en daarboven zes rechtopstaande aluminium vaten, zilverig in het ochtendlicht als een futuristische Fritz Lang-skyline.

Zodra ik zeker wist dat ze sliepen, ging ik op mijn hurken zitten naast een rij potten met gaten in de glimmende metalen deksels en bestudeerde de beesten die erin zaten. De middag ervoor had een promovenda ze gebracht. Er waren meerdere kikkers en één chagrijnige, vaal olijfkleurige pad die in zijn eentje in de grootste pot zat. Die zomer had ik urenlang op de grond naar de kikkers liggen kijken, en het was me ten strengste verboden om ze aan te raken.

Maar iedereen sliep, wat voor kwaad kon het? Ik schroefde een deksel open, legde het voorzichtig op de grond zodat het niet zou neerkletteren, en haalde een kikker uit zijn pot met handen die een beetje trilden van opwinding. Ik hield het diertje vlak voor mijn gezicht, iets te stevig vastgeklemd uit angst dat het zou ontsnappen, maar toen ik mijn hand opendeed, bleef de kikker zitten, wat verdwaasd, maar levend en wel.

Zijn compacte, bobbelige lijfje was steviger dan verwacht. Zwart kopergerand keken zijn oogjes me aan. Vlakbij lag mijn grootvader luidruchtig te snurken. Er druppelde water uit de keukenkraan. Op dat moment wist ik heel zeker dat in elk huis in de stad kinderen in hun bedje sliepen, omringd door snurkende volwassenen, geruststellende meubels en een luid tikkende klok, en dat die kinderen zich zelfs in hun slaap warm en veilig en geliefd wisten, net als ik die morgen.

Ik vroeg me af waar de kikker vandaan kwam; ik wou dat ik dat kon zien aan de vlekken en tekening op zijn lijfje. Ik wist alleen dat hij niet thuishoorde in de stad, en al helemaal niet in een volle flat: net als ik was de kikker hier op bezoek. Het was niet zijn schuld dat hij hier beland was, en ik wilde hem van de ontleedbak redden. Alleen wist ik niet hoe ik bij een vijver moest komen, waar kikkers volgens mij hoorden te wonen, en of er zelfs maar een vijver te vinden was in deze onbekende stad. Bovendien ging ik er (ondanks het oppakken van de verboden kikker) prat op dat ik een gehoorzaam kind was. Ik wist nog niet dat we over een jaar dit land en mijn vader zouden verlaten, besefte nog niet dat dat mocht of zelfs maar kon, je leven zo radicaal omgooien. En dus keek ik de kikker aan en keek die op zijn beurt mij aan. Ten slotte zette ik hem, dankbaar voor onze vluchtige kennismaking, voorzichtig terug in zijn pot.

3. HET MOEDERLAND ROEPT

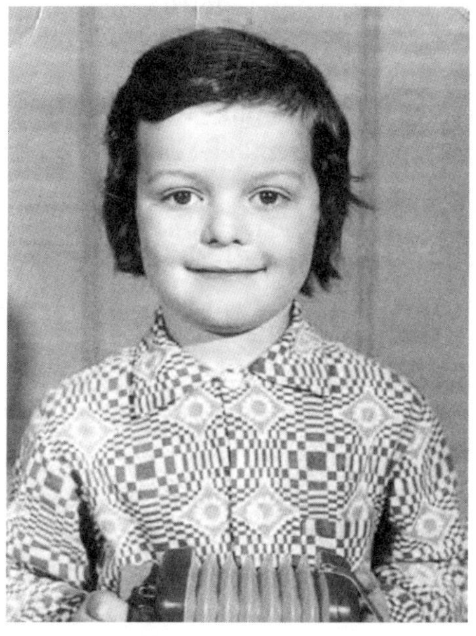

Ik sta op een basketbalveld met een armvol anjers. Hoe die ochtend er verder uitzag, herinner ik me niet goed. Als ik mijn best doe, is het alsof ik een foto moet bestuderen met alleen mijn perifere zicht: zodra ik er recht naar probeer te kijken, vervaagt het tafereel tot een vlek drukinkt. Wat ik wel zeker weet, is dat het de eerste schooldag is, op een school in Moskou voor de kinderen van diplomaten en ouders met connecties, en dat ik in de eerste klas zit, dus moet het 1 september 1977 zijn. Op het veld staan geüniformeerde kindertjes in formatie, een heel bataljon blauwe en bruine gebreide synthetische truitjes, en elk van ons draagt een boeket bloemen. Aan de zijlijn moedigen onze ouders ons aan, sommige maken foto's. Er staat een lessenaar op een podium, waarachter een vrouw met het figuur van een frisdrankautomaat een toespraak houdt met de cadans van klokgelui, zwevend boven de andere geluiden uit. Dat schijnt zo te horen, want zij is de directrice. Achter haar heeft iemand portretten opgehangen van Brezjnev en Gromyko en andere leden van het politbureau van het Centraal Comité van de Communistische Partij van de Unie van Socialistische Sovjetrepublieken.

Ik doe mijn best om netjes rechtop te staan en goed op te letten, maar het lukt me niet omdat ik gebiologeerd ben door de bloemen van het zevenjarige meisje voor me. Aan elke steel van wel een meter lang ontspruit een half dozijn bloemen met de kleur van een bloedneus. Ik weet kennelijk al dat ze 'gladiolen' heten. Ik weet ook dat ze duur en statusverhogend zijn en dat mijn anjers in vergelijking banaal zijn. De kolossen van bloemen wiegen onvast boven het glanzende hoofd van het meisje met de vlechtjes, en ik staar omhoog, verteerd door afgunst. Ze is klein voor een zevenjarige, en de gladiolen zijn bijna even lang als zij. De directrice dreunt door. De bloemen zijn te zwaar voor de dunne polsen van het meisje en stukje bij beetje zakken ze naar achteren, als een kunstrijdster die in slow motion valt, tot de gladiolen op mijn hoofd rusten en zich over mijn schouders omlaag draperen. Ik zie mijn vader en moeder niet; die staan ergens aan de zijlijn te kijken. Later zou ik erachter komen dat ze de slappe lach hadden, maar ik ben net zeven geworden en de vernedering is plotseling en totaal, en dat op deze belangrijkste ochtend van mijn leven. Ik fluister een smeekbede tegen het achterhoofd van het meisje. Ik probeer de bloemen weg te slaan, iets te zeggen tegen het meisje zonder uit de formatie te treden, maar ze hoort me niet of doet alsof, en beschut door de zwaardvormige bladeren begin ik te huilen.

Mijn moeder was Miss Psychologiefaculteit toen mijn vader haar voor het eerst aansprak. Ze kwamen elkaar tegen in een studentenruimte bij het lokaal waar ze Dialectisch Materialisme had, in het oude gebouw van de Moskouse Staatsuniversiteit aan de Mochovajastraat. Ze las een verhaal van Flannery O'Connor in een tijdschrift voor buitenlandse literatuur. Hoe ze er op dat moment uitzag, kon ik reconstrueren op basis van foto's: lang haar dat in s-vorm langs haar wangen en over haar rug viel, een olijfgroen minirokje, leren haklaarzen tot de knie, één been balancerend op de knie van het andere, een bungelende sigaret in een mondhoek, geen make-up en een gezicht dat afwisselend verlegen, plagerig of vroegwijs keek, maar zich altijd bewust was van zichzelf.

Natuurlijk wist ze dat ze er leuk en stijlvol uitzag en dat ze daardoor in de rangorde steeg. Ze wachtte tot de les zou beginnen. Ze zouden college krijgen over de vroege geschriften van Lenin, of een lang citaat van Engels om over te schrijven van het bord en later uit het hoofd te leren, en soms doodde ze de tijd door naar de ramen van het mortuarium van het Eerste Medisch Instituut aan de overkant van de straat te kijken, waar op sommige middagen studenten autopsies oefenden op kadavers. Het was 24 mei 1969, drie dagen eerder was ze twintig geworden.

In een bibliotheek elders in hetzelfde gebouw zat een bleke student met krullen, ene Izja, een tijdbalk van partijcongressen te tekenen voor het komende mondelinge examen van mijn moeder. Dat was een klusje waar ze zelf een hekel aan had. Izja was een van de jongens die naast haar mochten zitten in de kantine, een van de vijf of zes die haar boeken droegen, haar volstopten met mandarijnen van de boerenmarkt en haar huiswerk voor Wetenschappelijk Communisme deden. De meesten waren Joods en niet zo aantrekkelijk als zij, maar vernuftig en geduldig. In ruil voor haar aandacht en gezelschap leken ze het niet erg te vinden om te worden gebruikt of, zoals zij het zag, om zich nuttig te maken. Ze zei er niet bij dat ze niet geïnteresseerd was in Joodse jongens. Die vond ze te verlegen, te zeer gehecht aan hun moeder, en ze deden haar te veel aan Semyon denken.

Onderweg van het studentenhuis op de Leninheuvels naar de lokalen aan de Mochovajastraat droeg ze soms een ribfluwelen broekpak met wijde pijpen en een lange sjaal in de kleur van een revolutionair vaandel. De bussen zaten vol vrouwen in alledaagse jassen en vesten uit de winkel, met hun boodschappen in een netje; naast hen zag ze eruit alsof ze de stadsbus in was gestapt vanaf de bladzijden van *Bonjour tristesse*. Oudere mannen met gouden voortanden en een rijtje medailles op hun kamgaren blazer keken haar scheef aan. Een van hen eiste, op basis van zijn leeftijd en veteranenstatus, dat ze weer naar huis ging om 'iets fatsoenlijks aan te trekken'. Ze deed alsof ze hem niet had gehoord. Mijn moeder had vriendinnen die dachten dat ze immuun was voor narigheid. Soms geloofde ze zelf ook dat ze de loodgrijze stad met haar ijzige weer kon tenietdoen, gewoon door die te negeren. Moskou was grauw, maar ze waardeerde de uitgestrektheid. Het was een tijdelijke oplossing voor de provinciestad Vilnius, die zich voor haar onder de verstikkende stolp van de geschiedenis bevond.

Soms maakte dat magische denken haar roekeloos. Tijdens de slaapverwekkende verplichte bijeenkomsten van de Communistische Jeugdbond, de Komsomol, stond ze soms op en liep naar buiten. Haar beste vrienden waren uitwisselingsstudenten, een Canadees stel, Donald en Faye (elke volwassen Sovjetburger wist dat omgaan met westerse buitenlanders nooit helemaal zonder risico's was). Met zijn drieën liepen ze naar café Metelitsa aan de Kalininboulevard voor de jazzcombo's of gingen ergens op de campus luisteren naar de studentenrockbandjes, grotendeels aangevoerd door zonen van partijbonzen en diplomaten die het zich konden permitteren om '(I Can't Get No) Satisfaction' in het openbaar te spelen.

Met haar kamergenote Beba, een mollige Joodse brunette uit Beltsy, nam mijn moeder de metro naar een synagoge in de buurt van station Noginplein. Voor de deur stond een vrachtwagen met mannen in donkere pakken op de laadbak, die iedereen filmden die erin of eruit kwam. Ze realiseerde zich dat haar kamer in het studentenhuis en haar studiebeurs konden worden ingetrokken vanwege haar ideologische misstappen, dat ze uit de Komsomol en zelfs van de universiteit kon worden verwijderd, maar ze weigerde die mogelijkheden serieus te overwegen, zelfs toen Beba boven in de kast in hun kamer een gat vond met een kluwen snoeren en een piepklein microfoontje erin.

Mijn vader stapte op haar af terwijl ze het verhaal van O'Connor aan het lezen was. Hij had van een vriend gehoord, begon hij, dat ze kopieën had van een paar gedichten van Joseph Brodsky. Mocht hij die lenen? Dat was geen ongebruikelijk verzoek. Veel van de betere recente proza en poëzie was officieel verboden en circuleerde als bundels gekopieerde velletjes die samizdat werden genoemd. Als die werden uitgeleend, was dat soms maar voor één dag of zelfs maar een paar uur.

Door zijn uiterlijk aarzelde ze. Hij zag er ouder uit dan de andere studenten – een jaar of vierentwintig? – en zijn kortgeknipte haar, gesteven witte boord, dure suède jas en broek met scherpe vouw vormden een verdacht kostuum voor een student in 1969. Even koesterde ze het vermoeden dat hij een van die oudere studenten was die soms halverwege het semester instroomden, mannen die de les nauwelijks konden volgen maar daar om 'sociale' redenen waren, wat wilde zeggen dat ze hun studiebeurs aanvulden door de andere studenten te bespioneren voor de KGB. Erger nog, hij was ingeschreven aan de filosofiefaculteit, die bekendstond als 'ideologisch' en dus niet openstond voor Joden en andere 'onbetrouwbaren', en die mopsneus en grijze ogen bevestigden dat hij geen Jood was. Maar daar stond hij, met de vraag of hij verboden poëzie mocht lenen. Hoewel ze beter wist, stuurde ze hem toch niet weg. Terwijl ze met elkaar praatten, viel het haar op dat hij welbespraakt was en er op zijn minst mee door kon qua intelligentie, en dat hij met haar stond te flirten. Hij heette Vjatsjeslav, maar iedereen noemde hem Slava. Ze vond dat hij een beetje op Steve McQueen in *The Cincinnati Kid* leek, een film waar ze een stukje van had gezien, met het geluid uit.

De volgende dag zagen ze elkaar op de afgesproken tijd voor haar studentenkamer. Ze gaf hem de beduimelde velletjes poëzie, maar hij treuzelde en vroeg haar uiteindelijk om een eindje met hem te gaan wandelen, en ze kuierden over de Arbat tot het avond werd. Dat was jaren voordat de boulevard één rij lavendelblauwe en gele toeristenwinkels werd, toen de gebouwen nog het haveloze patina van naoorlogs Moskou hadden. Slava sprak over jazzplaten en buitenlandse films en vertaalde romans en ze begreep dat hij indruk op haar wilde maken met zijn connaisseurschap van het Westen. Hij had een beweeglijk, expressief gezicht, dat goed bij zijn onsamenhangende uitbarstingen van enthousiasme paste. Maar wanneer zij aan de beurt was, luisterde hij zonder haar te onderbreken, in tegenstelling tot de meeste mannen, waardoor ze het gevoel kreeg dat hij serieus nadacht over wat ze vertelde. Ook zijn manieren waren prettig ouderwets: hij bracht bloemen voor haar mee, hield de deur open, hielp haar in haar jas wanneer ze opstond in het café.

De volgende avond gingen ze weer wandelen, en de avond daarna ook. Hij bleek heel anders te zijn dan ze eerst had gedacht. Hij had ook een hekel aan de verplichte politieke lessen en ratelde enthousiast over de studentendemonstraties in Parijs, Howlin' Wolf en Nabokov. Toen hij hoorde dat ze op school Engels had gehad, nam hij een artikel mee uit de *Down Beat* over de saxofonist Steve Lacy en smeekte haar, kinderlijk oprecht, om het te vertalen. Op een morgen nam hij haar mee ontbijten naar De Zevende Hemel, een café op de zevende verdieping van Hotel Moskva op het Manegeplein. Toen ze eenmaal zaten, zegde hij een gedicht voor haar op.

Bijna een maand na hun kennismaking brachten ze een hele avond door op een parkbankje niet ver van de Arbat, onder een spandoek met de woorden 'Heft hoog de banier van het proletarische internationalisme'. Het was al donker op straat, de meeste voetgangers waren naar huis. Mijn vader vertelde aan mijn moeder over Vinnitsa en Tamara – hij had het nog niet over Vasili gehad – toen hij onverwachts over een getrouwde vrouw begon met wie hij een affaire had gehad nadat hij naar Moskou was verhuisd.

Mijn moeder was niet gegeneerd door het verhaal. Ze wist dat hij drie jaar in het leger had gezeten en was ervan uitgegaan dat hij ervaring had met vrouwen. Zij was maagd en had niets vergelijkbaars te onthullen, dus vertelde ze hem maar over haar eerste verliefdheid, op een jongen die Kolja heette. Ze was zeventien en zat nog op school. Ze hadden elkaar leren kennen toen mijn moeder op bezoek was bij vrienden van de familie in Moskou, en nadat zij terug was, schreven ze elkaar lange, romantische brieven. Hij vroeg haar om naar Moskou te komen en met hem te trouwen. Zij zei ja, maar het mocht niet van Raisa. Vergeet hem, zei die, jullie zijn allebei te jong. Uiteindelijk verloofde Kolja zich met een meisje dichter bij huis. Toen mijn moeder naar mijn vader keek, zat hij in elkaar gedoken te snikken. 'Ik weet dat je nooit zoveel van mij zult houden,' zei hij, zijn gezicht afvegend met een zakdoek. Ze pakte zijn hand.

Wat ik over hun verkering heb gehoord, heb ik voornamelijk van mijn moeder. Een of twee keer begon mijn vader er ook over, op een van die zeldzame momenten dat we alleen waren en dat hij zin had om te praten. Toen ik een keer op bezoek was, liepen hij en ik langs Hotel Metropol en kwamen bij een straathoek waar hij indertijd soms met mijn moeder afsprak. Hij bleef staan, gebaarde naar de stad om ons heen en zei, ietwat cryptisch: 'Onze jeugd was het enige wat we hadden.'

Alles wat ik weet over het jaar nadat ze elkaar hadden leren kennen, kan in een aantal scènes worden gerangschikt, als losse foto's. Dit is er een van: nadat het semester eind mei afgelopen was, namen ze een trein naar het vakantieoord Dzjemete op de Krim, een tentenkamp voor studenten waar je kon voetballen, badmintonnen en elke avond op gitaar- of transistormuziek dansen. Mijn vader zei tegen mijn moeder dat hij niet danste, dus toen ging ze maar de twist doen met een paar andere jongens, op een liedje van Chubby Checker dat ze van schoolfeestjes kende. Na afloop kwam ze erachter dat hij jaloers had staan kijken. Hij haalde een oude ruzie uit de kast en ging mokken.

Een andere scène: in juni of juli ging ze op bezoek in de tweekamerflat die hij deelde met Tamara, haar man Michail Michajlovitsj en haar moeder Maria Nikolajevna. Tamara was een van de weinige mensen door wie mijn moeder zich geïntimideerd voelde. Niet lang na hun kennismaking merkte Tamara op dat het favoriete ribfluwelen broekpak van mijn moeder slordig gesneden en in elkaar gezet was. Mannen waren Tamara's sterkste kant niet, maar stijl des te meer. Ze wist dat kleding diende om zelfvertrouwen en macht uit te stralen. De gemonogrammeerde overhemden en kamgaren blazers van mijn vader ontwierp zij, en ze zag erop toe dat de naaisters bij het Huis der Mode ze netjes in elkaar zetten. Ze had toen al de geblondeerde watergolf en de barokke accessoires die ik me uit mijn kindertijd herinner.

Die bewuste avond had Tamara hun kaartjes gegeven voor een toneelstuk van Tsjechov, en mijn moeder arriveerde in een rode zomerjurk met een rode anjer in haar haar. Tamara verklaarde, stellig als altijd, dat mijn moeder mooi was en stijl had. Een groter compliment was voor haar niet denkbaar. Toen mijn moeder later in de weekends zou blijven slapen, keek ze er na verloop van tijd naar uit om Tamara te zien. 's Avonds maakte Maria Nikolajevna dan haar beroemde pirosjki en zat iedereen te eten rond de grote tafel in de keuken. Na afloop sliep mijn vader op een kampeerbed in de keuken terwijl mijn moeder de bank in de zitkamer nam. Al snel vroeg mijn vader mijn moeder om weg te gaan uit het studentenhuis op de Leninheuvels en bij hen in te trekken.

Dat wilde Maria Nikolajevna niet hebben. Tientallen jaren lang had ze mannen en minnaars, van haar dochter en van zichzelf, zien verschijnen en even snel weer verdwijnen, en ze was niet van plan haar huis te delen met een studentje dat drie keer zo jong was als zij. Mijn overgrootmoeder hield meer van kinderen dan van volwassenen, maar het scheelde niet veel. In mijn vroegste herinneringen zat ze, compact en in bruintinten gehuld, op een krukje naast het keukenraam bij een glas thee, met een zwartstalen tang klontjes suiker te kraken om die tussen haar wang en haar kunstgebit te stoppen.

Ze vlooide graag de dagbladen na op politieke cartoons. Een typische cartoon toonde een corpulente bankier met een hogehoed en monocle, en NAVO, USA of IMPERIALISTISCHE AGRESSOR in vette letters op zijn borst, die de baas speelde over uitgemergelde arbeiders met een donkere huid, en wanneer ik in de keuken was, trok Maria Nikolajevna me op schoot, wees naar de tekening en las me het onderschrift voor met patriottisch vuur. In het weekend bakte ze appelpirosjki die ze met militaire gestrengheid uitdeelde. 'Als je er een pakt, ben je er geweest,' mompelde ze zodra ik een stukje naar het bord opschoof. Haar perifere zicht was bovennatuurlijk goed; ze vond het niet nodig om bij die waarschuwing van haar krant op te kijken. Als ik een keertje zo dapper was om er een uitval naar te doen, kwam ze me achterna met veel geklos van de met metaal beslagen zolen van haar zwarte orthopedische schoenen op het parket.

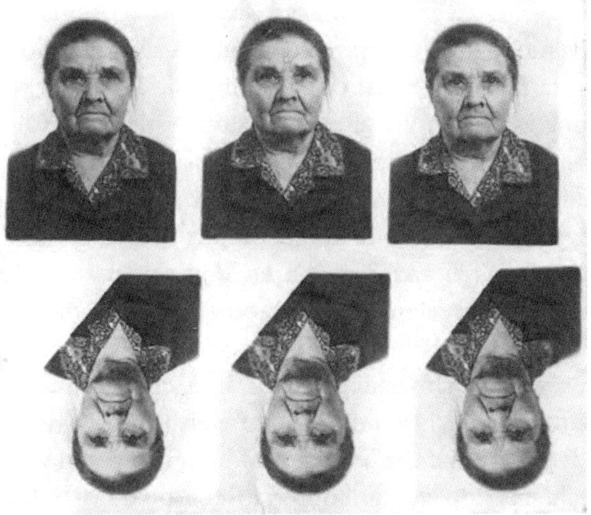

Maria Nikolajevna was volstrekt onsentimenteel en geloofde in de kracht van ongezouten waarheden. Vandaar dat ze volstrekt niet onder de indruk was toen ze in het late najaar van 1969 hoorde dat mijn moeder zwanger was. 'Als je er eentje uit perst, denk dan maar niet dat ik op het snotjong ga passen. Ik heb genoeg te doen zonder jou,' zei ze op een middag tegen mijn moeder, bij wijze van begroeting. Na twee dagen ruzie met Tamara gaf ze toe en werd mijn moeder de vierde bewoonster van de tweekamerflat zonder lift. Wekenlang was de zwangerschap van mijn moeder het voornaamste onderwerp van gesprek om de keukentafel. 'Je bent te jong om achter de geraniums te zitten met een kind,' raadde Tamara. 'Je zult het dansen missen. Een abortus duurt twintig minuten en doet niet eens pijn.' De volgende avond had Tamara zich dan bedacht en drong ze erop aan dat ze het kind zou houden. Mijn vader zei dat ze het zelf moest weten en bleef erbuiten. Mijn moeder durfde het niet aan Raisa te vertellen; het was al erg genoeg dat haar vriend geen Jood was. Ze was ervan overtuigd dat Raisa's hart het zou begeven als die erachter kwam dat ze geen maagd meer was.

Mijn moeder was bijna twee maanden zwanger toen mijn vader, in februari, naast een berkenbosje aan de oever van een nog bevroren vijver aan de zuidwestkant van de stad voor haar knielde en haar een simpele gouden ring gaf. Ze had besloten het kind te houden. Tamara en Michail Michajlovitsj namen de volgende dag een slaaptrein naar Vilnius om zich aan Semyon en Raisa voor te stellen en de bruiloft te regelen. De ceremonie vond een paar weken later plaats in een betonnen ziggoerat aan de Leningradboulevard, het Huwelijkspaleis – in Moskou vond vrijwel elke officiële plechtigheid in een paleis plaats –, waar mijn moeder een week eerder een bon had opgehaald waarmee ze recht had op de aankoop van een paar witte lakleren pumps in de bruidswinkel naast de deur. Van een zwangere buik was nog niets te zien en ze had het nog niet aan haar moeder verteld, maar haar vriendin Ljoeba verraadde het door een doos vol babyspeeltjes met een rood lint eromheen naar de trouwerij mee te nemen.

Er kwamen neven over uit Vilnius, de vrienden die mijn vader van de universiteit kende, kochten hun eerste das, en Michail Michajlovitsj, de kleinste man in de zaal, droeg een pak dat zo glom dat mijn moeder kon zweren dat het de hele zaal verlichtte. Zelfs Kirpotin en Dalin, haar bolsjewistische ooms, kwamen naar de plechtigheid; in hun donkere pakken met brede revers zagen ze eruit als twee illegaledrankstokers uit Chicago. Bij het ondertekenen van het huwelijksregister had mijn moeder een boeket witte anjers bij zich en droeg ze er één in haar haar.

Na afloop reed iedereen naar een feestzaal in de Raad van Economische Samenwerking aan de Kalininboulevard. Een klant van Tamara, de vrouw van een onderminister, had de receptie geregeld. Twee avonden later deden Anna en Slava het feest nog eens over met hun vrienden, in een studentenkamer op de Leninheuvels. Iedereen deed zich tegoed aan Sovjetchampagne en geroosterde kip die over was van de receptie, terwijl ze luisterden naar een exemplaar van *The White Album* dat geruild was voor een paar gevoerde laarzen.

Semyon, die zijn avonden in Moskou doorbracht met meedogenloze spelletjes snelschaak met zijn nieuwbakken schoonzoon, was even tactloos als altijd. Toen hij hoorde dat mijn vader filosofie studeerde, vroeg hij hem vriendelijk, maar niet bepaald stilletjes: 'Hoe kan de zoon van een soldaat en een naaister filosoof worden?' Raisa vond het vreselijk dat haar schoonzoon geen Jood was, en dus hoogstwaarschijnlijk een rokkenjager en zuiplap in de beste Slavische traditie, maar nuchter als ze was, viel ze haar dochter daar niet mee lastig. Semyon was pragmatischer. Toen hij besefte dat er in het paspoort van zijn kleinkind 'Russisch' zou staan in plaats van 'Joods', zei hij tegen Raisa dat dat maar goed was ook. Wat had het voor zin om na de pogroms en concentratiekampen nog meer Joden op de wereld te zetten?

Vasili had geschitterd door afwezigheid op de bruiloft. Tamara had mijn vader verboden hem uit te nodigen, zogezegd omdat zijn aanwezigheid Michail Michajlovitsj ondraaglijk jaloers zou maken. Niet dat mijn vader dat van plan was geweest. Toen hij zijn vader twee weken eerder gebeld had om hem over de bruiloft te vertellen, had Vasili opgemerkt dat de kansen van mijn vader op een carrière bij de overheid en op lidmaatschap van de partij vrijwel zeker verkeken waren als hij met een Jodin zou trouwen. Mijn vader had opgehangen. 'Mijn goede kanten heb ik allemaal van mijn moeder,' zei hij achteraf tegen zijn vrouw. Dat najaar kwam Vasili wel naar Moskou. Volgens mijn moeder zag hij er fit en indrukwekkend goed gekleed uit en charmeerde hij Semyon en Raisa, en zei hij tegen Tamara dat ze mooier was dan ooit. Ze vertelde dat hij lief en teder was met mij en voorzichtig een kam door mijn natte haar haalde terwijl ik zat te badderen.

Daarna dronken mijn moeder en Vasili thee en praatten. Hoewel hij welbespraakt en charmant was, vond ze hem van dichtbij hol vanbinnen, als een lege cocon. Te midden van het gelach en de vrolijkheid in Tamara's flat zag mijn moeder dat haar kersverse echtgenoot zich tot zijn vader wendde met de kille formaliteit van een collega. Mijn vader en Vasili konden het niet eens worden over wat er in de jaren na zijn bezoek precies gebeurd was. Vasili vertelde me dat mijn vader uiteindelijk geen contact meer wilde, louter uit rancune; volgens mijn vader was het juist Vasili die de telefoon niet opnam en niet terugschreef, omdat hij bezorgd was dat de Joodsheid van mijn moeder en later haar aanvraag om het land te verlaten zijn smetteloze staat van dienst bij de KGB zouden bezoedelen. Wat wel zeker is, is dat ze elkaar die dag in oktober 1970 voor het laatst zagen.

Een halfjaar na de bruiloft van mijn ouders ben ik geboren, in juli. Een paar minuten na de bevalling strekte mijn moeder een verkrampt been uit en trapte me van de verlostafel. De vroedvrouw kon me nog net opvangen. De volgende morgen kwam mijn moeder erachter dat iemand de naam Aleksandr op mijn geboorteakte had ingevuld. Semyon en mijn vader bleken die buiten haar om te hebben gekozen. Ze was woest en verklaarde dat zíj haar zoon zijn naam zou geven, aangezien zij degene was die hem had gebaard. Nog maandenlang kon ze niet kiezen tussen namen als Vadim en Vladimir, tot ze op een ochtend met de kinderwagen door het park liep en op een bankje naast een oudere vrouw met een hoofddoek ging zitten. Ze raakten aan de praat en mijn moeder luchtte haar verontwaardiging over mijn naam. 'Dan is het vast zijn lot,' zei de vrouw met een blik in de kinderwagen, en mijn moeder liet het maar zo.

Nadat mijn ouders me mee naar huis mochten nemen, sliep ik naast mijn moeder op het bedje in Tamara's keuken. Om je op te geven voor een privéflat in Moskou had je een *propiska* nodig, toestemming van de politie om verblijf te houden in de stad. De enige manier voor mijn moeder om er een te krijgen was om zich in te schrijven als bewoonster van Tamara's tweekamerflatje. Omdat ze verzuimd had dat te doen, kon het door de woningschaarste in de stad jaren duren voor ze een nieuwe flat kreeg. Opnieuw bleek Tamara's invloed van nut: na negen maanden in illegale onderhuur konden mijn ouders naar een eigen appartement verhuizen in een van de nieuwe torenflats met negen verdiepingen die opgetrokken werden aan de zuidwestkant van de stad. Ze kochten het coöperatieve driekamerappartement – in feite een manier om het Sovjetverbod op privé-eigendom te omzeilen – met geld dat ze van Semyon en Raisa hadden gekregen, terwijl Tamara hen boven aan de wachtlijst wist te krijgen met een gevulde envelop aan het juiste adres. Het appartement bleek uitgesproken luxueus, met een balkon en eetkeuken met linoleum in de beurse kleur van een zere keel. Het gebouw, van witte betonblokken die binnen de kortste keren grijs verkleurden, stond vlak bij het plekje waar mijn vader een jaar eerder mijn moeder om haar hand had gevraagd. De vijver was leeggepompt en gedempt, de berken waren omgehakt en weggesleept. Tegenwoordig worden de identieke appartementsblokken *brezjnevki* genoemd, naar de norse beer van een secretaris-generaal in wiens opdracht ze gebouwd zijn.

Onze wijk heette Tjoply Stan, wat Warme Streek betekent, een merkwaardige benaming voor een heuveltop waar het grootste deel van het jaar de ijzige wind zo hard waaide dat de hoeden van het hoofd van voorbijgangers geblazen werden. In de zomer stuurden mijn ouders me naar Tamara's datsja of lieten ze me bij Semyon en Raisa in Vilnius logeren, en ik herinner me onze buurt in Moskou voornamelijk als eeuwig koud en dik besneeuwd. In het voorjaar lag er een korst modder op straat die tot je enkels reikte. Pas twee jaar later gingen de eerste winkels in de wijk open; uiteraard was er een drankhandel bij. Tot die tijd verkocht een vrouw met een haarnetje gerst, aardappelen, melk en halfgare gehaktschijven die 'zeskopekeschijven' werden genoemd.

Nog langer duurde het om een eigen telefoonaansluiting te krijgen, en de bewoners van ons gebouw en dat ernaast moesten in de rij staan voor een paar telefooncellen op het trottoir. Ook bij vrieskou vormden zich lange rijen. In ons appartement deed de verwarming het nu eens wel en dan weer niet. Mijn moeder waste mijn stoffen luiers op de hand en om ze te drogen hing ze ze boven het gasfornuis en zette alle vier de branders aan. Op een ochtend zat mijn vader met Semyon te schaken toen hij moest overgeven; hij lag te kreunen op de tegels van de badkamer totdat hij door broeders op een brancard naar buiten werd gerold. In het ziekenhuis hoorde hij dat hij ziek geworden was van een gaslek.

De buurman die ik me het best herinner, zat altijd onderuitgezakt in een vouwstoel op de overloop van de tweede verdieping. Hij had een kippenborst en een gezicht als een rodekool. Hij droeg een joggingbroek en een hemdje dat plukken donker borsthaar binnenboord moest houden. Iedereen in het gebouw noemde hem Poezyr, de Bult. Vanaf mijn vroegste jeugd wist ik dat de Bult onze inwonende beambte van de 'organen' was, de term die verwees naar de diverse tentakels van de KGB. Het sprak dan ook vanzelf dat de Bult zich dag en nacht bezighield met het komen en gaan van iedereen in het gebouw. De lift was steevast kapot en we konden niet anders dan de trap op te sjouwen langs de overloop van de Bult. Elk jaar op 7 november, de Dag van de Revolutie, wanneer iedereen gezellig voor de tv ging zitten om de jaarlijkse variétéshow op kanaal 1 te kijken, herinnerde de Bult ons graag aan zijn aanwezigheid door met een loper de kelder in te gaan om de elektriciteit van het hele gebouw af te sluiten.

Op een ochtend, nadat hij mijn vader nieuwe kindermeubels de trap op had zien zeulen, belde de Bult zijn superieuren. Het was onwrikbare Sovjetlogica om ervan uit te gaan dat er, als er ergens kindermeubels waren, ook een stapel samizdatpoëzie moest zijn, of pornografische tijdschriften of misschien wel een Duitse kortegolfradio om naar de bourgeois propaganda van Voice of America te luisteren. Mijn vader moest naar de Loebjanka om te worden ondervraagd door een verveeld klinkende rechercheur. Nadat de Bult hem had aangegeven, kreeg mijn vader de pest aan hem en had hij het altijd gedaan wanneer er geen warm water was of het gas van het fornuis uitflakkerde.

Toevallig had de Bult goede redenen om mijn vader te wantrouwen. Net als duizenden Moskovieten was mijn vader een *fartsovsjtsjik*, een zwarthandelaar die moeilijk vindbare of verboden goederen ruilde en verkocht, waarmee hij bijdroeg aan de sluipende kwaal van het individualisme waarmee onze samenleving van binnenuit werd aangetast, zoals de avondkranten benadrukten. Ruilen was, net als ongeoorloofd kopen en verkopen, een obsessie in een land waar een tube zaaddodende pasta of een goed passend nylon overhemd vinden algauw een twee maanden durende lijdensweg werd. De waarde van een voorwerp werd afgemeten aan zijn schaarste en de creativiteit die nodig was om eraan te komen. Op een middag toen ik zes was, liep mijn moeder een voormalige klasgenoot tegen het lijf die een winkel beheerde in de buurt van het Cultuurpark, Gaven van de Zee. Daar op de stoep gaf hij haar een plastic zak met bevroren alaskakrabbenpoten die hij naar huis had willen meenemen en schonk zij hem een Litouwse barnstenen broche voor zijn vrouw. Ik had nog nooit de poten of welk onderdeel dan ook van een krab gezien en had maar weinig waardering voor damessieraden, dus toen ze de zak openmaakte om me de stekelige krabbenscharen te laten zien, zei ik tegen mijn moeder dat ze een slimme en hoogst originele transactie had afgesloten.

De zaak van mijn vader begon pas echt goed te lopen nadat hij zijn eerste baan vond, bij het Instituut voor Theorie en Geschiedenis van de Film, in de buurt van de Gorkistraat. Het baantje was het soort sinecure waar de kinderen van officieel goedgekeurde kunstenaars en filmregisseurs vaak mee beloond werden. Ook dit was weer geregeld dankzij Tamara's connecties. Sinds mijn vader als klein jongetje in Vinnitsa *Sun Valley Serenade* gezien had, was hij bezeten van film. Dankzij die baan kon hij de archieven van het instituut doorzoeken op filmrollen van Ford en Bresson die nergens anders in het land te vinden waren.

Op het instituut kreeg mijn vader eindelijk de kans om te schrijven voor publicatie, iets wat hij altijd had gewild. Hij was een gretige, ademloze lezer die met veel sjeu en een naadloze timing verhalen kon vertellen. Maar nadat hij aan verschillende artikelen begonnen was, kwam hij erachter dat hij het niet in zich had om kritieken te schrijven zoals die doorgaans verschenen in officiële tijdschriften, artikelen die films uitvlooiden op marxistische thema's en beelden van een verheven arbeidersklasse. Dat was althans de reden die hij mij gaf om het schrijven te laten. Tegen mijn moeder zei hij dat hij zichzelf niet zo goed vond als de schrijvers die hij bewonderde en de gedachte middelmatig te zijn niet verdroeg.

In plaats daarvan stelde hij voor om in het kleine bibliotheekzaaltje van het instituut te gaan werken (dat was, opnieuw, zijn versie van de gebeurtenissen; jaren later vertelde een voormalige collega van hem aan mijn moeder dat hij naar de bibliotheek was gedegradeerd omdat hij niet publiceerde). Het was een bescheiden baantje waardoor hij desondanks in contact kwam met zeldzame boeken en, wat belangrijker was, met buitenlandse bezoekers en diplomaten die in de benijdenswaardige positie waren dat ze naar het buitenland konden reizen en langs de douane kwamen met niet meer dan een vluchtige controle door de beambten. Tegen betaling waren sommigen bereid om rock- en jazzplaten van hun officiële standplaats in Duitsland, Frankrijk of de Verenigde Staten mee te nemen. In minder dan een jaar tijd was mijn vader van buurt-fartsovsjtsjik een bekende handelaar in muzikale contrabande geworden; platen brachten meer geld op dan boeken en werden algauw zijn voornaamste handel. Hij hield zich voor dat hij het deed uit liefde voor rock en jazz, maar ondertussen ontdekte hij zijn talent voor geld verdienen.

De transacties vonden plaats bij ons thuis. Er werd aangebeld, en dan stond er een man – het was altijd een man – voor de deur met een tas over één schouder en een verwachtingsvolle, nerveuze blik. Het favoriete verkooptrucje van mijn vader was om de elpee die een klant graag wilde hebben te bundelen met twee andere die hij niet wilde. Dan kwam er een telefoontje van een of andere baardige jazzfanaat die geïnteresseerd was in, bijvoorbeeld, een puntgaaf exemplaar van *John Coltrane Live at the Village Vanguard,* waarvan hij had gehoord dat mijn vader het te koop had. Wanneer de man eindelijk bij ons aankwam na twee uur in een stadsbus te hebben gezeten, liet mijn vader hem tot zijn verbijstering weten dat de plaat van Coltrane alleen verkrijgbaar was als onderdeel van een set, samen met de *Greatest Hits* van Bread en een compilatie van singletjes van Anne Murray, stuk voor stuk uitzinnig hoog geprijsd.

Zijn beste vaste klant was een mede-fartsovsjtsjik die Gosja heette, een man met een scherpe neus in een vies windjack die iets weg had van een winterkoninkje. Hij had een kinderlijk zwak voor alles wat Amerikaans was en hanteerde het vocabulaire van de hippe Moskoviet: 'sjoezy' voor schoenen, 'Frenk' voor Frank Sinatra. Voor Gosja was het negeren van een abces in je kies of na zeven maanden de bons krijgen een eerlijke prijs om te betalen voor een licht beschadigd exemplaar van *They Only Come Out at Night* van Edgar Winter of een vacuümbuis voor een stokoude McIntosh-tuner die hij voor een enorm bedrag bij de schoonzoon van de cultureel attaché van Denemarken had losgepeuterd. Gosja kwam eens 's avonds laat onaangekondigd bij ons aan de deur, zijn ogen glimmend van triomf, met een paar niet bijster nieuwe mocassins van Corduaans leer. Hij had er een chirurgenmaandsalaris voor betaald, al waren de sjoezy dan drie maten te groot. Terwijl mijn vader geveld werd door een lachstuip, huilde Gosja, verwaand en gekwetst: 'Zie je dan niet dat het Brooks Brothers is?'

Ondertussen had mijn moeder, meer dan een jaar nadat ze een scriptie over de effecten van emotionele stress op kosmonauten voltooid had, nog steeds geen werk gevonden, ook al was dat bij wet verplicht. Stalin had psychologie tot pseudowetenschap uitgeroepen. Toen mijn moeder zich inschreef, bestond de faculteit psychologie nog maar een paar jaar aan de Moskouse Staatsuniversiteit, en het handjevol banen in dit nieuwe vakgebied zat voornamelijk bij geheime overheidsinstanties. Nog aan de universiteit had een man in grijs pak mijn moeder benaderd met het aanbod van een psychologenbaan die het astronomische maandelijkse salaris van driehonderd roebel zou opleveren. 'De enige vereiste,' zei hij terloops, 'is dat je geen Frans bloed hebt, vijf generaties terug.' Dan had hij de verkeerde voor zich, had mijn moeder geantwoord. 'Frans' was een bekend eufemisme voor Joods. Mijn vader vroeg zich hardop af waarom ze niet gewoon een baantje als verkoopster in een warenhuis nam.

Ze was zo ontmoedigd dat ze bij het zoveelste sollicitatiegesprek begon te snikken. 'Mijn zoon zit thuis met buikgriep en u gaat me toch niet in dienst nemen. Laten we elkaars tijd niet verdoen,' zei ze tegen de man achter het bureau, en ze ging haar jas vast aantrekken. Of hij had medelijden met haar, of hij was onder de indruk van haar directheid, want een week later mocht ze komen opdraven op het Instituut voor Psychologie in de Mochovajastraat, op de afdeling geestelijke gezondheidszorg adolescenten. Haar chef was een psycholoog uit Tadzjikistan die met de dochter van een lid van het Centraal Comité getrouwd was; hij liep visite met een aangestoken sigaret en een neutje cognac. In Doesjanbe had hij aan het hoofd gestaan van een school voor tieners met gedragsproblemen en hij had naar Moskou moeten verhuizen nadat een ondergeschikte tegen een plaatselijke partijfunctionaris gezegd had dat hij een aantal van zijn minderjarige leerlingen onder druk gezet had om hem betaalde seksuele diensten te verlenen. Op de eerste werkdag van mijn moeder instrueerde hij haar om een spiekbriefje te schrijven voor het toelatingsexamen van zijn dochter aan de universiteit.

De voormalige Miss Psychologiefaculteit was nog steeds pas drieëntwintig, maar sprak zelden met vrienden af en ging in het weekend het huis nauwelijks uit. We woonden zo ver van het centrum van Moskou als maar kon zonder de stad helemaal te verlaten, de Kaloezjsko-Rizjskaja-metrolijn liep nog niet tot in onze wijk, en vrienden konden niet bellen omdat we geen telefoon hadden. Wanneer mijn moeder van haar werk terugkwam, nam ze me dikwijls mee boodschappen doen. Ze droeg me in haar armen en toen ik wat ouder was, trok ze me achter zich aan op een slee; dan hobbelde ik op de groen-gele houten latjes voort over de dikke pakken sneeuw met een zak aardappelen, een fles zwavelhoudend mineraalwater en een paar bevroren kalfslapjes ratelend tussen mijn knieën.

Boodschappen doen betekende vaker wel dan niet een intrigerend lange rij tegenkomen en achterin gaan staan. Een tijdje later kwamen we er dan achter waar we voor in de rij stonden. De meest gehoorde vraag was: 'Wat wordt er aangeboden?' Wat het ook was, we konden het gebruiken: keukenstoelen met nepmarmeren zitting, Roemeense dameshoedjes, druiven uit Bakoe, bonbons uit de Rode Oktober-snoepfabriek, poederdozen die door vrouwen grappend 'Lenins as' werden genoemd, kunstleren aktetassen, beha's. De meeste mensen kochten meerdere exemplaren om uit te delen of door te verkopen aan familie en buren.

Mijn vader kondigde zijn thuiskomst na zijn werk aan door binnen te stormen en 'Is het eten klaar? Ik rammel!' te roepen. Sommige avonden deed hij dat met een triomfantelijke grijns, maar vaker was hij gewoon moe en prikkelbaar na een uur in een overvolle metro en bus. Mijn moeder was niet dol op koken, maar net als de meeste vrouwen in de Sovjet-Unie maakte ze elke avond het eten klaar en waste daarna af terwijl mijn vader in zijn werkkamer over platen en boeken praatte met zijn klanten of collega-verkopers. Soms gluurde ik door een kier van de deur, ving een glimp op van spullen die uit koffertjes en plastic tasjes waren gestroomd en hoorde buitenlandse woorden waarvan ik wist dat ze clandestien waren en daarom begeerlijk: Sansui, Rossellini, Wrangler.

Mijn vader maakte van ons huis een schrijn voor het Westen door het te vullen met stapels samizdatpoëzie, laden vol netjes opgevouwen jeans en affiches met Louis Armstrong en Ella Fitzgerald. Mijn moeder had allang begrepen waar zijn liefde voor alles wat buitenlands was en zijn weerzin tegen de officiële Sovjetcultuur vandaan kwam. Hij had haar verteld dat hij zich schaamde voor Vasili, dat hij zich schaamde de genen te hebben van een KGB-officier en gelegitimeerde moordenaar, en soms leek hij wel met huid en haar in zijn eigen fantasie-Amerika te willen verdwijnen, een denkbeeldig rijk van platen, boeken, films en een zee van spijkerstof.

Hij nam mijn moeder zelden in vertrouwen over zijn jeugd en geloofde niet dat er veel te winnen viel bij het ventileren van zijn angsten en twijfels. Desondanks bezochten ze hem regelmatig in nachtmerries. Dan mompelde hij in zijn slaap en werd schreeuwend wakker naast mijn moeder. Het was altijd dezelfde droom: hij hoorde het geratel van grote machines, die volgens hem als ouderwetse drukpersen klonken. In de droom was hij weer kind, en bang, maar hij vertelde mijn moeder nooit waar hij precies zo van schrok. Van lieverlee vatte de overtuiging in haar post dat er diep in zijn binnenste iets kapot was gegaan van schaamte.

Soms kwam mijn vader ook niet thuis. Toen ik drie was, verdween hij eens bijna vier dagen. Op de eerste avond stopte mijn moeder nadat ze thuiskwam van haar werk een handje munten in de openbare telefoon op de stoep om al hun vrienden en Tamara te bellen, en sleepte ze me uiteindelijk mee naar het politiebureau om de vermissing aan te geven. Mijn vader grijnsde schaapachtig toen hij eindelijk weer thuis was; tegen mijn moeder zei hij dat hij een vriend tegen het lijf was gelopen en dat ze naar zijn buitenhuisje aan een meer waren gereden om te gaan vissen. Hoe had hij moeten bellen, hun appartement had immers geen telefoon? Mijn moeder was duidelijk dolblij hem te zien en negeerde haar vermoeden dat hij loog.

Hij begon vaker te verdwijnen. Zijn gebruikelijke verklaring was dat hij een vriend tegengekomen was die net met zeldzame platen terug was uit het buitenland en de hele avond naar 'diski' had geluisterd, tot hij uiteindelijk bij die vriend had moeten blijven slapen omdat de metro na middernacht niet meer reed. Mijn moeder vroeg zelden door. Na haar werk kookte ze, waste, dweilde, stond in de rij, maar las mij ook voor, stelpte mijn bloedneuzen en zorgde voor me wanneer ik een van mijn vele verkoudheden had. Ik was gehecht aan een dik winterpak gevoerd met dotten katoen, en wanneer ik struikelde en in een plas of modderkuil viel, waar de trottoirs in onze wijk van vergeven waren, en daarna naar huis liep in het doorweekte pak, kreeg ik meestal koorts of werd ik verkouden. Het kostte mijn moeder bijna drie dagen om het pak boven het fornuis te drogen.

Ik vond het geen straf om ziek te zijn. Dan kon ik lekker thuisblijven van school en genieten van de zorgen van mijn moeder. Op zo'n ochtend kroop ik in bed en wreef ze mijn rug in met alcohol. Ze stak een aan een potlood vastgebonden katoenen prop in brand, hield de vlam in een klein glazen kopje en zette dat op mijn rug vast. Dat deed ze twaalf keer. Daarna trok ze de deken over me heen terwijl ik daar lag met de kopjes aan mijn rug geklonken, als een vredige hagedis. Ik hield van de halfbakken mystiek van de handeling en ik hield er nog meer van om te worden aangeraakt. Mijn beloning voor het verdragen van de vlam vlak bij mijn huid waren twee rauwe dooiers die mijn moeder in een kom brak met cacaopoeder en suiker en met een lepel opklopte, een verwennerij die *gogol-mogol* heette. Wanneer ik ziek was, werd ik even het middelpunt van alle aandacht in huis – soms voelde mijn vader zich zelfs verplicht om op de rand van mijn bed te komen zitten om me voor te lezen – en een ruisje in mijn longen of gezwollen amandelen ontving ik met een blij steekje van verwachting.

Die ziekelijkheid had ik van mijn moeder. Nachtmerries kreeg ze niet gauw, maar ze reageerde op tegenslag en stress – en vooral op de verdwijning van mijn vader – met gastritis, pancreatitis, bronchitis, bursitis, mastitis, huidabcessen en migraines. Toen ik vier was, kreeg ze een longontsteking. Mijn vader was op zijn werk en Tanja kwam even langs, een vriendin die verderop in de straat woonde. Nadat ze de waterketel had opgezet, vertelde Tanja aan mijn moeder dat mijn vader de avond ervoor bij haar en haar vriend thuis was geweest, samen met een magere brunette, een zekere Svetlana. Na een paar glazen wodka had mijn vader aangekondigd dat hij met Svetlana zou trouwen. Tanja had hem laten weten dat hij zich schandelijk gedroeg: waarom was hij niet thuis bij zijn zieke vrouw en zijn zoon? Tanja's verhaal bevestigde wat mijn moeder al vermoedde.

De ruzies van mijn ouders staan me nog beangstigend helder voor ogen. Wat ik zelfs als kind al merkwaardig vond, was de onwil van mijn moeder om kwaad te worden over de ontrouw van mijn vader. In plaats daarvan raakte ze, wanneer er weer nieuwe affaires opdoken, geleidelijk in zichzelf gekeerd en afstandelijk, alsof ze zichzelf de schuld gaf voor zijn escapades. Na verloop van tijd kon ze verdwijnen in haar neerslachtigheid als in een dikke jas.

Niet zo lang geleden vertelde ze me een verhaal dat ik nog niet kende, over haar zware bevalling. Toen ze mij kreeg, scheurde ze uit en verloor veel bloed; ze moest in de verloskamer gehecht worden door een jonge verloskundige. Het duurde maanden voor de wond genas en ook daarna bleef ze pijn houden bij het vrijen. Na mijn geboorte gedroeg mijn vader zich soms alsof hij afgewezen werd. Dan stormde hij het huis uit en ramde de voordeur zo hard dicht dat die rammelde in de scharnieren. Mijn moeder, die haar maagdelijkheid had verloren twee maanden voor ze zwanger werd van mij, gaf zichzelf de schuld.

Ik heb me vaak afgevraagd waarom mijn vader ervandoor ging met de Irina's en Svetlana's die hij op stations en in de cafetaria's van skioorden tegenkwam. Ik vermoedde dat hij er een paar uur of een paar dagen lang de man van wie hij afstamde en het land waar hij woonde door kon vergeten, en ook de treurnis die hem thuis wachtte. 'Na jouw geboorte werd het nooit meer hetzelfde,' zei hij eens over zijn huwelijk met mijn moeder.

In hun eerste jaar samen dacht hij dat hij in mijn moeder een zielsverwant had gevonden, een omgekeerde fellowtraveller met wie hij 's avonds laat naar platen van Otis Redding kon luisteren en over *Un homme et une femme* discussiëren, iemand die stukjes uit Amerikaanse tijdschriften en hoesteksten achter op elpees zou vertalen, iemand zoals hij. Maar na mijn geboorte was mijn moeder 's avonds te afgejakkerd door haar werk en de uren in de metro, naast het huishouden en het opvoeden dat mijn vader niet wilde doen: koken, schoonmaken, mij voorlezen en me naar bed proberen te krijgen. Bovendien bleek het minder stimulerend om vader te worden dan hij had verwacht. 'Je bent interessant geworden,' zei hij op een avond toen ik achttien was en bij hem op bezoek was in Moskou. 'Nu kunnen we over poëzie en jazz praten. Toen je vijf was, was je lang zo leuk niet.'

Toen ik vijf was, zag ik mijn vader als een hoofdrolspeler in een roman die zelden opdook, maar dan wel de dramatische spil werd. Wanneer hij er niet was, duwde ik mijn gezicht in de mouw van een visgraatblazer die ik bewonderde en ademde het aroma van zijn filterloze Turkse sigaretten in. Soms sloop ik zijn werkkamer in en liet een vinger langs zijn vloeiroller en asbak glijden, of ging ik op de roodgeruite deken op zijn bed liggen en begroef mijn gezicht in zijn kussen.

Ik zat al bijna twee jaar in de kleuterklas toen mijn vader me daar voor het eerst kwam ophalen. Net als de meeste kinderen had ik een hekel aan de kleuterklas, met zijn rijen houten bedjes en de cavia in zijn kooitje onder het portret op afficheformaat van Lenin, van wie ons op het hart was gedrukt hem nooit te tekenen, zodat onze kinderlijke tekentechniek zijn onsterfelijke trekken niet zou vervormen. Het gebouw van de kleuterklas was een soort bunker in een aarden put – de fundering was te diep gegraven – en wanneer wij eruit gelaten werden om buiten te spelen, zaten we algauw zo onder de modderspatten dat we eruitzagen als een stam woeste equatoriale inboorlingen. Wanneer mijn vader mijn hand pakte en naar de deur liep, pakte onze *vospitatelnitsa*, wat opvoedster betekent, mijn andere hand en rukte me los uit zijn greep. Ze zou me niet zomaar meegeven met een vreemde, zei ze, en mijn moeder moest eraan te pas komen om zijn identiteit te bevestigen.

Ik herinner me mijn vader het best onderuitgezakt op de bank – zelfs onze bank was met spijkerstof bekleed – met een koptelefoon over zijn oren die eruitzag als twee halve grapefruits. Het krullerige snoer slingerde over de grond naar zijn trots, een Telefunken-tuner met tientallen knopjes en schakelaars, en een opgloeiende afstemschaal vol buitenlandse belofte. Zijn gezicht baadde in het rode licht van een staande lamp. Wanneer ik de woonkamer in kwam terwijl hij zat te luisteren, liep ik heel voorzichtig, deed mijn best om mijn voeten geluidloos op het linoleum neer te zetten en zorgde ik ervoor dat mijn plastic sandalen niet piepten, omdat mijn vader met zijn ogen dicht luisterde, en wanneer hij mijn aanwezigheid in de kamer merkte, schoten zijn ogen open en keek hij me aan, zijn blik vertroebeld door de muziek, met een uitdrukking van milde vriendelijkheid en milde verontwaardiging tegelijk. Dan verstarde ik, beschaamd dat ik hem gestoord had, beschaamd om iemand te zijn die hij kinderachtig en oninteressant vond, omdat ik de levendige blik vol sluw plezier kende die zijn gezicht opfleurde wanneer hij in zijn werkkamer zat met vrienden, medekenners van de Paul Butterfield Blues Band, Wrangler en Antonioni.

En dus probeerde ik me onder te dompelen in de interesses van mijn vader, vooral zijn grootste trots, de stereo. Ik was vijf toen hij op een dag niet thuis was en ik het plexiglazen deksel van de platenspeler optilde en hem na-aapte door de toonarm op de ronddraaiende plastic mat te laten zakken. Mijn tante Ljoesia, Tamara's halfzus, stond ernaast. Ik bezwoer haar dat ik wist hoe de platenspeler werkte, maar ze keek bezorgd en niet overtuigd mee en mopperde dat ik voorzichtig moest zijn. Ljoesia was verslaafd geweest aan metamfetamine en had vijf jaar gezeten in een gevangenis ergens bij de bovenloop van de Wolga (ze had zelfs een tatoeage van een veiligheidsspeld op haar schouder als bewijs), maar van wat ik als vijfjarige uithaalde, schrok ze zich een hoedje. Ik was namelijk vergeten een plaat op de pick-up te leggen. Toen ik naar een van de Litouwse luidsprekers van mijn vader liep, allebei formaat broodtrommel met een zilveren plastic zeilboot op de grilles gekleefd, hoorde ik alleen een harde knal. De plastic mat had de naald eraf gerukt. Mijn vader was ontroostbaar. Wekenlang belde hij zijn fartsovsjtsjik-kennissen af met onze glimmende nieuwe zwarte telefoon in de hoop op een vervanging, waarbij hij hun met berusting in zijn stem maar demonstratief luid meldde dat zijn zoontje van vijf 'de stereo had gemold'.

Ik voelde dat ik de goedkeuring van mijn vader kwijt was en nam me voor om me in zijn ogen te rehabiliteren. Ik besloot dat ik een atleet zou worden, net als hij, en op een dag trok hij me op een paar kinderskietjes naar het ravijn dat de boomloze vlakte voor ons gebouw in tweeën spleet. Het was een ijzig koude, heldere zondagochtend. De buren en hun kinderen raasden de helling af op sleeën en ski's. Elke winter nam mijn vader het vliegtuig naar de Kaukasus om steile, gevaarlijke hellingen af te skiën (en, besefte ik later, om vrouwen te versieren) en naast de kapstok in de gang bewaarde hij een paar prachtige Finse alpineski's. Met de handen in zijn zij keek hij me na terwijl ik mijn eerste heuvel af ging. Ik duwde de punten van de ski's wat naar elkaar toe uit angst om te snel te gaan en gleed haperend naar beneden, als in slow motion. Mijn vader zwierde de helling af achter me aan. Na nog zo'n angstige afdaling klauterde hij naar boven met de woorden dat hij een afspraak had met een vriend en over een kwartier, hooguit twintig minuten weer terug zou zijn. 'Veel plezier,' riep hij me nog na, 'je doet het fantastisch.'

Ik probeerde de heuvel weer op te klimmen zoals hij me had laten zien, door de ski's haaks tegen de helling te zetten en me op te drukken met de stokken, maar het was te steil en na twintig minuten terugglijden gaf ik het op. Vanaf de bodem van het ravijn keek ik naar de ondergaande zon, die de hemel dramatisch rood, paars en violet schilderde. Toen was het donker. De andere kinderen waren naar binnen. Een paar ouders vroegen waar de mijne waren, en ik zei dat mijn vader een afspraak had met een vriend en zo terug zou zijn. Ten slotte bleef ik alleen achter. Daar stond ik: met mijn ski's over elkaar heen, mijn gezicht in een wollen muts gezwachteld en mijn armen die schuin uit het dikke katoenen pak staken, de stokken stijf vastgeklemd. Ik wist niet precies hoeveel uren er voorbij waren gegaan toen mijn moeder bovenaan verscheen en me aan een touw de helling op trok, ziedend van woede. Foeterend op mijn vader beende ze naar binnen; die avond maakten ze tot na middernacht ruzie. Ik zat in zijn werkkamer te luisteren naar de geluiden die vanachter de vergrendelde deur kwamen: geschreeuw, af en toe het gekletter van een omgegooide bloempot en, één of twee keer, een kreet die beduidde dat hij haar een duw gegeven had.

Daarna kon ik niet meer aan mijn vader denken zonder een withete haat waar geen kruid tegen gewassen was. Vanbinnen was die haat voortdurend in conflict met een verlangen naar fysieke nabijheid, naar elk voorwendsel om in zijn buurt te zijn. Ondertussen wist ik maar al te goed dat ik het verknald had, dat het een hopeloos project was. Mijn vader sloeg me nooit, want daarmee zou hij naar zijn idee te veel op zijn vader hebben geleken. In plaats daarvan raakte hij me nauwelijks aan. Wat ik me het beste herinner, was zijn milde, maar hardnekkige irritatie: omdat ik te veel boter op mijn brood smeerde, omdat ik niet kon koppen, omdat ik pas had leren lezen op mijn vijfde (zelf was hij vier geweest), omdat mijn liefde voor zijn plaat van Creedence Clearwater Revival niet op de technische merites van de muziek gestoeld was.

Het was alsof ik watertrappelde aan de rand van zijn bewustzijn en niet dichterbij kon zwemmen. Ik had geloof ik liever gehad dat hij me de huid volschold. Dat mijn ouders erg jong waren, dat hun huwelijk en het volwassen-zijn voor hen een bevreemdende ervaring waren waar ze niet goed raad mee wisten, dat begreep ik allemaal nog niet. Voor mij waren ze als de mindere goden uit het geïllustreerde en zwaar gekuiste boek met Griekse en Romeinse mythen dat mijn vader me gegeven had, die hoog boven me met elkaar slaags raakten om wisselvallige, onnavolgbare redenen. Toen ik drie of vier was, nam ik wraak door mijn wijsvinger in de toiletpot te stoppen en poep op ons kanariegele bloemetjesbehang te smeren. Als een coprofiele Kandinsky bracht ik variatie aan in de richting en het impasto van de streken. Op een avond trof mijn moeder me in de keuken aan terwijl ik in het donker zat te spelen. Toen ze het licht aandeed, zag ze me het hoofd van een jongenspop afzagen met een broodmes.

Respijt van het ongelukkige huwelijk van mijn ouders vond ik in het coöperatieve driekamerappartement van mijn grootmoeder, dat blijk gaf van Tamara's gestaag groeiende hegemonie bij het Huis der Mode. Ik vond alles er even mooi. De woonkamer werd verlicht door twee kristallen kroonluchters; de toiletbril, van luxueus bordeauxrood plastic, liep sissend leeg wanneer ik erop ging zitten. Tamara had een voorkeur voor laatbarokke luister: een eettafel met hoeven in plaats van poten, chic bloemetjesbehang en bijpassende gordijnen, olieverflandschappen in krullerige vergulde lijsten, en mijn favoriet, een servies met onwaarschijnlijk tere porseleinen theekopjes en -schoteltjes dat ze cadeau had gekregen van een nieuwslezeres. Wanneer je een kopje tegen het licht hield, scheen de beeltenis van koningin Elizabeth II erdoorheen.

Tamara's man, Michail Michajlovitsj, beheerde een magazijn voor groente en fruit aan de rand van de stad. Als een rechtgeaarde Sovjetchef ging hij zelden naar huis zonder de kofferbak van zijn Fiatkloon gevuld te hebben met verse waar die hij als rot afgeschreven had. In de koelkast lag zijn buit tussen de cadeaus van Tamara's klanten. Ik ging er graag voor staan om de Vietnamees beletterde blikjes krab, Hongaarse cervelaat, gerookte houting en trossen druiven te bewonderen. Tamara trok op met een clubje middelbare vrouwen die voorzien waren van een zeker cachet en onberispelijke oogschaduw, en ontving hen altijd op zaterdag. Voor hun komst nam ze me mee naar de keuken en hees me op een krukje waar een papieren koffiebekertje bij stond dat boordevol beloegakaviaar zat. Ze gaf me een eetlepel. 'Ik wil je niet zien tot het allemaal op is,' zei ze, en liet me in de keuken achter om me te bezinnen op mijn taak.

Een avond bij Tamara draaide rond haar kleurentelevisie, de enige die ik ooit gezien had. Dan vlijde Tamara zich op de bank in een met bont afgezette peignoir van crêpe de Chine en bladerde door een Italiaanse *Vogue*, terwijl Michail Michajlovitsj biertjes wegtikte en op repen *vobla* knauwde, zoute droogvis, gemaakt van een karpersoort. Wanneer Tamara niet keek, stopte hij me stukjes vis toe en liet me slokjes bier proeven. Ik sprong op en neer op de bank wanneer mijn favoriete film te zien was op het vierde kanaal, *De tractorchauffeurs*. Dat was een musical uit de stalinistische tijd die zich op een collectieve boerderij afspeelde, rond een vrolijk stel dat een nietsnut in hun barak ontmaskert en ondertussen liedjes over het landbouwvoertuig uit de titel ten beste geeft. Op zondagochtend stond ik vroeg op om naar *Wekker* te kijken, een variétéprogramma voor kinderen, gevolgd door *Ik dien de Sovjet-Unie*, twee uur aan elkaar geprate legerfilmpjes zonder onderbreking. Niet alleen bracht dat programma me in vervoering met filmpjes van gespierde, kaalgeschoren mannen die over hindernisbanen tijgerden en pantserwagens voltankten, het voedde ook mijn verhitte fascinatie met militaire trivia in items over de hiërarchie van schouderstukken en medailles of het verhaal van de automatische geweren uit de kalasjnikovfamilie.

Mijn metgezel tijdens die afleveringen van *Ik dien de Sovjet-Unie* was een puddingbroodje zo groot als een tennisbal, bedekt met knapperige karamel en fijngehakte walnoot, dat Nootje heette. Tamara kocht er een hele doos van bij een kiosk in de buurt van metrostation Beljajevo. Het Nootje was de opmaat tot scheldpartijen tussen mijn vader en Tamara. Hij meende dat de gebakjes een 'dikke gepensioneerde' van me zouden maken. Tamara antwoordde dat hij en mijn moeder de tijd niet namen om me fatsoenlijk te eten te geven, zodat zij dat maar moest doen. Vanaf haar keukenstoel luisterde mijn overgrootmoeder Maria Nikolajevna naar het geruzie en knipoogde naar me, grijnzend boven de waterketel en de suikerpot.

Om van Tamara naar huis te gaan, moest ik de metro nemen naar de bus en daarna nog zo'n kilometer naar huis lopen. In de bus kirden oudere vrouwen me toe en knepen soms in mijn wangen. Toen ik een peuter was, zeiden ze nog weleens goedkeurend tegen mijn moeder dat ik eruitzag als de jonge Lenin, waarschijnlijk vanwege mijn stugge uitdrukking en grote bos golvend geelblond haar. Op mijn vijfde had ik schouderlange blonde manen en een collectie witte vestjes uit Finland die Semyon en Raisa me hadden gestuurd, en zei een vrouw in het park eens tegen mijn moeder dat ik eruitzag als een kind dat op een pony thuishoorde. Op een winteravond in de bus was een vermoeid uitziende passagier zo van me gecharmeerd dat ze een rijpe peer uit haar jas tevoorschijn haalde. Ieders adem stokte. Vers fruit in de winter was iets onvoorstelbaars. Ik zal het wel niet goed meer weten, maar in mijn herinnering is het een gebeurtenis als een seculier kersttafereel. In de donkere bus, omringd door forenzen in viltlaarzen en natte parka's, liet de gele vrucht een kring van verbaasde gezichten opklaren. Er kwamen gouden lichtstralen van af, als een halo op een schilderij van Botticelli.

Een van de eerste winkels die in Tjoply Stan verschenen, was een bunker van gegoten beton die wodka en Algerijnse rode wijn verkocht. De wijn liet een zwarte film achter in het glas; volgens een broodjeaapverhaal was hij in het ruim van een olietanker uit Afrika getransporteerd. Daarna kwam er een supermarkt. Dag en nacht waren er op het betonnen voorplein, waar inmiddels al scheuren in zaten, mannen in groepjes van drie te zien, om een in brand gestoken vuilnisbak geschaard, die een halveliterfles wodka lieten rondgaan. Binnen waren de schappen voornamelijk leeg. Om die leegte te camoufleren kreeg één ingeblikt product, bijvoorbeeld brasem in tomatensaus, verschillende felgekleurde etiketten, en bouwden de vakkenvulsters roze, blauwe en turkooizen piramides van vis in blik op de schappen; een samenzwering om de illusie van keuze te creëren.

Mijn vriendje Vova, de zoon van een legerluitenant die op de vijfde verdieping woonde, was een schriel jongetje met zwavelgeel haar dat stotterde. In de winter trok ik hem door ons ravijn op een slee, en daarna groeven we tunnels in de sneeuw. Zodra de polaire fronten terugweken, stookten we vuurtjes en gooiden er oude parfumflesjes in om de vlammen groen te laten opflakkeren. Toen we eens een handvol scherpe pistoolpatronen vonden, gooiden we die ook in het vuur en lagen toen urenlang op onze buik in een greppel verstopt te wachten tot de kogels ons om de oren zouden fluiten.

De meesten van onze buren waren pasgetrouwde stelletjes of jonge ouders, en niemand had veel speelgoed, dus klommen Vova en ik op het platte dak van het schuurtje waar de stoppen van het elektriciteitsnet in zaten en sprongen in een rij afvalcontainers. Vuilnis was ons venster op de volwassenheid, een onuitputtelijke bron van informatie die anders buiten ons bereik lag. Er zaten spuitflessen van afwasmiddel tussen die waterpistolen konden worden, kogellagers, boeken met plaatjes van treinwagons en subtropische vogels, in elkaar gedraaide panty's, gebruikte condooms weggestopt in dichtgevouwen papieren zakken, versleten handtassen en portemonnees, te grote laarzen in cavaleriestijl die we aantrokken om erin rond te marcheren alsof we in een aflevering van *Ik dien de Sovjet-Unie* zaten.

Wanneer uit de vuilcontainers niets bruikbaars opdook, staken we hoopjes droog gras in brand door een vuursteentje langs de rand van een nummerplaat te schrapen om vonken te maken, en anders trokken Vova en ik een stuk schors van de eenzame spar achter de drankhandel en sneden er een zeilbootje uit met een bot scheermesje van mijn vader. We maakten een kiel van een tube tandpasta en zeilen uit *Izvestia*-krantenpapier, en lieten het te water in de afwateringsgreppel of op een van de uitgestrekte plassen die ons gebouw omringden. Wanneer de boot op een snel stroompje smeltwater langs de stoep van ons wegschoot, rechtten we onze rug en salueerden.

Ik ben opgegroeid als enig kind in een land van enige kinderen. Van mijn ouders en grootouders kon alleen Raisa zeggen dat ze volbloedzusjes en een -broertje had. Uit een enquête die werd gepubliceerd in het jaar waarin ik drie werd, bleek dat 64 procent van de vrouwen in de Sovjet-Unie in de vruchtbare leeftijd één kind had, en nog eens 17 procent kinderloos was. Bijna elke ondervraagde vrouw zei dat ze liever twee of drie kinderen had gehad, maar dat een veeleisende voltijdse baan, het huishouden, een onbehulpzame man en voortdurende schaarste dat onmogelijk maakten. Net als de meeste kinderen in Moskou wilde ik een broertje of zusje, iemand om mijn lot urenlang alleen te moeten spelen te verlichten, maar ook iemand om de woede van mijn vader en de neerslachtigheid van mijn moeder te helpen dragen. Ik weet nog dat ik mijn ouders smeekte om 'een broertje of zusje voor me te maken', en dat ze moesten lachen.

Ik was bijna zes toen mijn moeder, die op dat moment herstellende was van de griep, over tijd was. De eerste zwangerschapstest was negatief, de tweede gaf geen uitsluitsel. De dokter die haar uiteindelijk onderzocht, zei dat ze ruim drie maanden zwanger was: twee weken verder dan de wettelijke termijn voor een abortus. Ze had moeite om 's ochtends uit bed te komen en naar haar werk te gaan, vocht tegen wanhoopsgedachten en schuldgevoelens, en was als de dood bij het vooruitzicht van nog een kind. Elke nacht schrok ze wel een paar keer wakker omdat ze zich totaal geen raad wist. Uiteindelijk legde ze haar dilemma voor aan Tamara, die van al haar kennissen het beste was in het oplossen van onoplosbare problemen, vooral als daar de wet voor moest worden omzeild. Toevallig was de hoofdverloskundige van een kliniek voor KGB-medewerkers een klant van Tamara. In ruil voor een bedrag in contanten en een gunst zou zij ervoor zorgen dat het papierwerk en het ziekenhuisverblijf konden worden overgeslagen, en de abortus thuis komen uitvoeren. Mijn moeder noch Tamara vertelde mijn vader over hun plan.

Het gebeurde bij Ljoeba thuis, de vriendin van mijn moeder, een geestige, onbesuisde blondine die mijn moeder al kende sinds haar eerste jaar aan de universiteit. De verloskundige bleek een vrouw van een jaar of vijftig met een competente uitstraling die haar grijze haar in een strak knotje droeg. Ze stelde zich voor en trok meteen een witte jas aan. Mijn moeder lag op haar rug op een laken dat Ljoeba over een salontafel had gelegd. Het had een routineprocedure moeten zijn, maar door de slecht gehechte wond van de eerste zwangerschap van mijn moeder stond de dokter te worstelen met haar instrumenten. Mijn moeder begon zich pas zorgen te maken toen ze alle kleur uit Ljoeba's gezicht zag wegtrekken. Die was zich rot geschrokken. Het bloed was door het laken getrokken en via de tafelpoten naar beneden gestroomd. Te veel bloed. De arts werkte zwijgend en snel ademend door. Tweeënhalf uur later, nadat haar patiënt met een kalmeringsmiddel in slaap was gevallen, stak de dokter een sigaret op en vertrouwde ze Ljoeba toe dat mijn moeder bijna doodgebloed was.

Dat vertelde mijn moeder me toen we al jaren in New York woonden. Ik wist wel dat abortussen in de Sovjet-Unie veel meer voorkwamen dan in het Westen; mijn moeder kende vrouwen die er op hun vijfentwintigste al zes of zeven hadden gehad. Pessaria waren moeilijk te vinden en onbetrouwbaar, en de condooms waren zo dik dat mannen vaak weigerden ze te gebruiken, zodat abortus voor veel vrouwen een vorm van anticonceptie werd. Inmiddels weet ik dat, en weet ik ook van de pijn en angst van mijn moeder, maar toch denk ik nog steeds af en toe, en om onduidelijke redenen altijd vol schuldgevoel, aan de statistische willekeur van het feit dat ik wel geboren ben en mijn broertje of zusje niet.

Na twee jaar bij het Instituut voor Psychologie raapte mijn moeder al haar moed bijeen en diende officieel een klacht in over haar chef, die haar prompt ontsloeg. Ze vond vrijwel meteen een nieuwe baan: het afnemen van psychologische tests in Kasjtsjenko, een psychiatrische kliniek met drieduizend bedden, die voor de revolutie het Aleksejevski-ziekenhuis heette en daar nog voor Kanatsjikovs Datsja, naar de Moskouse koopman die de kliniek als sanatorium voor zijn geesteszieke dochter liet bouwen. Het was een vagevuur voor de opstandigen, de loslippigen, de zonderlingen en natuurlijk een paar pechvogels. Volgens een beroemde uitspraak van de Sovjetwetenschapper Andrej Snezjnevski werden de meeste vormen van politieke en sociale dissidentie veroorzaakt door schizofrenie, en de refuseniks aan wie een uitreisvisum geweigerd was, waren alleen nog maar de beruchtste leden van een patiëntenpopulatie die Baltische nationalisten, christenen, travestieten, veganisten en een handjevol echte zieken omvatte. Onder de nieuwe patienten die mijn moeder aan haar bureau kreeg, was een slager die per ongeluk een stuk vlees de naam van een ander deel van het beest had gegeven, een middelbare scholier die in de klas op de grond was gaan liggen en niet meer overeind had willen komen, een politierekruut die dagenlang door het bos was gaan zwerven en een gevangene die, om naar een afdeling voor geesteszieke criminelen te worden overgeplaatst, zijn balzak aan de vloer had genageld.

In een belendende, onmiskenbaar luxueuze vleugel van de kliniek werd de geesteszieke partijelite ondergebracht. Tijdens haar rookpauze zag mijn moeder hun minnaressen en echtgenotes de ziekenhuisgroene trap op schrijden voor een onderonsje met hun man. Hun bontjas sleepte over de betonnen treden achter hen aan. Haar favoriete patiënt was Antosja, een onverwacht charmante zedendelinquent. Ze behandelde hem voor zijn onhebbelijkheid om vrouwen bij de borsten te grijpen op openbare stranden en nadat ze de rorschachtests en de vragenlijsten had weggeborgen, praatten ze soms nog even over hun leven. 'Ik ben vierendertig,' vertrouwde Antosja haar een keer toe, 'en niemand heeft mijn liefde ooit beantwoord.'

Mijn moeder zei dat ze in die tijd iets kreeg wat in handboeken Sovjetdiagnostiek 'anesthesia dolorosa' werd genoemd: het gevoel de wereld te bekijken door een smoezelige ruit. Uiteindelijk vroeg ze mijn vader niet meer waar hij naartoe verdween, en gaf hij ook geen uitleg meer. Als hij in een berouwvolle bui was, zei hij weleens tegen haar dat 'die andere vrouwen niet in je schaduw kunnen staan'. Maar nadat hij voor een van zijn vriendinnen, een catalogusmodel uit Kiev, een winterjas had gekocht, vroeg hij mijn moeder wat zij ervan vond. 'Je hebt zo'n goede smaak,' zei hij nog. Oudejaarsavond 1976 brachten mijn moeder en ik voor onze zwart-wittelevisie door, om middernacht luisterend naar de aankondiging en de klokken bij een statisch beeld van het Kremlin, terwijl mijn vader zijn vriendin uit eten nam in kebabrestaurant Bakoe. Als hij thuis was, werd er nu minder geschreeuwd, maar de geladen stiltes vol onuitgesproken beschuldigingen hingen in elke kubieke centimeter van het huis.

Ooit wenste ik dat mijn vader zou verdwijnen, maar inmiddels meed ik hem zelf, omdat ik besefte dat, van ons tweeën, het probleem bij mij lag. Tenslotte was híj schijnbaar overal goed in: hij was bijna profvoetballer geworden, skiede over de gevaarlijkste hellingen van de Kaukasus, viste als een beroeps, kleedde zich zwierig in Tamara's maatblazers en suède jasjes, las lange, moeilijke boeken in vertaling en trok bierflesjes open met zijn blote handen. Toen hij een zomer lang werk had waarbij hij bomen moest vellen bij de poolcirkel, hakte hij eens in een horzelnest en overleefde zestig of zeventig steken. In de kleuterklas had ik die andere, duidelijk inferieure vaders gezien, kalende mannen met overgekamd haar en een bierbuik in vierkante pakken en psychedelische polyester overhemden, en ik wist dat elke jongen mocht willen dat hij de mijne had. Tegelijk was het al even overduidelijk dat mijn vader een zoon verdiende die slimmer, properder en knapper was, en bovendien atletischer, mannelijker en zekerder van zichzelf, maar wat ik ook probeerde, die jongen zou ik nooit worden, en zo kwamen we geen steek verder.

Tegen mijn zevende jaar waren mijn moeder en ik onafscheidelijk geworden. 's Avonds kookten we samen of walsten stuntelig over het kleed in de woonkamer op een krasserige plaat van *Die Fledermaus*. Na het eten gingen we wandelen op de vlooienmarkt, waar de buren hun bezittingen ruilden en verkochten, en daarna de heuvel op naar de nieuwe glasbakken. We liepen langs een winkel die Jadran heette met in de fraaie etalages glanzende Joegoslavische serviezen en mohair omslagdoeken die de portemonnee van de meeste Moskovieten ver te boven gingen. Onze bestemming was de lobby van het plaatselijke filmtheater en de grijpautomaat aldaar, waar ik me keer op keer met een handvol munten op stortte. Nooit is het me gelukt om er het pluchen konijn uit te krijgen, laat staan het miniflesje Armeense cognac dat de bioscoopgangers uit zijn glazen kooi probeerden te bevrijden. Onderweg naar huis fleemde ik bij mijn moeder en beloofde haar mijn toewijding, net als in de eed aan Lenin en de partij die ik binnenkort op school zou afleggen. 'We gaan trouwen,' kondigde ik aan. 'Dan doe ik een das om en mag mijn vader op bezoek komen, maar niet te vaak.' Ik was overtuigd van de band die we hadden en vroeg me nooit af of mijn moeder wel een zesjarige als vertrouweling wilde, hoewel ze me in haar somberste buien weleens vroeg van wie ik het meest hield, van haar of van mijn vader.

Omdat mijn moeder niet in staat of niet bereid was om haar ouders over haar spaak lopende huwelijk te vertellen, voelde ze zich nog ellendiger. Semyon en Raisa hadden haar ongewoon laat gekregen, toen ze in de dertig waren, en zelfs als kind zag ze hen al als kwetsbare middelbare mensen, twee wezen die na de uitputtingsslag van de oorlog niet nog meer schokken en teleurstellingen konden verdragen. Ze besefte ook dat de zussen, neven en nichten van haar moeder en hun Joodse vrienden zelden scheidden, en beschouwde een scheiding als een moreel failliet, een beschamend iets. Zoals wel meer kinderen van Holocaustoverlevenden voelde mijn moeder zich persoonlijk verantwoordelijk voor de aspiraties van haar ouders: door de tragedies die ze voor haar geboorte hadden doorstaan, waren ze met haar verbonden. Ze dacht vaak aan de verwanten die ze allebei in de oorlog hadden verloren. Hoe kon ze Semyon en Raisa, die hadden gevochten en geleden voor het overleven van hun familie, en die dat overleven tot hun afgod hadden gemaakt, ooit opbiechten dat ze haar gezin wilde kapotmaken en een eind had gemaakt aan het leven van haar ongeboren kind?

Het toeval wilde dat haar schoonmoeder de enige was bij wie ze haar ellende en haar eenzaamheid kwijt kon. Tamara werd de beste vriendin van mijn moeder en haar goede fee. Ze vrolijkte haar op met cadeautjes: kanten niemendalletjes, flesjes eau de cologne van geslepen glas en moeizaam bevochten lessen in huisbakken feminisme. Tamara had een dialectische visie op minnaars en echtgenoten, en op mannen meer in het algemeen, als iets wat van pas kwam of een blok aan je been was: ze mochten haar bedachtzame affectie of zelfs haar liefde in ontvangst nemen, maar haar niet de wet voorschrijven of haar welzijn bepalen. Haar lage dunk van mannen strekte zich uit tot haar zoon, die ze regelmatig de mantel uitveegde om zijn ontrouw. Ze leefde dus mee met de zorgen van mijn moeder, maar slaagde er niet in om het gedrag van welke man dan ook al te serieus te nemen. Ze was er rotsvast van overtuigd dat het belangrijker was om er goed uit te zien dan om je goed te voelen, en dat het laatste uit het eerste voortvloeide. 'Als ik erdoorheen zit,' zei ze dikwijls tegen mijn moeder, 'doe ik een laagje make-up op en trek ik iets beeldschoons aan.'

Tamara zette na haar vijftigste uit en beschouwde mijn moeder, met haar slanke figuur en hoge jukbeenderen, als een ideaal model. Tamara had ook haar trouwjurk ontworpen, een japon van ribzijde die tot de grond reikte, compleet met lange witte handschoenen, en maakte later een heleboel minirokjes voor haar zodat haar schoondochter zou opvallen tussen de andere studentjes met hun Warschaupactconfectie in pseudo-Pucciprint. Wanneer mijn moeder op haar somberst was, ging Tamara naast haar op de bank zitten, zei dat ze een topje of bloesje uit de laatste *Cosmopolitan* moest kiezen en beloofde ze haar een kopie. Als zelfs dat niet meer werkte, nam Tamara haar mee op vakantie met Michail Michajlovitsj, waarbij ze met zijn drieën een kamer deelden in een vakantieparadijs in Sotsji of Jalta. Ik wachtte hun terugkomst af bij Maria Nikolajevna, die soms zei dat ik niet thuis bij mijn vader kon zijn omdat hij ook op reis was. Ik heb nooit gevraagd waarheen.

Tijdens een van die merkwaardige familievakanties, in een badplaats aan de Zwarte Zee, sprak een man mijn moeder aan in een café aan het strand. Het was een architect met donkere ogen en licht Georgisch accent, die dicht bij haar ging zitten en haar ongegeneerd diep in de ogen keek zonder moeite te doen zijn belangstelling te verbergen. Halverwege het gesprek zag mijn moeder Tamara en Michail Michajlovitsj op de promenade hun richting uit komen. Toen Tamara opkeek en mijn moeder en haar bewonderaar zag, greep ze Michail Michajlovitsj bij zijn elleboog, gaf die een grote zwaai en liep in omgekeerde richting terug. Later zou Tamara een arm om de schouders van mijn moeder slaan en haar taxerend aankijken. ‘Kind,’ zei ze, ‘waarom neem je geen minnaar. Niemand zal er ooit achter komen.’

Toen ik vier was, bracht een Boeing met een prachtige lichtblauwe streep president Gerald Ford naar de havenstad Vladivostok in het uiterste oosten van het land, waar hij de Sovjetleider Leonid Brezjnev zou ontmoeten om de details van het SALT II-kernwapenverdrag te bespreken. Voor Fords komst transformeerde de partijchef van Vladivostok de stad tot een smetteloze, pas geverfde filmset. De plaatselijke eettentjes werden voorzien van uit Moskou ingevlogen koks en kelners. Dronkenlappen en daklozen werden in bussen verzameld en de stad uit gevoerd voor ‘behandeling’.

De gesprekken vonden plaats in een sanatorium in het naburige dorp Okeanskaja. De partijchef besloot dat de weg van het sanatorium naar Vladivostok, de route waarlangs de autocolonne van Brezjnev en Ford het landschap zou bewonderen, de wedergeboorte van de stad moest weerspiegelen. In een paar dagen tijd zette de politie de gezinnen die langs de weg woonden uit hun houten huisjes en hutjes en brandde die plat. Honderden van de hoogste, rechtste sparren uit de regio Primorski werden door arbeiders omgehakt, met vrachtwagens vanuit de omringende wouden vervoerd en overeind gezet langs de weg in per bulldozer vers aangevoerde sneeuwbanken. Het was een variatie op een aloude traditie. Volgens sommige historici liet veldmaarschalk Potjomkin in 1787, tijdens het bezoek van Catharina de Grote aan de Krim, fijnbeschilderde losse voorgevels langs de desolate oevers van de Dnjepr optrekken, niet voor Catharina, maar om de buitenlandse gezanten in haar reisgevolg onder de indruk te brengen.

In Rusland gaat schone schijn altijd boven realiteit, en onze façade was er een van een socialistisch Arcadië waarvoor onze grootouders zich hadden opgeofferd om het op te bouwen. Zo dacht ik over ons land, ook toen we al waren vertrokken. Het was een overtuiging die je met de paplepel ingegoten kreeg, in tekenfilms en kleurboeken, door opvoeders die ons leerden dat 'de secretaris-generaal de grootste kindervriend is' en, explicieter nog, door onze leraren. Mijn vader en moeder keken mijn vaderlandsliefde met gemengde gevoelens aan, maar wisten wel beter dan ertegen in te gaan: ik mocht hun privécommentaar en grapjes eens in de klas herhalen.

Ik wist niet beter of de Grote Oktoberrevolutie had eeuwen van klassenstrijd en ongelijkheid afgeschaft, de Grote Vaderlandse Oorlog was door ons gewonnen en de Grote Terreur was door Chroesjtsjov aan de kaak gesteld en door Brezjnev voorgoed de deur uit gedaan. Viel er nog wel iets Groots te verrichten? De Sovjeteconomie was de op een na grootste van de wereld, na die van de Verenigde Staten. In 1974 verdiende een gemiddelde Sovjetarbeider evenveel als een Amerikaan begin jaren twintig en woonde hij op een oppervlakte van nog geen acht vierkante meter, een derde van zijn Amerikaanse tegenhanger. En toch herinnerden onze opvoeders en leraren ons er wekelijks aan dat ons land vooruitstrevend was waar de Verenigde Staten dat niet waren: in zijn gratis scholing en medische zorg, gelijkheid tussen man en vrouw en vrijwel algehele geletterdheid, en in de automaten in elke landstreek die een mengsel van mineraalwater en vruchtensiroop verdeelden in één herbruikbaar glas voor iedereen. De vleesprijzen waren stabiel, de consumptie van alcohol was sinds de oorlog verviervoudigd en de helft van de huishoudens in het land beschikte over een koelkast.

Nergens was die nieuwe weelde beter zichtbaar dan op de televisie. De schier eindeloze reeks documentaires over stedenbouw in Bulgarije, musicals uit de stalinistische tijd en drama's over de Tweede Wereldoorlog bouwde geleidelijk op naar de oudejaarsuitzending, in vrijwel elk Sovjetgezin een ritueel na het middagmaal, waarbij de notabelen op het scherm werden opgefleurd door de gekleurde lichtjes en slingers in de nieuwjaarsbomen. Het programma leek op een soort prijsuitreiking voor bejaarden. De partijleden zaten in zwart pak en stropdas – vlinderdassen waren al decennia in de ban, want bourgeois – met de echtgenotes (sommige in jurken van Tamara!) om ronde tafels en applaudisseerde plichtmatig voor binnenlandse sterren van het scherm en het podium. Meestal kwam het neer op een film over het vijfjarenplan waar in het hele land ruim aan was voldaan, gevolgd door een bariton die een aria van Glinka brulde en besloten door een medley van Alla Poegatsjova, onze van overheidswege goedgekeurde softrockartieste met de tropisch aangezette wimpers. Haar door synthesizers gedragen ABBA-pastiches over zonovergoten lenteochtenden en onschuldige jonge liefde kwamen blèrend uit miljoenen tv-schermen, verspreid over elf tijdzones.

Veel Moskovieten spraken Brezjnevs naam liever niet hardop uit en streken in plaats daarvan met een vinger boven hun oog, verwijzend naar de substantiële wenkbrauwen van de leider. De eindejaarsprogrammering vormde een kans om een ontegenzeggelijk sympathiekere kant van ons staatshoofd te zien dan in zijn gebruikelijke context boven op Lenins mausoleum, waar hij tijdens belangrijke feestdagen naar een stoet intercontinentale ballistische raketten wuifde die in slow motion op opleggers langsrolde. Leonid Brezjnev had een kop die uit knoestig grenen gehakt leek. Van elke kant gezien was hij even hoekig – zijn vrouw Viktoria was al net zo massief – en hij had de lome motoriek van een dikhuid kort nadat die door een verdovend pijltje is geraakt. Hij was het eerste staatshoofd dat de bolsjewistische gestrengheid afwierp en de pracht en praal van zijn collega's op de Filipijnen en in Oeganda overnam. Wanneer hij niet in het Kremlin was, verplaatste hij zich in een Maserati, een Lincoln-oldtimer of een Rolls-Royce Silver Cloud. Op een officiële foto van TASS zit hij bij een van zijn vijf datsja's na de everjacht in de openlucht te dineren, uitgedost in de loden jas en gevederde hoed van een alpenjager. Aan zijn heupen bungelt een stel barok versierde revolvers in holsters van bewerkt leer. Op tv las hij tijdens partijcongressen en vergaderingen van het Centraal Comité toespraken voor met de levendigheid van een buikspreekpop. Vandaar ook het bekende mopje over hem: Er wordt aan Brezjnevs deur geklopt. Hij hijst zich overeind van de bank, kuiert naar de hal, zet zijn bril op, haalt een kaartje uit zijn borstzak en leest haperend voor: 'Wie… is… daar?'

In Moskou was overal om ons heen schoonheid te ontwaren. Diep onder de straten was ik verrukt over de muren en colonnades van de metrostations, met hun bronzen reliëfs van kalverboeren en lassers. Ik vroeg Michail Michajlovitsj om me mee te nemen naar het tentoonstellingspark van de Verwezenlijkingen van de Nationale Economie, om het monumentale beeldhouwwerk van Vera Moechina te zien: *Arbeider en kolchozvrouw*. Ik kende het als het ronddraaiende middelpunt van het Mosfilm-logo dat aan *De tractorchauffeurs* en andere favoriete films voorafging. Ik bespeurde iets onmiskenbaar erotisch in de manier waarop de stevig gebouwde arbeider en de weelderige boerin hun hamer en sikkel zo vlak tegen elkaar hielden. Thuis bladerde ik door prentenboeken met monumenten. Voor mij kwam niets ook maar in de buurt van *Het moederland roept* in Volgograd, voorheen bekend als Stalingrad, waar de hevigste gevechten van de Grote Vaderlandse Oorlog hadden plaatsgevonden. Met zijn vijfentachtig meter was het een van de hoogste standbeelden ter wereld, een vrouwenfiguur die een zwaard in de lucht steekt en met een uitdrukking van krijgszuchtige extase over een gemanicuurde grasvlakte schrijdt.

Zo nam ik ook het interieur van bakkerijen en meubelwinkels in me op: onpersoonlijke ruimten die van het plafond tot de vloer waren volgehangen met identieke groepsportretten van het politbureau – ter geruststelling onveranderlijk ouder, blank en man – alsof we een land waren dat één popgroep de wereld in had gestuurd. Het politbureau was onze boyband. Het enige plekje aan de muren van onze winkels dat niet bedekt was met bedrukt papier, was het plankje waarop een dik, in plastic gebonden boek lag, het 'Boek voor wensen en klachten'. Aan een touwtje ernaast hing een potloodstompje. Als het bedoeld was om de klanten ertoe te verleiden te klagen over de eindeloze rijen of de suggestie te doen dat de winkel meer dan één soort fabriekskaas in het assortiment zou voeren, dan trapte niemand erin. Die boeken, met hun geruststellend witte bladzijden, werden het mikpunt van honderden stiekeme moppen.

Voorafgaand aan nationale feestdagen zag ik Michail Michajlovitsj altijd met grimmige blik een fles cognac en een paar pakjes in een aktetas stoppen voor zijn baas, de regionaal directeur, wiens naam in huis nooit hardop uitgesproken werd. Ik begreep dat er zonder deze man geen dagelijkse kofferbak met groente en fruit en zelfs geen auto zou zijn, en dat voor de meeste mensen in ons land de contouren van hun leven werden getekend door een directe superieur.

Dat ervoer ik aan den lijve toen ik in de eerste klas zat. Tamara had ervoor gezorgd dat ik niet op zomaar een school kwam, maar op een academie voor de zonen en dochters van apparatsjiks, diplomaten en hooggeplaatste officieren van de 'organen', waar Engels een verplicht vak was. Zes ochtenden per week zette Michail Michajlovitsj me af voor de Dorische gevel van de school. Mijn uniform, een broek en blazer van oceaanblauw polyester, met halverwege de rechtermouw een opgenaaid lapje met een zon die opging boven de bladzijden van een opengeslagen boek, was vers gestreken. Op mijn revers zat een speldje van een rode ster met in goudreliëf het gezicht van Lenin als kind dat vanuit het midden vredig toekeek. De ster droeg ik vanwege mijn lidmaatschap in de kinderdivisie van de communistische broederschap, beter bekend als de oktobristjes, *oktjabrjata*, een plicht en een voorrecht van elke jongen en elk meisje tussen de zeven en de negen.

Net als de padvinders waren de Sovjetburgers dol op insignes en op herdenkingsspeldjes en -badges, *znatsjki*, een rage die haar hoogtepunt bereikte tijdens de Olympische

Spelen van Moskou in 1980. Ik was geen haar beter. Op 8 maart, Internationale Vrouwendag, schudde ik mijn moeder 's ochtends vroeg wakker om haar te verrassen met een zelfgemaakt cadeautje. Ik had een piepklein rechthoekig portret van Lenin als tiener op een bonnetje van de stomerij gespeld en aan weerszijden een takje gipskruid met plakband vastgemaakt. Ze kon me nog net bedanken voordat de tranen haar in de ogen schoten en ze haar gezicht afwendde zodat ik niet zou zien dat ze een stuip kreeg van het lachen.

Op zaterdag bracht ik voor onze lerares van de eerste klas takjes mimosa mee; een appel vond Tamara maar ordinair. De onderwijzeres heette Nina Petrovna, en ze deelde onze dagen op in schoonschrijven, uit het hoofd leren en het mechanisch overpennen van teksten van het bord. Soms zaten we urenlang in stilte in onze ruitjesschriften te schrijven, wat zij goedkeurend beschouwde als een voorbeeld van passend gedrag voor onze leeftijd. Ze waarschuwde ons dagelijks voor de gevaren van inktvlekken in de kantlijn en liep tussen de banken op en neer om te controleren of onze handen wel smetteloos schoon waren. 'Povtorenje mat oetsjenija', zei ze graag: herhaling is de moeder van de studie. Ze plooide haar gezicht in de uitdrukking van bedroefde toewijding – we hadden nog niet geleerd om ernst van somberheid te onderscheiden – die van een socialistische opvoeder werd verwacht.

'Kinderen, wat is het agressiefste land ter wereld?' vroeg Nina Petrovna op zangerige toon aan het begin van de geschiedenisles.

'Israël!' riepen we als één man.

Het eerste boek dat ik me van school kan herinneren, over kinderen die buitengewoon moedige daden hadden verricht, heette *De jonge helden van de Sovjet-Unie*. Hoofdstuk 1 bevatte het apocriefe verhaal van Pavlik Morozov.

Tijdens de collectivisatie gaf hij zijn eigen vader aan bij de bolsjewieken wegens het verbergen van een aantal zakken graan, een misdaad waar de vader voor doodgeschoten werd. Pavlik werd door zijn eigen familie vermoord. Voor een boek bedoeld voor zes- en zevenjarigen zat er opvallend veel marteling, wraak en doodslag in, voorzien van illustraties in de verschoten kleuren van een nachtmerrie.

Het plaatje dat me nog het beste bijstaat, was dat van een Gestapo-officier die een tienermeisje met vlechtjes ondervroeg. Ze heette Zina Portnova. Op de illustratie is de officier even afgeleid en graait Zina zijn pistool van het bureau. Er hangt een touw om haar nek, misschien omdat ze heeft geprobeerd de Duitsers te vermoorden door gif in soep te doen, die ze daarna zelf heeft moeten opeten. Op foto's zag Zina eruit als een doodgewone leuke tiener, maar op de tekening had ze uitpuilende ogen met zware oogleden en een woeste, bijna demonische blik. Het bijschrift bij de tekening maakte miljoenen Sovjetkinderen diets dat Zina na het afgebeelde tafereel 'de Gestapo-man doodschoot' en vervolgens 'op beestachtige wijze' werd doodgemarteld. De meeste kinderen in *De jonge helden van de Sovjet-Unie* werden gestraft voor hun patriottische daden: opgehangen, doodgeschoten, verbrand, vergiftigd, in de sneeuw achtergelaten om dood te vriezen. Hun moed was op zich niets bijzonders, pas door te sterven werden ze helden. De dood maakte hen mooi.

Toen ik eens zo'n tekening van een revolutionaire tiener bekeek, een jongen deze keer, voelde ik voor het eerst de afwisselend hete en ijskoude spasmen van seksueel verlangen. Prompt werden ze gevolgd door paniek. Ik hield me voor dat ik het warm had gekregen omdat die jongen zo dapper was geweest. Maar een paar weken later in het Poesjkinmuseum gebeurde het weer, toen ik een bronzen beeldje zag van een naakte, slanke, aan een rots geketende Prometheus met een roofvogel die zijn lever eruit pikte. Deze keer was ik niet meer zo zeker van mezelf. In mijn hoofd scheen een verbinding tussen mannenlijven en dood te worden gelegd die elektrische schokken door mijn ingewanden stuurde. Ik kreeg een sluimerend vermoeden dat die aantrekkingskracht me anders maakte dan mijn vader, en dat die misschien ook niet goed bij hem zou vallen. Het enige wat ik kon bedenken, was wegkijken voordat mijn moeder me op staren kon betrappen.

Ondertussen leerde ons lesboek een eerste klas vol geschrokken zevenjarigen hoe je een schuur in brand moest steken, zodat de paarden niet in handen van de mensjewieken zouden vallen, en hoe je een trein vol munitie van de nazi's moest stoppen door je onder de wielen te werpen. De betekenis van de verhalen kon niemand ontgaan: de wil van het collectief was belangrijker dan het welzijn van het individu, en onze nobelste lotsbestemming was te sterven voor dat collectief. 'De eenling, wie heeft hem nodig?' schreef Vladimir Majakovski, wiens gedichten we stokstijf staand naast onze bankjes opzegden. 'Eén stem klinkt zachter dan een kik.' In vrijwel alle Sovjetsteden en -stadjes stond een monument voor Pavlik Morozov.

En daarnaast leerden we nog iets: de tijd waarin we leefden, was minder belangrijk dan het verleden. De gouden tijd die we nooit hadden meegemaakt, was geen periode van vrede maar van oorlog geweest. We leerden dat conflict ons leven betekenis gaf, dat betekenis voortvloeide uit het verdragen van (en het liefst ook sterven aan) veel leed en strijd. Het onrechtvaardige was dat onze tijd, de relatieve vrede van de jaren zeventig, ons geen kans bood om met miljoenen voor ons land te sterven. Desondanks bleef het onze plicht om ons even altruïstisch te gedragen als de kindmartelaren in ons lesboek. Onze trots mochten we niet ontlenen aan materiële overvloed of zelfs persoonlijke prestaties, maar moest komen van een stel nationale abstracties – het nucleaire arsenaal, de ruimtevaart, de collectieve landbouw, de bouw van dammen en strenge monumenten – dat niets te maken had met de vaak ellendige realiteit van het dagelijkse leven. De aanbidding van die abstracties ging in Rusland door voor spiritualiteit.

Ondanks alle indoctrinatie op school tastten we onze grenzen af. Op een ochtend fluisterde ik op weg naar de klas het woord 'choej' (pik) in het oor van een andere jongen. Ik had het mijn vader horen zeggen wanneer hij kwaad was of grappen maakte met zijn vrienden, en ik had besloten het een keertje uit te proberen. Een leerkracht die voor ons liep draaide zich bliksemsnel om en eiste dat ik het woord zou herhalen. Ik weet niet meer wat ik toen heb gemompeld, maar een paar minuten later zat ik in het kantoor van de directrice te wachten tot mijn ouders kwamen: zij waren op hun werk gebeld en naar een dringende bijeenkomst gesommeerd. Later die middag zaten ze berouwvol naast me te luisteren naar de directrice, die hun de les las over de onduldbaarheid van onbetamelijke taal, over jeugdcriminaliteit en de gevaren van verdovende middelen, over 'parasitisme' en over strenge scholen aan de rand van de stad voor kinderen die verpest waren door gebrek aan tucht.

De meest gevreesde dag op de schoolkalender was het driemaandelijkse bezoek aan de tandarts. Een verpleegster riep ons een voor een de klas uit en liep met ons mee naar een ondergrondse praktijkkamer. Daar boorde en trok een montere vrouw van middelbare leeftijd aan onze melktandjes of wat ervan restte, zonder dat verdoving zelfs maar ter sprake kwam; die werd blijkbaar al even bourgeois geacht als een vlinderdas. Zelfs mijn vader was bang voor de tandarts. De boren waren traag en rokerig, en pijnstillende injecties waren alleen voor wortelkanaalbehandelingen, zodat hij regelmatig flauwviel in de tandartsstoel terwijl zijn kiezen werden gevuld. Tegen mijn beste vriend Kirill overdreef ik de gruwelen van de tandarts om op te scheppen over mijn onverstoorbaarheid. Hij was klein voor zijn leeftijd, met een mond volgepropt met een glimmende beugel en een blonde flap haar die voor zijn linkeroog hing, maar omdat hij een angstaanjagend goed gelijkende ZIL-kiepwagen kon tekenen, was hij populair, zeker toen onze onderwijzeres zijn tekening op het mededelingenbord had gehangen, naast een portret van minister Gromyko van Buitenlandse Zaken.

Kirills moeder was overleden bij zijn geboorte en zijn vader werkte op het Sovjetconsulaat in New York, dus was hij meestal bij zijn grootouders. In de vakanties kwam zijn vader thuis en dan speelden we met zijn drieën in hun duistere appartement in het centrum hele avonden met de plastic cowboys en indianen die hij uit den vreemde had meegebracht. Daar kon geen binnenlands speelgoed tegenop, en mijn bewondering moet eraf gedropen hebben. Een paar dagen voor Nieuwjaar, voordat ik in de Volga van Kirills vader naar huis werd gebracht, vond ik een cowboy in mijn gele rubberlaars. Hij had een lavendelkleurige bloes en een zwarte lasso die boven zijn zwarte cowboyhoed kronkelde. Toen het me daagde dat ik hem mocht houden, snikte ik bijna van blijdschap. Ik sliep met de cowboy naast me op het nachtkastje en fantaseerde over torenhoge reuzencactussen, met tomahawks zwaaiende Apaches en vaardige ambachtslieden die kleine, magische actiepoppetjes maakten. Toen ik bij Tamara aan tafel mijn liefde voor Amerika verkondigde, barstte Michail Michajlovitsj in een bulderlach uit. Hij snauwde dat de Verenigde Staten er alleen maar op uit waren om de Sovjet-Unie te ondermijnen en de arbeiders te onderdrukken en dus niet hoorden te worden bewonderd, ook al dachten sommige Joden daar anders over. Tamara stootte hem aan en Michail Michajlovitsj zweeg. Maria Nikolajevna gnuifde en wijdde zich weer aan haar varkensvlees in aspic.

Tegen de tijd dat Semyon en Raisa bij ons in Moskou op bezoek kwamen, in de laatste dagen van 1976, hadden ze uitgevogeld waar de neerslachtigheid van hun dochter vandaan kwam. Mijn moeder had het hun vanzelfsprekend niet durven te vertellen, maar toen ze op haar werk was, kwam er een onderbuur langs en praatte hen bij over ons gezinsleed. Later die dag bitste Semyon tegen mijn vader dat hij niet van plan was nog een woord te zeggen tegen zo'n rokkenjager, en zoals beloofd bleef hij de rest van hun verblijf tegen hem zwijgen. Alleen kon geen van beiden het opbrengen om hun nachtelijke schaakspelletjes op te geven en tot in de vroege uurtjes zaten ze in de werkkamer van mijn vader te kettingroken om het bord, hun stilte enkel onderbroken door het regelmatige indrukken van de schaakklok.

Op nieuwjaarsavond namen we een taxi naar Tamara. Michail Michajlovitsj had een enorme spar de vijf trappen op gezeuld, die door Tamara en mij was versierd met klokjes, engelenhaar en porseleinen sterretjes, en daar zat iedereen omheen. We toostten met Sovjetchampagne of, in mijn geval, tomatensap in een theekopje. Later haalde Tamara een piepklein in rood plastic gebonden liedboekje tevoorschijn en brachten we samen een paar liederen over de Grote Vaderlandse Oorlog ten gehore, die op sporadisch applaus werden onthaald. Mijn favoriet heette 'De klokken van Buchenwald'. De hele avond wierp ik brandende blikken op de cadeautjes onder de boom.

Eerder die week had Tamara me naar de mooiste speelgoedwinkel van de stad meegenomen, Kinderwereld, waar ze me een meccanodoos en een kindermicroscoop had laten uitkiezen om mijn ontluikende belangstelling voor de wetenschap aan te moedigen. Terwijl ik voor de winkel op haar stond te wachten, herkende ik de gestalte van Feliks Dzerzjinski, de hoogste baas van de geheime politie van het land, onder een laagje sneeuw op zijn voetstuk midden op het plein, en ving een glimp op van de onverschillige gevel van de Loebjanka die achter hem opdoemde. Ik wist nog niet dat 'Kinderwereld' in Moskou een cynisch eufemisme was geworden voor het hoofdkwartier en de gevangenis van de KGB, zodat een Moskoviet bijvoorbeeld kon zeggen: 'Olga is door twee agenten opgepakt voor het verhandelen van aankoopcertificaten in buitenlandse valuta en heeft drie dagen in Kinderwereld vastgezeten.'

Onderweg naar het huis van Tamara kwamen we langs een Vadertje Vorst met een afgezakte valse baard en een zak over zijn schouder, die zich in een donkere sedan wrong. In de auto nam hij een slok van een fles wodka. Toch bleef ik in onze socialistische kerstman geloven, tot ik een paar maanden later naast Tamara op de achterbank van de vierdeurs Zjigoeli van Michail Michajlovitsj zat en voor de laatste keer over Vadertje Vorst begon. 'Je bent te oud om in die onzin te geloven!' schoot ze uit. 'Jouw cadeautjes, die koop ík. De man die je gezien hebt, was een alcoholist met een rode muts op.'

Mijn moeder verliet mijn vader in februari. Ik wist niet dat ze in september hadden afgesproken in een rechtbank bij metrostation Novyje Tsjerjomoesjki om het echtscheidingsvonnis te ondertekenen – de rechter besloot dat beiden het kind gelijkelijk moesten onderhouden – en na afloop naar restaurant Minsk waren gelopen, waar ze samen hadden gegeten. Ik wist evenmin dat ze al langer van plan waren uit elkaar te gaan, maar dat door de woningschaarste in de stad woningruil de enige mogelijkheid was, wat had betekend dat mijn moeder en ik in een eenkamerflat zouden zijn getrokken en dat mijn vader een kamer in een gemeenschappelijke flat had moeten nemen. Die mogelijkheid wilde hij niet eens overwegen.

Wat me wel was opgevallen, waren de steeds frequentere bezoekjes van de studievriend van mijn vader Volodja, een collega-fartsovsjtsjik uit Oefa, een stad in het zuiden van de Oeral. Wanneer hij voor de deur stond, was mijn vader meestal niet thuis. Mijn moeder moest niets van hem hebben, in het begin althans – ze was ervan overtuigd dat hij mijn vader in zijn illegale zaakjes verwikkeld hield – en zei tegen mijn vader dat ze hem niet in de buurt wilde hebben. Desondanks bleef Volodja langskomen. Wanneer mijn moeder alleen thuis was, zette hij een zachte, troostende stem op tegen haar, gaf details prijs over de vriendinnetjes van mijn vader en waar ze op dat moment waren, en zei dat ze beter verdiende, met een stem waar nauwelijks onderdrukte woede in doorklonk. 'Als hij niet van je houdt,' zei hij tegen haar, 'moet hij je loslaten.'

Volodja was niet zo knap, rijzig en slank als mijn vader, maar hij kende de kracht van geduld. Uiteindelijk biechtte hij mijn moeder op dat hij verliefd op haar was, dat hij al op haar viel toen ze elkaar voor het eerst hadden gezien, dat hij haar kind graag wilde helpen opvoeden en bereid was een huis te huren en samen te gaan wonen, als zij hem maar wilde. De avond dat ze vertrok, zat een andere vriend van mijn vader op hem te wachten in onze woonkamer, kettingrokend op de bank tot ver na middernacht. Ze moest aan haar zevenentwintigste verjaardag denken, afgelopen mei, toen mijn vader de hele avond op het balkon had zitten schaken met een benedenbuurman en haar volkomen had genegeerd. Ze wist ook nog dat ze, toen ze een paar weken eerder was langsgegaan op het kantoor van mijn vader in het filminstituut, hem had betrapt terwijl hij een jongere collega zoende.

Terwijl de vriend van mijn vader in onze woonkamer

met een tas vol platen van Elmore James tegen zich aan gedrukt zat te wachten en filterloze sigaretten te roken, gooide mijn moeder wat kleren in een koffer, pakte de verlichte wereldbol die Tamara me voor mijn zevende verjaardag cadeau had gedaan, en trok mij en onze spullen mee op een slee naar het huis van een vriendin verderop in de straat.

Drie dagen later stonden mijn moeder en ik in een onbekende, schemerige kamer. Ze probeerde er een holwangige vrouw van eind tachtig van te overtuigen om bij haar dochter in te trekken en haar eenkamerflat illegaal aan ons onder te verhuren. De flat leek wel een spookhuis. In de gang hing een mistige spiegel waarvan de meeste zilverfolie aan de achterkant was afgebladderd. De vrouw had een te grote baret op en leek zo broos als een verwaarloosde varen. Terwijl mijn moeder het met haar over geld had, ging ik op de rand van een stoel zitten: hij stortte onder me in elkaar alsof hij van zaagsel was gemaakt en ik donderde op de grond. De oude vrouw verontschuldigde zich en bracht een andere stoel, maar ook die boog door onder mijn gewicht: de pootjes gleden eronder vandaan als die van een hertje. De volgende morgen trokken we erin. Volodja en mijn moeder namen de slaapkamer en ik ging op de bank.

In de woonkamer lag ik wakker van opwinding en vroeg me af of ik mijn vader dan eindelijk had verslagen. We woonden nu in de noordwesthoek van Moskou, bij station Vojkovskaja van de Zamoskvoretskaja-metrolijn, met een halve stad tussen hem en ons in, en mijn moeder had voor mij gekozen en niet voor hem, precies zoals ik altijd al had geweten. Ik zou voor haar hetzelfde hebben gedaan. Volodja zei dat ik de hete koolsoep waar ik zo'n hekel aan had niet hoefde op te eten en elke avond voor het slapengaan las hij me voor. Hij had nooit eerder aandacht aan me besteed, en ik wist dat hij me alleen verwende om mijn moeder voor zich te winnen, maar toch vond ik het aardig van hem.

Ons gebouw kwam uit de stalinistische tijd en had hoge gepleisterde plafonds en een binnenplaats in de schaduw van oude eikenbomen. Ik kreeg er een hele meute nieuwe vriendjes bij. Dina, die haar rechterhand miste, speelde de baas over ons. Het vlees van haar stompje was opgekruld als een koffiebroodje; ze had er altijd een vieze groene sjaal omheen gewikkeld. Een paar keer per dag rukte ze de sjaal eraf en zwaaide met haar stompje alsof het een pistool was, waarop wij lachten en gillend uit elkaar stoven. Dina lachte nog het hardst van allemaal.

Mijn volmaakte nieuwe leventje bleef niet duren. Volodja's jonge vrouw Marina dook op bij de psychiatrische kliniek waar mijn moeder werkte en dreigde haar en zichzelf van kant te maken. Ook mijn vader belde. Hij had mijn moeder alles kunnen vergeven, zei hij, 'behalve Volodja'. Zij wist zelf ook wel dat ze niet van Volodja hield. Vier maanden nadat we het huis uit waren gegaan, sprak ze met mijn vader in een café af. Toen ze hun koffie op hadden, liep ze met hem naar ons oude appartement in Tjoply Stan en bleef er slapen, en uiteindelijk trok ze weer bij hem in. Ik voelde me verraden, maar Tamara was in de wolken. Ze wilde mijn ouders tijd met elkaar gunnen en nam me de hele zomer mee naar haar datsja.

Het smetteloze asfaltlint naar het dorp Stepanovskoje was dezelfde weg die ministers en hoogleraren namen naar hun luxueuze datsja's in Zjoekovka of Oesovo, dezelfde weg die naar Koentsovo liep, waar Vasili avondenlang op de wegen naar Stalins datsja had gepatrouilleerd. Stepanovskoje was kleiner en eenvoudiger: een onverharde weg geflankeerd door vooroorlogse houten huisjes, twee ondiepe vijvers, wat bossen, een winkel in een schuur van golfplaat die gecondenseerde melk en sigaretten verkocht, en op een heuvel een witgekalkt kerkje ontdaan van zijn koepels en kruisen waar het hele dorp op zaterdagavond op rijtjes vouwstoelen film keek. In de zomer werd Stepanovskoje bevolkt door andere kinderen van gefortuneerde Moskovieten: Mitja, wiens ouders musici waren, Europa afreisden met de Moskouse Filharmonie en een bidet in hun badkamer hadden laten installeren, en Ljonja, een diplomatenzoon die de jongere kinderen in verrukking bracht wanneer hij het onzinwoord 'Chevroletlimousine' uitsprak alsof het een toverspreuk was uit *Duizend-en-een nacht*.

Maria Nikolajevna en ik verbleven in het voorhuis van een laag groen gebouwtje met blauwe luiken. Tamara en mijn ouders kwamen in het weekend langs. De zomer waarin ik vijf werd, rende mijn vader over de hoofdweg met zijn hand achter op het zadel van mijn nieuwe fiets, terwijl ik verwoed peddelde. Die ochtend had hij er de zijwieltjes afgehaald. Toen ik over mijn schouder keek en hem zes huizen achter me zag staan, reed ik tegen een stapel hout en viel een gat in mijn voorhoofd.

's Ochtends haalde ik met een plastic emmer water uit de put terwijl Maria Nikolajevna de samowaar aanstak. We dronken slappe oploskoffie bij witbrood met boter en trokken daarna het bos in. Maria Nikolajevna wist welke bomen ze moest hebben. Tussen het mos en de droge bladeren bij de wortels schoten bosjes paddenstoelen op en ze bukte om de steel van de grotere, die wij graag wilden hebben, met een zakmesje af te snijden. Als je de wortels liet zitten, legde ze uit, schoten er de volgende ochtend nieuwe paddenstoelen uit op.

Ze leerde me de hiërarchie van schaarste en smaak: van de knapperige *syrojezjki,* russula's, met hun bruinrode, gele en groene hoedjes, waren er het meest; de glibberige *masljata* (bruine ringboleten) waren lekkerder; dan cantharellen, die *lisitsjki* werden genoemd, vosjes; en ten slotte de bolle, zware *boroviki*, eekhoorntjesbrood, de zeldzaamste en smakelijkste. We namen de buit van de dag mee naar huis in rieten mandjes. Terwijl Maria Nikolajevna aardappels bakte in een ijzeren pan, maakte ik de paddenstoelen schoon, sneed ze in plakjes, gooide die in water om er de ivoorwitte wormen uit te drijven en droogde ze af, waarna zij ze samen met een halve gesnipperde ui in sissende boter gooide. Dat was ons avondmaal, zeven dagen per week.

Na het eten stuurde Maria Nikolajevna me het pad af naar het gemakhuisje. Binnen hingen de wanden vol met plastic toiletbrillen van de familie van de verhuurster en haar gasten. De mijne was het kleinst en was roomkleurig. Terwijl ik daar op mijn zitje 'mijn gevoeg' deed, zoals mijn overgrootmoeder het pertinent bleef noemen, luisterde ik naar de avondwind die tussen de onafgewerkte houten planken floot, het zachte geruis van het tarweveld achter de schutting, het gezoem van bromvliegen in het riekende donker. Nadat Maria Nikolajevna het vuur had afgedekt en naar haar slaapzolder boven de *petsjka*, de ingebouwde houtkachel, was geklommen, lag ik in bed te staren naar de rode hoek van onze verhuurster: drie iconen onder het dak, een paar heiligen naast een Ethiopisch bruine madonna en een kind in een gouden gewaad, met een stukje oud brood in een hoek van de lijst gepropt. Urenlang bestudeerde ik de mysterieuze figuren boven me en vroeg me af wie ze waren.

Terug in Moskou leek mijn vader veranderd. Hij was stiller geworden, aandachtiger, minder geneigd om ervandoor te gaan zonder iets te zeggen; soms merkte ik dat hij ook treuriger was. Waarom wist ik niet, maar mijn moeder en hij leken een bestand te hebben gesloten dat soms ruimte bood aan voorzichtige tederheid. Later vertelde mijn moeder dat hij in die maanden nog vaker dan anders geplaagd was door zijn nachtmerries, soms een paar nachten na elkaar.

Ik was verbaasd toen mijn vader ineens dingen met me wilde doen. Hij nam me mee naar het Huis van de Film voor een vertoning van *Stunts*, een thriller met Robert Forester die me de stuipen op het lijf joeg. Hij vroeg of ik mee wilde lopen naar het huis van een vriend of sigaretten halen in de kiosk op de hoek. We zaten een hele middag in het krappe bibliotheekje van het filminstituut, waar hij me zeldzame prerevolutionaire boeken en blikken met buitenlandse films liet zien en me in de cafetaria aan zijn collega's voorstelde. Thuis bleven we laat op om films te kijken op de zwart-wittelevisie en vochten we met plastic speelgoedsabels die hij voor ons had gekocht; eindelijk liet mijn vader toe dat ik hem versloeg. Ik werd onrustig van zijn verandering, maar aanvaardde zijn aandacht en genoot ervan. Ik verzon allerlei theorieën over zijn metamorfose. Wat ik niet wist, was dat hij afscheid van ons nam.

Dat najaar, toen het vlees uit de winkels begon te verdwijnen, had mijn moeder haar besluit genomen. Op een zondag had ze zich voor de tweede keer in twee uur naar de supermarkt gehaast, nadat Tamara had gebeld om te zeggen dat ze bevroren rundvlees 'weggaven'. Ze kwam thuis met drie tassen vol boodschappen en haar haren en jas dik onder de novembersneeuw. Mijn vader was er niet. Raisa was over uit Vilnius en keek mijn moeder aan. 'We moeten het land uit,' zei ze zachtjes. Haar zus Ida, de laatste van haar familie die was weggegaan, woonde al jaren in Haifa. Haar andere zussen, neven en nichten woonden nu in Sydney en Tel Aviv.

De daaropvolgende weken sloten mijn ouders zich hele avonden op in de werkkamer van mijn vader om buiten mijn gehoorsafstand te onderhandelen. Hij kon maar geen besluit nemen. Soms leek hij verscheurd. 'Ik wil niet dat mijn kind in dit land opgroeit,' zei hij tegen haar. Hij zei dat hij besloten had om samen met ons het land te verlaten en besefte toen dat hij het niet kon. 'Als ik met jullie meega, lig ik vast alleen maar op de bank in mijn enige spijkerbroek naar steeds dezelfde oude platen te luisteren.' En: 'Als ik Jood was, zou ik me geen tweemaal bedenken, maar ik ben Rus en zal dit land altijd missen.' En één keer: 'Zodra je weg bent, verhang ik me.'

Tamara sjacherde met mijn moeder. Ze smeekte haar om me in Moskou achter te laten, beloofde haar baan te zullen opgeven en zich aan mijn opvoeding te wijden. Eén keer bood ze aan om het land samen met ons te verlaten. Toen Michail Michajlovitsj erachter kwam, ontplofte hij en beschuldigde mijn moeder ervan dat ze mij van hen afpakte. 'Stomme Joden, hoe kunnen jullie ons dit aandoen?' schreeuwde hij, waarna hij zich in de badkamer opsloot.

In november 1978 vroeg mijn moeder een uitreisvisum aan voor Israël, onze enige wettelijke route om de Sovjet-Unie te verlaten, een week nadat Semyon en Raisa hun aanvraag in Vilnius hadden gedaan. Ida had vanuit Haifa de vereiste uitnodigingen en borgstelling gestuurd. Mijn moeder wist het een en ander over het leven in Israël en maakte zich zorgen: over de verplichte militaire dienst, dat haar niet helemaal Joodse zoon een tweederangsburger zou worden, dat zij een afvallige, zelfhatende Jodin zou worden gevonden. Ze stelde zich Israël voor als een grotere versie van de Joodse gemeenschap in Vilnius, met alle provincialisme, roddels, bekrompen rancune en angsten van dien. En zo besloot ze dat we naar New York zouden gaan.

Toen mijn moeder de aanvraag deed bij het visumbureau tekende mijn vader een formulier waarmee hij haar toestemming gaf om me permanent uit het land mee te nemen, zonder kans op terugkeer. In ruil daarvoor deed ze afstand van het recht op alimentatie. Geen van beiden vond dat ik dat hoefde te weten. Michail Michajlovitsj bleef me van maandag tot zaterdag naar school brengen; in de tweede klas kreeg ik voor het eerst Engelse les. Op zondag werd ik nog steeds vroeg wakker, ontbeet met Tamara en Maria Nikolajevna en keek *Ik dien de Sovjet-Unie* op hun kleuren-tv.

De dag nadat mijn moeder haar uitreisvisum had aangevraagd, werd ze ontslagen door de directeur van de kliniek. Zolang ze wachtte op goedkeuring van haar verzoek, een proces dat jaren kon duren, had ze geen inkomen, en stukje bij beetje verkocht ze haar Finse schapenjas, de meeste crêpezijden bloezen en rokken die Tamara voor haar had laten maken, haar twee Levi's en bijna al haar sieraden en boeken. 's Ochtends stond er voor de deur van ons gebouw een zwarte Volga-sedan stationair te draaien, die later op de dag opdook tegenover het filminstituut. De 'organen' kregen acuut belangstelling voor het privéhandeltje van mijn vader; hij wist nog niet hoe opdringerig dat gecontroleer zou worden.

Mijn herinneringen aan de zomer waarin ik negen werd, mijn laatste in de USSR, zijn even rommelig als een schoenendoos vol ansichtkaarten. Tamara en Michail Michajlovitsj namen me mee op een meanderende autoreis naar Jalta, aan de Zwarte Zee. Om een of andere reden is het moment dat ik het helderst voor me zie, mijn huilbui ergens bij Kiev nadat Michail Michajlovitsj een eend had doodgereden. In Jalta zag ik voor het eerst een palmboom en jeansblauw zeewater. Ik had Tamara nooit anders gekend dan goedgemutst, maar op het witte zand van Jalta's stranden zag ik haar strak naar me kijken met een perplexe, verloren blik in haar ogen, alsof ze een ingewikkelde som moest oplossen. Ik had haar nooit eerder hulpeloos zien kijken. Toen ik wilde weten of er iets was, wuifde ze mijn vraag weg en glimlachte. Tijdens de rit terug naar Moskou praatte ze nauwelijks tegen Michail Michajlovitsj.

De brief van het visumbureau kwam in juli. Mijn vader

haalde hem volgens mijn moeder met tranen in zijn ogen uit de brievenbus. Ik herinner me niet dat mij een keuze werd voorgelegd, of dat ik me zelfs maar had afgevraagd of ik met mijn moeder naar 'het Westen' zou gaan. Ze zei dat we maar een tijdje weg zouden zijn, dat we gauw terugkwamen en dat ik mijn vader en mijn vrienden terug zou zien. Ik herinner me niet dat ik veel meer voelde dan doffe opwinding. We hadden drie maanden om het land te verlaten.

Ik vertelde het nieuws aan mijn vriendje Vova, het bovenbuurjongetje. Hij knipperde verbaasd met zijn ogen toen ik een paar groene plastic soldaatjes en een kogellager in zijn hand stopte. Op school had Nina Petrovna ons verteld dat emigranten verraders van het moederland waren, maar toen ik eruit flapte dat mijn moeder en ik naar de Verenigde Staten gingen, de kapitalistische supermacht, zuchtte ze alleen maar en bracht mijn haar in de war. Al was ik nu een verrader, ik mocht van haar een oktobristje blijven en tot mijn laatste les de ster op mijn revers blijven dragen. Kirill en ik namen afscheid in de schoolkantine. We zullen nooit samen Pioniers zijn, zei hij, en hij veegde de tranen uit zijn ogen. Ik zou nooit de rode doek om mijn hals dragen en het beroemde saluut geven, een hand boven mijn hoofd, als symbool van de wil van velen boven die van het individu. Kirills hand lag op mijn schouder, hij huilde. 'Nu zul je nooit kunnen sterven voor je land,' zei hij.

Semyon en Raisa kregen hun visum een week eerder dan mijn moeder. Semyon besloot hun hele hebben en houden mee te nemen: een slaapkamer met esdoornfineer, spatels en lepels, de handmatige gehaktmolen, een Grundig-radioconsole uit de jaren zestig en vierhonderdvijftig kilo boeken die hij in meer dan honderd dozen stopte. Hij volgde het bonte allegaartje naar een douanepost in Brest, vanwaar het naar Wenen zou worden gestuurd en vandaar uiteindelijk naar New York. Mijn moeder en vader troffen hem in Brest. Wekenlang wachtten ze in een verlopen hotel terwijl de douanebeambten Semyons dozen uitvlooiden, openscheurden en de inhoud op de grond smeten, waarna ze met zijn drieën alles weer moesten inpakken. De uitreisvisa waren bijna verlopen en mijn moeder nam de trein naar Moskou om het visumbureau twee weken verlenging te vragen. In Brest was het wachten nog niet voorbij. Tamara stelde voor dat mijn moeder nog een verlenging zou aanvragen, maar die was bang. Ze had namelijk gedroomd dat ze in de rij stond bij het visumbureau en dat een vrouw die er werkte haar documenten verscheurde en zei dat haar uitreisvisum ingetrokken was.

Op de dag waarop mijn moeder en ik met onze koffers op de luchthaven Sjeremetjevo aankwamen, hadden we nog vierentwintig uur om het land te verlaten. Onze vliegtickets naar Wenen hadden tweeduizend roebel gekost, ruwweg vijftien keer het maandsalaris van mijn moeder. Mijn vader had haar een groot deel van het geld gegeven in ruil voor haar helft van het appartement. Ze had een kleinere som betaald om ons Sovjetburgerschap en -paspoort op te geven. Nadat ze bijna alles had verkocht, bezat ze alleen nog twee truien, wat bloesjes en rokken, ondergoed, een winterjas, twee paar schoenen, een fototoestel, drie blikken osetrakaviaar waarvan ze had gehoord dat ze die in het buitenland kon verkopen, en een gebonden dichtbundel van Anna Achmatova.

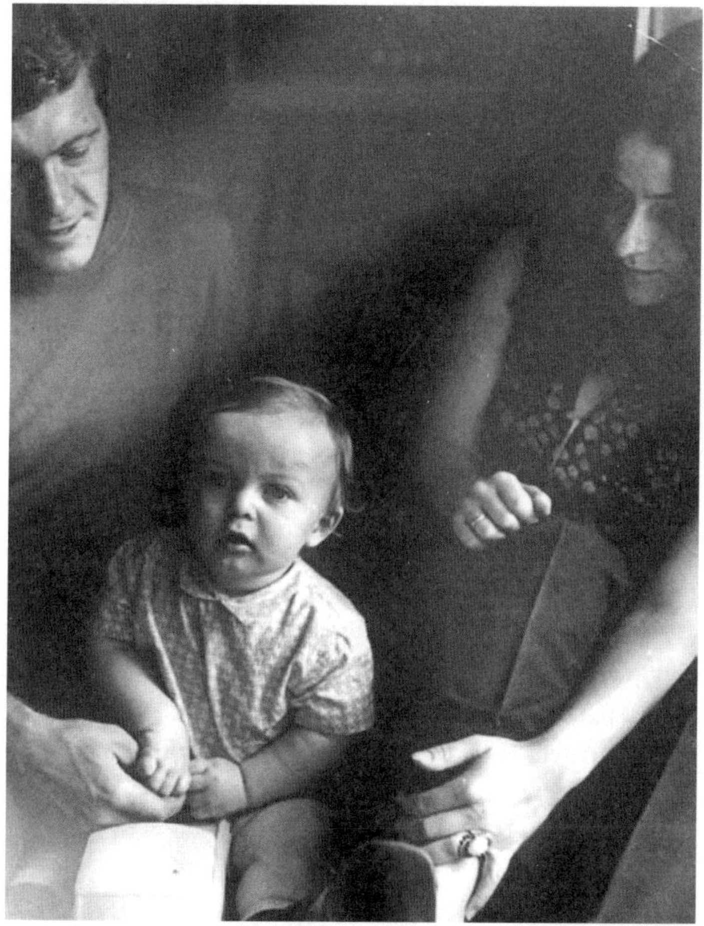

Mijn herinneringen aan die laatste ochtend in Moskou zijn weerzinwekkend scherp, als de eerste ogenblikken vlak na een aanrijding. Michail Michajlovitsj zat zwijgend achter het stuur. Soms denk ik dat ik die hele rit naar de luchthaven kan terughalen, bocht voor bocht, zelfs nu nog. Mijn vader zat stijf rechtop in de passagiersstoel. Ik zat op de achterbank tussen mijn moeder en Tamara in, die mijn hand pas losliet toen de verkeerstorens in zicht kwamen.

Die ochtend had Maria Nikolajevna geweigerd afscheid van ons te nemen door zich in haar kamer op te sluiten.

Op de luchthaven nam een vrouw in uniform eerst mijn moeder en daarna mij afzonderlijke hokjes in voor een laatste douanecontrole. Ik moest wat munten in een bakje leggen. Mijn moeder weet nog dat we één fotoalbum mochten meenemen, geen kunst of antiek, niet meer dan vijf gram goud en precies 137 dollar. Voordat ze afscheid namen en elkaar omhelsden, gaf mijn moeder Tamara het gouden horloge terug dat ze als huwelijkscadeau van haar had gekregen. Een andere douanebeambte, een man, beval mijn moeder zich uit te kleden terwijl weer een ander de hakken van haar laarzen beklopte op zoek naar edelstenen. Ze rilde, want ze had gehoord dat er vrouwen waren die op de luchthaven aan een gynaecologisch onderzoek waren onderworpen. Een week later zouden Semyon en Raisa in een vergelijkbare ruimte op een andere luchthaven staan, terwijl een douanebeambte met een scheermes de zolen van hun schoenen opensneed en vervolgens zonder boe of bah de inhoud van hun koffers op de grond kieperde. 'Zeg tegen de Joodse professor dat hij kalm blijft,' blafte de agent tegen de soldaat bij de deur.

Nadat mijn moeder en ik onze bagage hadden teruggekregen, stonden we een paar minuten in een non-descripte gang buiten de douanezone en staarden door een glazen ruit naar de jumbojet die ons naar Wenen zou brengen. Op de romp prijkten de hamer en sikkel van Aeroflot. Het was een heldere, wolkeloze morgen, en mijn moeder en ik bleven nog even hangen bij een raam in de luchthaven Sjeremetjevo, in de Unie van Socialistische Sovjetrepublieken, ook al waren we geen ingezetenen meer van dat land, noch van enig ander land. Onderweg naar onze gate liepen we per ongeluk een diplomatenlounge in, ingericht met Scandinavisch leer met chromen meubilair. Het had iets van een droom. Niemand sprak ons aan of vroeg naar onze documenten. We dwaalden verder, naar een glazen balkon met zicht op de wachtruimte. Mijn vader en Tamara stonden onder ons. Ze keken op, zagen ons en zwaaiden. Mijn vader huilde. Ze stonden er al meer dan twee uur, niet in staat het besluit te nemen om naar huis te gaan. Ik zwaaide lang terug, of zo leek het althans, met mijn dikke nylon jas en wollen muts nog aan. Mijn moeder hield mijn andere hand vast. 'Kijk maar goed naar je vader,' zei ze, 'want je zult hem nooit meer terugzien.'

De vlucht verliep goed. Aan boord van de Toepolev TU-154 kregen we een onverwacht luxemaal van gebraden kip met puree en een driehoekje zachte fabriekskaas in folie waarop 'Vooruitgang!' stond. Ik weet nog dat mijn moeder de metalen vorken en messen in de zakken van haar jas liet glijden. Na een uur vliegen kondigde de piloot in het Duits en daarna in het Russisch aan dat het vliegtuig het Sovjetluchtruim had verlaten. 'Meine Damen und Herren…' begon het bericht, en toen hij uitgepraat was, klapten een paar passagiers, de dapperste. Ik keek uit het raam, maar de lucht en de rechthoekjes aarde onder ons zagen er nog precies zo uit als daarnet. Na de landing zat ik op mijn koffer toen ik de piloot de gate uit zag lopen, met de zespuntige ster van de Israëlische luchtmacht op zijn pet geborduurd. 'Is Oostenrijk een kapitalistisch land?' vroeg ik aan mijn moeder, ineens geschrokken. Jaren later zei ze dat ik eruitzag 'als een bang konijn'.

Een week lang verbleven we in een bouwvallige herberg aan de rand van Wenen – ik weet nog dat de landelijke naam iets met *Grüner* was – die aan een klein ommuurd stadspark lag. De eigenaar was een wat gezette man met rood haar, een glimmende zwarte leren jas en een Porsche die op de binnenplaats geparkeerd stond. In de buurt van de Sovjetvluchtelingen mocht hij graag geërgerd doen, op de grond spugen en soms schreeuwen. Hij liet merken dat hij ons liever niet in zijn etablissement had gehad en alleen in het geld geïnteresseerd was. Daar kon ik wel enigszins in komen: we waren een schichtig, afgetobd zootje, gezinnen van drie of vier in nylon trainingsbroeken en dik met katoen gevoerde jassen. Waar we ook heen gingen, onze koffers gingen altijd mee, soms dichtgeplakt met tape, omdat we bang waren ze ook maar een paar minuten achter te laten. In onze kamer probeerden we te koken op platen met een stekker voor het verkeerde voltage, waardoor de stoppen sprongen.

Vanaf een betaaltelefoon in de lobby belde mijn moeder naar Moskou, op afgesproken tijden waarop iedereen samenkwam bij Tamara thuis. Ze tikte een serie codes van een stencil in, sprak een paar woorden in de hoorn en gaf die aan mij. Ze zei dat ik één minuut had. Ik zei snel dag tegen mijn vader en vroeg of ik Michail Michajlovitsj aan de lijn kon krijgen. 'Onderweg naar de luchthaven hebben we in een Mercedes-Benz gezeten!' riep ik in de telefoon zodra ik zijn stem hoorde. 'Dat is nog eens wat anders dan die Sovjetrammelbak van jullie!'

Hét moment waar we het nog jaren over zouden hebben, was ons eerste bezoek aan een Oostenrijkse supermarkt. De fraai ontworpen verpakkingen in schitterende kleuren, de afwezigheid van lege schappen en vooral de co-existentie van meerdere merken vormden een openbaring van een bijna pijnlijke intensiteit. We weten het allemaal nog. Onze wandelingen door Wenen, met zijn paleizen en geometrische tuinen, bezorgden ons nog een paar mildere schokken. Ik zag een jongen een hoed vol geld en een stapel kranten op de stoep achterlaten en weglopen, waarna voetgangers op weg naar hun werk een krant pakten en gepast geld in de hoed gooiden. Verder: smetteloze vierkanten geglazuurd gebak achter glanzende vitrines in felverlichte winkels met obsceen weinig klanten. En dat ik met mijn moeder in een stadsbus op conversatiesterkte praatte en een paar tellen later besefte dat bijna elk hoofd naar ons toe was gedraaid en ons met Teutoons afkeurende blik aankeek.

Amper tien dagen bleven we in Wenen; de volgende halte van de vluchtelingenkaravaan was Italië. We sliepen toen we de grens over gingen; we reisden met een onopvallende bus waarvan de ramen zo donkergetint waren dat we het langsglijdende landschap nauwelijks konden zien. De bus was om vier uur 's ochtends uit Wenen vertrokken, volgens de chauffeur uit voorzorg tegen een mogelijke terroristische aanslag, zoals de gijzeling in Oostenrijk van Sovjetvluchtelingen zes jaar eerder door een terreurgroep die zich de Adelaars van de Palestijnse Revolutie noemde. Dat verklaarde ook de soldaten in kogelvrij vest met machinepistolen die langs onze halte in het naargeestige betonnen busstation slaapwandelden.

Het eerste ommetje dat mijn moeder en ik na aankomst in Italië maakten, liep over een grindpad geflankeerd door cipressen. Tussen de regelmatig aangeplante stammen zagen we groene olijfgaarden liggen. We logeerden in Hotel Flamingo aan de Via Flaminia, niet ver van Rome. Een Perzische kat drentelde met ons mee en schurkte tegen de stoffige bast van de cipressen aan. Het was half november, een uur voor de zon onderging. Het landschap zag eruit als een tafereel uit een reisbrochure, en als ik ooit één zo'n brochure had gezien, zou ik die opzichtige, gladde schoonheid meteen hebben herkend. Maar ik was negen en zei ademloos tegen mijn moeder dat dit wel het paradijs moest zijn.

Na achtenveertig uur in Italië dachten we aan Wenen terug als aan een jachtige, schemerige stad, vergelijkbaar met een laat kwartet van Sjostakovitsj. In Lazio was het warm, het kleurenpalet was er helderder. Het grindpad leidde naar een gebouw dat er van veraf uitzag als een kasteel, maar een vijftiende-eeuws klooster bleek te zijn. Er groeiden rozenstruiken, kaki's en bosjes oleanders omheen. In stilte genietend liepen we erlangs toen de deur van een houten huisje op het terrein openvloog en er een man uit kwam met woest, donker haar en een schort voor, die op ons afstapte. Mijn moeder greep me bij mijn schouders en trok me beschermend naar zich toe. Ze dacht dat de man een opzichter was en kwam zeggen dat we op verboden terrein waren, maar de man joeg ons niet weg, hij gebaarde dat we zijn huisje in moesten gaan. Binnen zaten een vrouw en nog een stel. Ze zeiden een paar zinnen in melodieus, onbegrijpelijk Italiaans, nodigden ons aan de lange houten tafel uit en zetten een bord met brood en kaas en een fles rode wijn voor ons neer. Ik ging zitten en knaagde aan een stuk harde kaas, terwijl mijn moeder een gesprek voerde met de stellen. Zij spraken geen Russisch, Frans of Engels, en wij spraken geen Italiaans, maar iedereen wist zich te redden met gebaren en een handvol gemeenschappelijke geopolitieke termen. Mijn moeder en ik waren verbijsterd om die onbekende buitenlanders die ons in huis haalden en ons iets te eten en een glas wijn gaven. Het renaissancistische landschap maakte de sensatie compleet. Voordat ze ons weer de naar oleander geurende duisternis in stuurde, gaf de vrouw mijn moeder een armvol mandarijnen mee, nog in hun glanzende bladeren gewikkeld.

Het Flamingo was een afbladderende, roze gestucte blokkendoos die ergens in de jaren vijftig was gebouwd en niet bijster populair was bij toeristen, en daarom als tijdelijk onderdak aan vluchtelingen werd verhuurd. De ochtend na onze wandeling naar het klooster kwamen we beneden voor een vroeg ontbijt van koffie, een paar plastic kuipjes boter en jam en een mandje met broodjes die meestal hol van binnen waren. Aan onze tafel haalde een man uit Odessa in een trui die strak om zijn bolle buik zat een salami uit een koffertje, legde hem dwars op zijn bord en begon hem door te zagen met een tafelmes.

De gezelligste evenementen in het Flamingo waren de rommelmarkten die de Sovjet-Joden op de parkeerplaats van het hotel hielden. Op kaarttafels met een lap stof erover stalden onze medevluchtelingen elegante toneelkijkers, barnstenen halssnoeren en hele bouwwerken van theekopjes beschilderd met primula's uit. Mijn moeder verkocht haar fototoestel en, ondanks mijn huil- en driftbui, twee theelepeltjes van zilver en email met stelen in de vorm van een kaketoe en een beer die Tamara in een rubberen overschoen had gestopt toen we in Moskou mijn koffer pakten. De Italianen keken moeilijk, marchandeerden over de koopwaar en pelden kleurrijke lirebiljetten van een dikke rol af. Toen ik zo'n biljet omdraaide, was ik verrast er het portret van een bebaarde Leonardo da Vinci op te vinden. Ik had nog nooit geld gezien zonder het profiel van Lenin erop.

Ook laat in het najaar had het iets van een zomerkamp. Iedereen hield zijn deuren open. Men ging bij elkaar op bezoek, bewonderde het gave fruit dat verkocht werd langs de kant van de weg en zo op een stilleven kon, klaagde over loszittende vullingen, soebatte over Boston, Sydney of Tel Aviv. Mijn moeder flirtte met een zelfverzekerde man met krullend zwart haar en een leren jack wiens gezicht en naam ik me niet meer herinner, waarschijnlijk omdat er in het Flamingo geen gebrek was aan mannen met krullend zwart haar en leren jacks. Ons verblijf op het idyllische platteland duurde nog geen twee weken. Een medewerker van de HIAS, de stichting voor hulp aan Hebreeuwse immigranten, kondigde aan dat er van onze groep een aantal mensen zouden worden ondergebracht in het stadje Ladispoli, en dat mijn moeder en ik naar Lido di Ostia gingen, een badplaats op een halfuur rijden van Rome. Hij overhandigde Raisa een envelop vol lires: onze toelage voor de komende twee maanden, grotendeels voor de huur bestemd. Daar, aan de Tyrreense Zee, konden we op ons visum voor de vs wachten.

Ostia zag er helemaal niet uit als een reisbrochure. De trattoria's langs de kust bedienden de Romeinse arbeidersklasse, dagloners, soldaten en andere migranten die met de trein uit Piramide kwamen, beladen met klapstoelen, transistorradio's, plastic zakken vol zonnebloempitten en zonnebrandcrème, zelfs in december. De stad was gesticht op een malariamoeras. Vier jaar voor onze komst was een held van mijn vader, de regisseur Pier Paolo Pasolini, op een strand bij Ostia vermoord door een zeventienjarige jongenshoer die meerdere keren over hem heen reed met Pasolini's Alfa Romeo. Een paar jaar later ontvoerden en vermoordden de Rode Brigades voormalig premier Aldo Moro. Een van de schuilplaatsen van de marxistisch-leninistische groepering zat weggestopt in de huurkazernes die uitwaaierden vanaf de stranden van Ostia. Vlak voor onze komst hadden de carabinieri bij een inval een vrachtlading wapens en dertig kilo explosieven in beslag genomen.

Onze tweekamerflat was gemeubileerd met wiebelige stoelen en had in contrast daarmee een echt marmeren vloer; hij lag op de tweede verdieping van een huurkazerne in de communistische wijk. De andere, chiquere kant van de stad werd door de buren de fascistische wijk genoemd. Op onze eerste dag in Ostia zag mijn moeder een stoet oudere mannen in overhemden met korte mouwen die rode vlaggen door onze straat droegen en 'Bandiera rossa' zongen, een communistisch strijdlied dat zij geleerd had op een Litouws pionierskamp tijdens een opleving van internationale solidariteit. Achter ons gebouw lag een betonnen pad afgezet met palmbomen in potten en stond een strandmuur met graffiti. Iemand had er met felrode verf 'Viva Stalin, viva Brezjnev!' op gespoten.

In Wenen hadden veel mensen van onze groep het handjevol landen dat Sovjetvluchtelingen accepteerde met elkaar zitten vergelijken: onze toekomstige gastlanden. Wat ik me van die discussies in andermans hotelkamer herinner waren de lange stiltes, het gezucht en het uitwisselen van onjuiste of onvolledige informatie. Bij veel Russen waren Canada en Australië het meest gewild, omdat ze de minste immigranten toelieten, de minste luchtvervuiling hadden en konden bogen op het kleinste aantal zwarten. Canada en Australië lieten echter geen vluchtelingen toe met chronische ziektes, zoals Raisa's parkinson, en de meeste Amerikaanse steden eisten een geschreven uitnodiging van een familielid dat daar al woonde. Gelukkig had de bestemming waar wij voor kozen, New York, een grote Joodse gemeenschap die bereid was ook zieken en niet-verwanten op te nemen. We bleven een aantal weken in Rome in afwachting van medische onderzoeken, gesprekken op de Amerikaanse ambassade en het eeuwige documenten ondertekenen en wachten tot ze ondertekend werden. In 1979 verlieten meer dan vijftigduizend Joden de Sovjet-Unie. In de wachtkamer van het hervestigingsbureau in Rome zaten zoveel gezinnen uit Sotsji en Oefa dat vijf of zes mensen moesten opschuiven wanneer iemand de deur opendeed. Soms hadden we van acht uur 's ochtends tot zes uur 's avonds gewacht en kregen we te horen dat we de volgende dag maar eens terug moesten komen.

Tijdens zo'n eindeloze middag in de wachtkamer van de HIAS rommelde een man met een baard in een kartonnen doos en gaf me stiekem een boek met een onbedrukte rode kaft. 'Gratis,' fluisterde hij in het Russisch. Het boek beschreef het leven van Jezus in zwart-wittekeningen en tekstballonnetjes. Ik had nog nooit een stripboek gezien en herlas het tot de bladzijden ezelsoren en etensvlekken hadden. Later maakte ik met een pak viltstiften van Kinderwereld de ene tekening na de andere van de kruisiging. Ik had vooral veel aandacht voor Jezus' borst- en rugspieren, en voor de details van de stralenkrans, die ik knaloranje kleurde.

Mijn moeder en ik woonden net een paar weken in Ostia toen Semyon en Raisa uit Wenen aankwamen en bij ons in de flat met de marmeren vloer introkken. Een paar dagen later verraste ik hen met tientallen tekeningen van Jezus aan het kruis. Ik had mijn grootvader nog nooit zo snel wit zien wegtrekken. Hij begon te schreeuwen. Snapte ik wel dat ons eten en onze huur betaald werden met geld dat ons geleend werd door de Joodse wereldgemeenschap? Dat kan ons zo weer worden afgenomen, bulderde hij, als onze maatschappelijk werker mijn godslasterlijke, ondankbare tekeningen zou zien. Hij griste de stapel uit mijn handen en wilde alles weggooien, maar ik hield hem tegen. Samen slierden we door de kamer met de tekeningen tussen ons in, totdat Raisa ze afpakte en onder in een koffer verstopte.

Onze maatschappelijk werker in Rome had ons voor straatcriminaliteit gewaarschuwd en mijn moeder aangeraden om juwelen en geld in haar laarzen of beha te stoppen. Raisa was doodsbang voor inbrekers en stond erop om bijna al onze waardevolle spullen in een hemelsblauw glimmend kunstleren handtasje met een vergulde gesp te stoppen, dat ze stevig met twee handen onder haar borsten vasthield. Op een zonnige dag in februari stonden mijn moeder en ik bij het keukenraam te kijken terwijl Raisa in haar eentje een wandelingetje op de stoep maakte. Ze vond het spannend om alleen naar buiten te gaan, maar mijn moeder en ik moedigden haar aan om minder afhankelijk te zijn. Met een glimlach keek Raisa vanaf de stoep naar ons op, terwijl ze een paar aarzelende stappen zette. Plotseling kwam er een brommer met twee tieners erop de hoek om en reed door de straat op haar af. Met een soepele beweging boog de jongen achterop zich opzij, stak een metalen haak door de handgrepen van Raisa's tasje en griste het mee. Raisa slaakte een ijselijke gil. Ze hobbelde achter de brommer aan, maar viel na een paar wankele passen op haar knieën. Mijn moeder en ik renden naar beneden, maar de *ragazzi* op de brommer waren al weg.

In haar handtasje had Raisa haar gouden verlovingsring, haar parkinsonpillen en bijna al onze documenten en geld. Mijn grootmoeder was niet het type om zelfmedelijden te hebben, ik had haar nog nooit zien huilen en het was meteen ook de laatste keer. Maar daar op de stoep in Ostia huilde ze ontroostbaar en veegde met Semyons geruite zakdoek haar lippenstift uit over haar wangen. 'Waarom moet het leven zo wreed zijn?' vroeg ze aan niemand in het bijzonder. Ze was ontroostbaar tot een maatschappelijk werker ons hielp aangifte te doen en ons voor een deel van de gestolen toelage compenseerde.

Als studente op de universiteit van Moskou had mijn moeder een klasgenote gehad wier ouders hoge partijfunctionarissen waren. Toen ze een keertje bij haar langsging, kwam ze in hun gigantische appartement een stapel catalogi van het Amerikaanse postorderbedrijf Spiegel tegen. Ze zei dat ze de indruk kreeg, toen ze de modellen daarin zag, dat het leven in de Sovjet-Unie zich in zwart-wit afspeelde en in het Westen in kleur. Onze wekelijke tripjes naar Rome bevestigden haar vermoeden. Ondanks het zachte novemberweer liepen de vrouwen in lange bontmantels en droegen de mannen kasjmieren overjassen. Mijn moeder en ik stopten bij de Trevifontein voor *tramezzini*, op de Piazza Navona voor *gelati* en gingen daarna een dagtochtje maken: naar de Kaartengalerij in het Vaticaan, naar de basiliek van San Pietro in Vincoli op de Esquilijnheuvel om ons aan Michelangelo's gehoornde Mozes te vergapen, of naar de Villa Borghese, waar we in alle rust een uur in een zaal met hoofdzakelijk zwarte Caravaggio's bleven zitten. Mijn moeder had iets met een man uit Sint-Petersburg en met zijn drieën gingen we op een bewolkte middag de wilde katten tussen het afbrokkelende metselwerk van het Colosseum voeren, waar een voorbijganger een foto van ons nam waarop we onze ogen dichtknijpen tegen de ondergaande zon.

Mijn moeder was duidelijk in haar element in Rome. Ze was dol op de palmbomen en de vervuilde ruïnes. Tussen de mannen die met haar flirtten in de bus en de hooggehakte modieuze vrouwen die over de barokke piazza's klikklakten, ving ze een eerste glimp op van wat voor haar echte vrijheid was. In een café bij het Pantheon kwam ze een vroegere jaargenoot van de Moskouse Staatsuniversiteit tegen,

Izja, die indertijd haar huiswerk maakte. Samen met zijn zwangere vrouw stapte hij uit een bus. Hij en mijn moeder omhelsden elkaar. 'Wij gaan naar New York!' zei hij.

Twee weken later hadden we onze visa in handen en gingen we aan boord van een Alitalia-toestel naar John F. Kennedy International Airport. Gezinnen uit Toela en Boechara, die soms nog nooit in een vliegtuig hadden gezeten, hingen rond in de gangpaden. Binnen het halfuur waren de toiletten van de 747 verstopt met chipszakjes en luiers. Toen het toestel boven de Atlantische Oceaan in turbulentie terechtkwam, sprongen de bagagevakken boven de stoelen open en hield bijna iedereen zijn adem in. Negen uur later liepen mijn grootouders, mijn moeder en ik vanuit het vliegtuig een ruimte in waar de douane en de New York City Police ons met strakke gezichten opwachtten. Er hing een papieren spandoek over een rij metaaldetectoren waar 'WELKOM IN DE VERENIGDE STATEN VAN AMERIKA!' op stond.

Mijn moeder zag Ljoeba, haar beste vriendin van de universiteit, naar ons zwaaien van buiten de bagagehal. Zij woonde al ruim een jaar in Queens. Het was inmiddels donker toen we met zijn zessen in een onopvallende bus door de ruigere buurten van Queens naar Manhattan reden en op de hoek van Ninety-first Street en Broadway werden afgezet voor een woonhotel met de naam Greystone. Onze kleine kamer had een douche met warm water en schone lakens en leek daarmee onnodig luxueus. Toen mijn moeder en ik later door de gang liepen, stond een aantal oude mannen ons in hun deuropening aan te kijken met een mengeling van nieuwsgierigheid en ongerustheid.

De volgende morgen wikkelde mijn moeder een sjaal om mijn oren en nam me mee voor een wandeling in onze nieuwe stad. De Upper West Side van Manhattan had geen palmbomen en geen barokke fonteinen. Het was maart en

Upper Broadway lag onder een laag modderige sneeuw. Het was hetzelfde weer als op de novembermorgen dat we uit Moskou waren vertrokken. Tussen de inwisselbare appartementsgebouwen door zagen we rechthoekjes bewolkte lucht; voetgangers in rubberlaarzen, nylon jacks en parka's ploeterden langs. Ik gluurde verlegen over mijn sjaal heen naar de stad. Mijn moeder legde haar handen op mijn schouders. 'Zie je wel,' zei ze bemoedigend, 'Amerika is helemaal niet zo anders.'

Onze maatschappelijk werker van de New York Association for New Americans stond erop dat we een appartement in Brighton Beach zouden huren, de wijk aan de kust waar ruwweg een derde van de Russischsprekende bevolking van New York woonde, voor het merendeel Sovjet-Joden. Dus gingen mijn moeder en ik op een zonnige middag met de metro naar het eindpunt van de lijn, dwars door Brooklyn. Stomverbaasd liepen we onder de verhoogde rails. Veel van de uithangborden op Brighton Beach Avenue waren in het Russisch; op een wel heel erg eigenaardig bord stond 'Boeken/Stomerij'. Op bijna iedere straathoek was wel een groentewinkel met kratten vol rijp fruit in felle kleuren eromheen. Er waren gespecialiseerde winkels met *pelmeni,* gerookte steur met de huid er nog aan, boter uit Zweden en Polen, slingers worsten in de etalage. Er waren winkels die Russische boeken, platen en cassettes verkochten, naast matroesjkapoppetjes en militaire petten en mutsen uit de Sovjet-Unie. Er waren buffetrestaurants waar tussen de tafeltjes beladen met geroosterd lamsribstuk en flessen Smirnoff danseressen in paillettenpakjes hun benen in de lucht gooiden op muziek van livebands die popliedjes in het Russisch, Engels, Jiddisch en Frans speelden. Brighton Beach was eigenlijk niet het Westen. Het was een fantasie van het Westen die een correctie op alle belangrijke tekorten in

Sovjet-Rusland uitvoerde door middel van een schier onbeperkt aanbod aan popmuziek, vlees, tropisch fruit, drank en softporno.

Bijna iedereen op Brighton Beach Avenue sprak Russisch. Net als in Minsk en Odessa droegen de vrouwen mutsen van mohair en de mannen vilten petten met een smalle klep, maar dan gecombineerd met dingen die, vooral voor ons dan, het Westen symboliseerden: leren jacks, jeans, digitale polshorloges, pilotenzonnebrillen. Mijn moeder en ik zaten op een bankje op de promenade naar de flanerende stelletjes te kijken. Het was nog te koud om een glimp op te vangen van de stijl die geassocieerd zou worden met Brighton Beach: in de warmere maanden paradeerden vrouwen van middelbare leeftijd in strakke, diep uitgesneden topjes met tijgerprint, imitatie-Gucci-brillen met gouden logo bij de slapen, lakleren naaldhakken en gepermanent haar dat geverfd was in een alarmerende kleur oranje.

Maar we waren pas een paar weken eerder in New York aangekomen, wat wisten wij nou van Brooklyn? Andere Sovjetvluchtelingen die we in de wachtruimte van het hervestigingsbureau spraken, beschreven de buurt als ofwel een wonderland van economische mogelijkheden en Joodse cultuur, ofwel een vrijplaats voor onopgeleide mannen uit de Russische provincie die chauffeur werden op gehuurde limousines en fraudeerden met hun ziektekostenverzekering. En dan had je natuurlijk nog de legendarische Russische gangsters van Brighton, die er zo prat op gingen dat ze geen Joden waren. Uiteindelijk maakte het allemaal niet uit, mijn moeder had haar besluit al genomen. Toen we op een bankje over de Atlantische Oceaan uit zaten te turen, vroeg ik haar of we naar Brighton Beach gingen verhuizen. Ze keek me aan en antwoordde: 'We zijn niet naar Amerika gekomen om Russisch te spreken.'

Ze wilde dichter bij Manhattan wonen, en een week later deed ze een aanbetaling op een driekamerflat zonder lift in Long Island City, Queens, twee straten bij Ljoeba vandaan. Zoals het grootste deel van Queens was Long Island City een lageremiddenklassenwijk vol buitenlanders, die geen van allen echt blij leken er te wonen. De drie kamers in ons nieuwe huis waren met elkaar verbonden door een rijtje deuropeningen zonder deur, en zelfs wanneer de zon scheen, was het binnen schemerig.

Ljoeba nam wat potten en pannen mee en vertelde wanneer het grofvuildag was. Eén avond per week gingen Ljoeba, mijn moeder, Semyon en ik eropuit om langs de troep van de buren te struinen. Binnen een paar weken hadden we onze kamers gemeubileerd met een bank, een keukentafel, een matras met bedbodem en een zwart-wittelevisie. De meubels waren doorgezakt, er ontbraken knoppen en ze roken naar eten of schimmel, maar ze waren functioneel en gratis. De antenne was van de tv afgebroken en wanneer ik het toestel aanzette klonk er een gemene ruis. Met dank aan de wetenschap haalde ik een metalen kleerhanger uit elkaar en verbond het stompje van de antenne met een roestig winkelwagentje, dat we ook op grofvuildag hadden gevonden, en als ik wat met het wagentje om de tv heen reed, bibberde en danste het patroon op het scherm tot Channel 2 uiteindelijk beeld gaf.

Een paar avonden nadat ik het toestel aan de praat had gekregen, zaten we eromheen, ons bord met een schep appelmoes en een boterham met worst op schoot, en voelden we ons echte New Yorkers. Op Channel 2 draaide *Love at First Bite*, een film over een andere immigrant uit Oost-Europa: George Hamilton speelt een vampier die uit Transsylvanië naar Manhattan komt. Er is een scène waarin hij in een vleermuis verandert en een goedkope huurflat binnenvliegt die erg op de onze lijkt, waar een gezin uit Puerto

Rico hem achternazit met een koekenpan en een bezem, en 'Flying chicken' roept. Geen van ons snapte de grap, maar we lagen dubbel.

Op Public School 166, de basisschool aan Thirty-fifth Avenue waar ik een week later ingeschreven was, hadden de meeste andere kinderen een Griekse achternaam. Mijn Engels was karig en vereiste constante aandacht. Ik deed mijn best om belangrijke termen als 'lunch', 'aula' en 'toilet' mentaal paraat te hebben en oefende meerdere keren geluidloos voordat ik ze echt uitsprak. Een tijdlang dacht ik dat ik het Engels misschien wel nooit onder de knie zou krijgen, en er waren dagen waarop ik me zelfs afvroeg of ik dat wel wilde en van Brighton Beach droomde, met zijn kwasstalletjes en Russische opschriften. Ik had er vrede mee dat ik in het Russisch dagdroomde, tot ik op een dag de blauw-rode omslag van het boek van *The Empire Strikes Back*, de eerste film die ik in een Amerikaanse bioscoop had gezien, in een draairek in de schoolbibliotheek zag staan. Dankzij die paperback met ezelsoren brandde ik van verlangen om Engels te lezen, en het hele voorjaar bleef hij naast mijn bed liggen.

Onze nieuwe taal, munt en transportmiddelen waren voor Semyon en Raisa een bron van beurtelings verbijstering en ontmoediging. Ook met de nationale feestdagen worstelden ze. Independence Day zat hen het meest dwars; Semyon ging het 'Indoor Day' noemen. Mijn grootouders vierden Onafhankelijkheidsdag door de rolgordijnen dicht te doen. Zodra het donker was, stroomden al onze buren op het rechthoekje gras onder onze ramen samen om vuurwerk af te steken. Vuurwerk was verboden in New York, maar toch leek iedereen er een voorraadje van te hebben. Eerst kwamen de gezinnen, de volwassenen met blikjes bier in bruine papieren zakken, om sterretjes en Romeinse kaarsen aan te steken die met een geruststellend 'woesj' de lucht in gingen. Na de volwassenen met kleine kinderen kwamen de tieners tot diep in de nacht hun artillerie afsteken. De *cherry bombs* en *M-80's* knalden zo hard dat ik de ontploffingen tot diep in mij voelde. Semyon en Raisa kropen tegen elkaar aan op de bank, met onze winkelwagen-tv op maximaal volume. Raisa zei dat de knallen haar aan Duits granaatvuur deden denken.

Na krap een jaar kwam mijn moeder erachter dat de huur voor onze flat te hoog was, dus verhuisden we met z'n vieren naar een tweekamerflat op de begane grond, een paar blokken verderop in Ravenswood Houses, sociale woningen voor de onderkant van de middenklasse en de armen. Semyon en Raisa sliepen op een slaapbank in de woonkamer en mijn moeder en ik deelden de slaapkamer. Het linoleum was er een tint donkerder dan in ons appartement in Moskou.

In het gebouw was maar één ander Russischsprekend gezin en ik was erg onzeker over mijn Engels, maar mijn moeder stond erop dat ik vriendjes zou maken onder de buurkinderen. Op de speelplaats mocht ik meedoen met Jason en Junior, twee broertjes die vijfhoog woonden en zichzelf graag J&J noemden. Ze waren ongeveer van mijn leeftijd, bezaten meerdere honkbalknuppels en -handschoenen en legden me de uitgebreide, ingewikkelde regels van het spel uit. We wierpen en sloegen gewoon op het beton van de speelplaats, en toen Jason de bal eens door een raam op de eerste verdieping gooide, renden we naar binnen en verstopten ons in het trappenhuis, waar we zaten te lachen tot we er buikpijn van kregen.

Een paar weken later fietste ik over de speelplaats op een geel-paarse Ross met drie versnellingen, bananenzadel en hoog stuur die ik op grofvuildag van de gemeentereiniging had gered, toen Jason en Junior naar me toe kwamen fietsen op hun Schwinns. Ze waren met een groep oudere jongens die ik niet eerder had gezien. Net als J&J waren deze jongens mager, zwart en droegen ze T-shirts. Ze fietsten een poosje achter me aan en toen stopte ik om schrijlings over mijn fiets staand te zwaaien. 'Hoe 's-t-ie?' brulde ik, trots op mijn pas opgepikte neologisme, gevolgd door een glimlach om benaderbaarheid uit te stralen. Een van de oudere jongens cirkelde om me heen en reed toen hard op de zijkant van mijn fiets in. Ik viel om en schaafde mijn elleboog. De jongens lachten en reden rondjes, als een stel cowboys die het recht in eigen hand nemen. Voordat ze weer wegfietsten riep een van hen: 'Communist!'

Daar was ik vaker voor uitgescholden op school. De pikorde op de basisschool zag geen enkele persoonlijke tekortkoming door de vingers: wie te dik, puisterig, vaderloos, buitenlander of zichtbaar arm was, kreeg geen kans om dat te vergeten. Het vonnis werd meestal door een beugel uitgesproken en ging gepaard met gejoel en gelach. In mijn geval werd 'communist' soms nog gevolgd door het opvallend retro klinkende 'Beter dood dan rood' of, vaker, 'Ga terug naar je eigen land!'

Ik wist dat het verkeerd was om communist te zijn. Het kleefde aan me, het hing om me heen als een gênant luchtje. Over de cultuur van mijn vroegere vaderland hing de schaduw van een paddenstoelwolk. Ronald Reagan had het in een toespraak voor een bijeenkomst van evangelische christenen in Orlando over 'het rijk van het kwaad'. Volgens het tv-journaal had de USSR genoeg intercontinentale raketten om de Verenigde Staten elf, vijftien of tweeëntwintig keer te vernietigen. Erger nog, in film na film genoten Amerikanen ervan om emotieloze kolossen van Sovjetschurken te verslaan. Nadat Russische para's in de film *Red Dawn* Colorado waren binnengevallen en de vader van Patrick Swayze hadden vermoord, werd er achter me geroepen: 'Ga terug naar huis, communistische klootzak!', zo hard dat iedereen in de kantine het kon horen en ik het in mijn nek voelde prikken van angst.

Dat ik een 'rooie' was en een buitenlands accent had, waren niet de enige obstakels voor mijn integratie. Op school ging ik vooral met jongens om, en ik moet een keer een wel heel knappe jongen die George Kaklamanis heette bij het afscheid nemen iets te innig hebben vastgepakt. Achteraf kwam Denise DiNunzio – een leuk uitziend meisje met staartjes dat krullerige paarse hartjes op alle drie de i's in haar naam zette – namelijk naar me toe en vroeg, allesbehalve zachtjes: 'Ben jij homo?' 'Nee, natuurlijk niet!' riep ik, geschrokken van de vraag. 'Hoe weet je dat?' riep ze pesterig terug. 'Ben je naar een dokter geweest?' Ik stond te trillen van schrik en van het diep weggestopte besef dat Denise gelijk had. Ik wist niet precies wat het inhield om homo te zijn, maar wel dat het sociaal onwenselijk was en mogelijk catastrofaal. Ik wist nu dat mijn naam en verleden – en alle gevoelens die ik bij George' verwaaide pony en Glassex-blauwe ogen kreeg – problemen waren die om een rigoureuze oplossing vroegen.

En zo werd het mijn missie om permanent en onbetwistbaar Amerikaans te worden, dat wil zeggen: normaal. Van mijn naam kon ik vrij snel afkomen, net als de andere jongens uit de Socialistische Sovjetrepublieken. Veel Vladimirs, Ilja's en zeker Vadiks (een naam die Amerikaanse kinderen heel gemeen als Va-DICK uitspraken: Va-pik) werden Steve, Jason of Bruce. We keken onze ouders vuil aan wanneer ze Russisch tegen ons spraken met klasgenoten erbij, in de supermarkt of in de wasserette. Onderling spraken we Engels, weliswaar met een accent, maar zo luid dat het was alsof we de autochtone omstanders van onze liefde voor Amerika wilden overtuigen. We wilden niks meer weten van het Russisch, van het verleden, van het zuchtende gemopper van onze grootouders in hun mohair vesten en baretten en waterdichte moonboots die de hele dag op de bankjes van het huisvestingsbureau zaten te klagen dat de goedkope aardbeien die ze bij de A&P in Rego Park in overvloed hadden, niet zo zoet waren als vroeger op de markt in Gorki.

Net als de nieuwe Jasons en Steves oefende ik mijn Engels voor de spiegel, met mijn lippen en tong in de voorgeschreven vorm en embouchure, een lagere stem opzettend om mannelijker te klinken. Iemand had me verteld dat je, om een taal perfect te beheersen, in die taal moest denken en dromen, en bijna iedere avond in bed, voordat mijn bewustzijn in het schemergebied van de slaap wegzonk, oefende ik in gedachten Engelse monologen in de hoop dat die zouden doorsijpelen in mijn dromen. Toen dat niet werkte, zocht ik mijn heil in klakkeloze imitatie. Ik zei drie jaar lang parmantig 'dist a minute' voor ik me afvroeg wat 'dist' eigenlijk betekende.

Nadat ik me met behulp van een woordenboek door de *The Empire Strikes Back*-pocket had geworsteld, lag ik urenlang roerloos op de grond voor de televisie honkbaluitzendingen te bestuderen, met hun merkwaardig statische gedeelten en schier onbegrijpelijke spelregels. Ik verbaasde me over de geniale improvisaties van de dwergen en reuzen die op Channel 9 worstelden, met hun gezicht dik onder de korsten van echt bloed. Ik huiverde wanneer Alexis in *Dynasty* een kristallen wijnglas naar Krystle smeet. Ik zoog alles wat Amerikaans was op als een spons, en werd er niet minder dorstig door.

Op een avond toen ik twaalf was, kwam er een grijzende Joodse vijftiger in een leren bomberjack op bezoek. Gordon had mijn moeder leren kennen via een contactadvertentie achter in *New York Magazine* en kwam haar ophalen voor een afspraakje. Hij vertelde dat hij een groothandel in platen en cassettes had en voordat ze vertrokken gaf hij me een stapel cassettes van Waylon Jennings, George Jones en Johnny Paycheck. Het was de meest Amerikaanse muziek die ik ooit had gehoord, gezongen door echte mannen, en nog maandenlang luisterde ik bijna niets anders dan honkytonk en outlawcountry.

Buitenshuis wees ik alles en iedereen af die Russisch was. Wanneer Semyon foeterde op mijn bestedingspatroon bij de plaatselijke supermarkt – 'Leg die doos Jeno's-pizzahapjes terug,' voer hij uit op de diepvriesafdeling, 'we zijn geen miljonairs!' – deed ik net alsof ik hem niet hoorde, liep subtiel bij hem vandaan en liet zijn winkelwagentje zoveel manoeuvreerruimte dat iedereen bij de Met Food zou denken dat we niet bij elkaar hoorden. Het deel van mijn verleden waar ik de meeste moeite mee had, was mijn vader, en uiteindelijk zei ik tegen iedereen op school dat hij dood was, in de hoop dat ik door hem symbolisch te doden ook mijn behoefte aan hem en mijn schaamte over zijn vrijwillige afwezigheid in ons leven kon uitwissen. In mijn verhalen maakte ik van hem een kankerslachtoffer en later een hoge legerofficier die heldhaftig was gesneuveld in de oorlog in Afghanistan. Door hem te doden kon ik beter verkroppen dat hij tijdens ons tweede jaar in New York niet meer schreef en vervolgens ook niet meer belde. Ik hoefde er niet meer aan te denken, elke keer dat ik keek hoe laat het was, om er zeven uur bij op te tellen voor het tijdsverschil tussen New York en Moskou, en ik hoefde niet meer te schrikken wanneer de telefoon 's ochtends ging.

Ik wist nog niet dat trauma's door ze te verdringen juist in stand worden gehouden. Ik zag nog niet in dat de nachtmerries die ik meerdere keren per week had iets te maken konden hebben met mijn radicale transformatie in een natuurgetrouwe, hoewel ietwat bloedeloze kopie van een Amerikaan. En ik probeerde de prettige dromen te negeren, waarin mijn vader stond te kijken hoe ik in het donkere water van de vijver in Stepanovskoje leerde zwemmen en riep dat ik harder moest trappen.

Nadat ik van Public School 166 afkwam, besloot mijn moeder om me niet langer naar het openbaar onderwijs te laten gaan – ze had verhalen gehoord over jeugdbendes, tienerzwangerschappen en marihuanagebruik – maar in feite kon ze het geld voor een privéschool niet opbrengen. Als maatschappelijk werker in een psychiatrische inrichting voor Sovjetvluchtelingen op Coney Island verdiende ze 12.400 dollar per jaar, en extra uitgaven naast boodschappen, huur, gas, water en licht, reiskosten en af en toe een stiekeme aankoop van flink afgeprijsde dameskleding zaten er niet in. Van een vriendin hoorde ze over een kleine jesjieve voor kinderen van enigszins gelovige rijken, die verbonden was aan een statige synagoge in neo-Moorse stijl in Uptown Manhattan. Sovjetvluchtelingen waren een populair goed doel voor de Joodse gemeenschap en de school was op zoek naar zo iemand, die dan een volledige beurs zou krijgen als hij zich inschreef. Mijn moeder noch ik was erg enthousiast over het religieuze gedeelte van de regeling, maar ik wist dat naar school gaan in Manhattan een kans was om mijn amerikanisering te versnellen en me te onderscheiden van de andere immigrantenkinderen rondom ons in Long Island City. Het was tenslotte niet voor niets dat Russischsprekenden Queens ook wel *Svinsk*, Zwijnstad, noemden.

Voor maar honderd dollar lesgeld per semester mocht ik naar de middelbare school en werd ik excuus-Rus op de Park East Day School. Ik deed mee aan Talmoedlessen in het Aramees tussen goed geknipte tieners met dure beugels en Lacoste-polo's in alle kleuren van de regenboog, die na school werden opgepikt in Lincoln Town Cars met elektrisch bediende raampjes en chauffeur. Mijn schuld voor de generositeit van de school moest ik vereffenen op wekelijkse bijeenkomsten waarvoor de directeur, dr. Smilowitz, me vroeg om 'enkele woorden' te zeggen over mijn ervaringen als onderdrukte Jood achter het IJzeren Gordijn. Ik stond achter een lessenaar tegenover mijn klasgenoten en vertelde, nog steeds met een accent in mijn Engels, dat iedereen in Moskou ons haatte, dat onze Joodse nationaliteit in ons paspoort werd gezet, dat mijn moeder de beste leerlinge van haar school was geweest maar niet werd toegelaten tot de kunstacademie, omdat ik van mijn moeder had gehoord dat ik dat moest zeggen, maar waar ik ondertussen aan dacht, was dat mijn grootmoeder in Moskou een kleurentelevisie had en een grote auto en theekopjes met de koningin van Engeland op de bodem, en dat ik persoonlijk nooit Jodenhaters was tegengekomen, en dat het verdomme stukken beter was dan in een sociale wijk te wonen waar je klappen kreeg omdat je buitenlander was. In Moskou wist iedereen tenminste dat we geen communisten waren.

Op vrijdag was iedereen netjes gekleed voor de sabbat: de meisjes in een jurk met lange mouwen en de jongens met een dasje en keurig in het pak, dat doorgaans van Brooks Brothers kwam. Mijn moeder nam me na mijn inschrijving op de Park East Day School dan ook mee winkelen bij de discounter aan Steinway Street waar ze mijn net echte Wrangler-tuinbroeken vandaan haalde. Zoals gewoonlijk stapte ze op het aantrekkelijke tienermeisje achter de toonbank af en vroeg waar de afdeling voor stevig gebouwde jongens was. Het meisje keek naar me en giechelde. Mijn moeder kocht een wijd wit overhemd en een marineblauwe polyester broek voor me, die bij het lopen een ruisend geluid maakte. De volgende vrijdag kwam dr. Smilowitz op me af in de kantine en werd het stil. Met een misprijzende blik op mijn ensemble zei hij dat ik, als ik geen gepaste kleding kon aantrekken voor de sabbat, niet meer naar school hoefde te komen. Toen stuurde hij me naar huis. Ik zat in de metro terug naar Long Island City, dolblij dat ik vroeg weg mocht, en keek al uit naar de wedstrijd van de Mets op Channel 9 die middag.

Mijn favoriete leraar, rabbi Steinig, werd een tijdlang ook mijn beste vriend. Hij gaf me 's avonds bijles Hebreeuws en nam een cassette met The Mamas and the Papas voor me op. Hij zei vaak dat ik, als ik een betekenisvol leven wilde leiden, moest leren leven als een Jood. Aanvankelijk verzette ik me daartegen, immers opgevoed in een land dat er trots op was atheïstisch te zijn, maar zijn geduldige, liefdevolle woorden ondermijnden mijn overtuiging. Stukje bij beetje begon ik te geloven dat hij gelijk had: de Joodse gemeenschap had ons geholpen naar Amerika te komen, en wie was ik om te zeggen dat er geen lijst met *mitswot* en zonden werd bijgehouden die je na je dood gepresenteerd kreeg, als de rekening in een restaurant? Thuis, onder het ontbijt in het weekend vlak voor Pesach, zei ik tegen mijn moeder dat we rechtschapen gingen leven, volgens de Joodse wet: zeven dagen lang zouden we geen gerezen brood eten en het uit ons huis bannen. Om te laten zien dat ik het meende, haalde ik een grote vierkante matse uit een doos die ik op school had gekregen en smeerde er boter op. Mijn moeder knikte afwezig en bladerde verder door een *Cosmopolitan*.

De avond voor Pesach zette ik een keppeltje op en trok een gebedskleed met kwastjes over mijn T-shirt van Waylon Jennings. Ik verzamelde het Wonder Bread, de cornflakes van mijn moeder en mijn Franken Berry-ontbijt en gooide ze in de vuilnisbak. Ik sprak het voorgeschreven Hebreeuwse gebed uit. Toen liep ik de keuken rond met een brandende kaars, opende de keukenkastjes en veegde met de lange ganzenveer die rabbi Steinig me gegeven had alle kruimels van het gerezen brood eruit. Mijn moeder kwam terug van haar werk en viel binnen toen ik de keuken ritueel aan het reinigen was. 'We gaan goede Joden worden,' zei ik bij wijze van begroeting. Het flakkerende kaarslicht viel op haar gezicht. Ze keek ontzet. 'Mooi niet,' antwoordde ze uiteindelijk en ze zette de boodschappen neer. 'Je doet nu die kaars uit voordat je het hele gebouw in brand steekt en je gooit geen eten meer weg.'

Aan de overkant van de school in East Sixty-seventh Street stond de grijze blokkendoos van de Sovjetambassade bij de VN. Tijdens de lessen zat ik er vaak naar te staren. Er was niets bijzonders aan, behalve de man die met een verrekijker en walkietalkie over het dak heen en weer liep. Hij zag er eenzaam en verveeld uit en ik had medelijden met hem. Eén keer per week kregen we van de leerkrachten knutselpapier om boodschappen op te schrijven aan de Sovjetregering. Sommigen tekenden de blauw-witte vlag van Israël, anderen schreven: 'Laat ons volk vrij', en dan plakten de leerkrachten de boodschappen zo tegen de ramen dat de eenzame man op het dak ze kon zien.

Als ik nog meer motivatie nodig had voor mijn derussificatieproject, dan kreeg ik die wel van de vrienden van mijn moeder uit de Sovjet-Unie die op bezoek kwamen. Die volwassenen leken een eigenaardige buitenpost te bezetten tussen een cultuur die ze begonnen te vergeten en een andere waarin ze hun weg niet konden en soms niet wilden vinden. In mijn minder aardige buien had ik medelijden met hen en was ik, denk ik, ook een beetje bang voor ze, omdat zij mij ook van alles verweten, vooral wanneer ik het waagde een mening of herinnering over het oude land met hen te delen. 'Wat weet jij daar nou van? Je was nog maar een kind,' zeiden ze dan, met dat typisch Russische etaleren van hun deskundigheid op elk gebied en talent om met één stelligheid het gesprek af te kappen.

Die volwassenen overtuigden me er alleen maar meer van dat mijn verleden hier geen enkel nut had: in de Verenigde Staten werd er geen waarde gehecht aan sterven voor je land. Het hele idee klonk morbide. Uit de culturele uitingen van rond mijn lagereschooltijd begreep ik dat het er in Amerika om ging om persoonlijke beperkingen op creatieve wijze te overwinnen. Net als voor Luke Skywalker en Waylon Jennings waren mijn mogelijkheden slechts begrensd door mijn verbeelding. En ik wist dat ik om Amerikaanser te worden ook minder moest worden wat ik zo overduidelijk was: verdacht buitenlands, onatletisch, arm, slecht gekleed, iemand die met een accent praatte, laf, besmet door het communisme en niet in meisjes geïnteresseerd. Ik wilde niets liever dan dat de vloedgolf van mijn transformatie het wrakhout van de geschiedenis weg zou spoelen.

Op een middag in november liep ik na schooltijd naar huis toen een van de drie jongens die op de hoek van Crescent Street rondhingen me vroeg hoe laat het was. Ik keek wat afwezig op de Swatch die mijn moeder bij Gimbels voor me had gekocht. 'Vijf over halfvier,' zei ik. Op dat moment bedacht ik dat we vlak onder de klok van de Long Island City Savings and Loan stonden en dat de jongens wilden zien of ik een horloge droeg. Dat was niets bijzonders in Ravenswood, en ik wist dat de geijkte reactie was om mijn schouders op te halen of op de stoep te spugen, door te lopen en absoluut niet om te kijken.

Ze volgden me. Ik herkende een van hen, hij woonde in het volgende gebouw. Mijn hart bonsde in mijn oren, maar ik was bijna ter hoogte van de deur van mijn gebouw, waarvoor je een sleutel moest hebben om hem open te maken. Ik wist dat ik ze daar te slim af kon zijn. Ik haalde stiekem de sleutel uit mijn zak, stapte de stoep af en Twenty-fourth

Street op en zette het op een lopen. Ik hoorde ze achter me aan rennen. Toen ik bijna bij de deur was, zag ik dat er tape over het slot zat en een bordje boven hing waar met een stift DEFECT op was geschreven. Ik rende het portiek in en leunde hijgend tegen de muur; ik wist dat ik de klos was.

De jongens waren ongeveer even oud als ik. Ze omsingelden me en hadden scalpels – roestige mesjes, in blauw plastic gevat – die ze uit de afvalcontainers aan Thirty-fourth Avenue moesten hebben gevist. Eentje stond op de uitkijk in het portiek terwijl de andere twee me de gang in duwden, uit het zicht en tegen de deur van flat 1D aan. 'Haal je zakken leeg,' eiste de langste van de twee verbazingwekkend professioneel. Ik wist ineens dat hij Wayne heette.

Ik trok mijn zakken binnenstebuiten en deed mijn handen open; in de ene lagen twee centen, al het geld dat ik had. Wayne, wiens ogen door zijn dikke brillenglazen gekrompen leken tot ziedende rozijnen, gaf me zo'n harde klap tegen mijn hoofd dat mijn linkeroor ervan suisde. 'Je horloge,' zei hij. Ik kromde mijn rug om met mijn rugzak niet op de deurbel te drukken, want ik stond tegen de deur van mijn grootouders. Ik kon vaag de tv horen en wist dat Semyon en Raisa op de slaapbank zaten te kijken. Ik was bang dat Wayne, als een van hen de deur opendeed, het lef zou blijken te hebben ook hen te overvallen. Met een schok dacht ik aan de opgezette prachtvink op het dressoir – een cadeau van Semyons zoölogiestudenten – en de sigarendoos ernaast met zijn medailles, de medicijnen voor zijn hart, Raisa's parkinsonpillen en hun spaarbankboekje met twintig of vijfentwintig dollar erin.

In mijn binnenzak zat een knipmes met een neppaarlemoeren handvat, ooit gekocht in een headshop aan Fourteenth Street. Ik bedacht dat ik in de tijd die het duurde om het tevoorschijn te halen en open te klappen hoogstwaarschijnlijk een steekwond zou oplopen. Had mijn moeder me nou maar die stiletto laten kopen op die straatmarkt in Mexico, op ons eerste en enige uitje buiten New York, een halve dag in Tijuana vorige zomer met een studievriendin van haar die in Los Angeles woonde. Voor het eerst had ik ook gewild dat ik een geweer had. Wayne pulkte de Swatch van mijn pols en gaf me nog een klap op mijn hoofd. Het galmde alsof het van koper was. 'De groeten, flikker,' zei hij, en toen schoot hij het portiek in en rende met de anderen naar buiten.

Nadat ik in het portiek gekeken had of ze wel echt weg waren, belde ik aan bij Semyon en Raisa en vertelde hun wat er was gebeurd. Ik had verwacht dat ze overstuur of op zijn minst ongerust zouden zijn, maar in plaats daarvan stonden ze te glimlachen. 'Je bent nog heel,' zei Raisa terwijl ze door mijn haar woelde. 'Alles is goed.' Ik was dankbaar voor hun gelijkmoedigheid, maar voelde me niet lekker. Toen ik eenmaal op de bank zat, kwam er een lange diepe kreun uit mijn keel. Semyon ging naast me zitten, gaf me een schouderklopje en zei: 'Niet huilen, er kan nu niets meer gebeuren.'

Ik ging naar boven en belde de politie. Mijn moeder was op haar werk en ik bleef in de keuken wachten met mijn jas aan. Twintig minuten later belde een agent van de huisvestingspolitie aan, ging op de bank zitten en maakte aantekeningen in een langwerpig zwart notitieboekje. Hij had rood haar met inhammen en een dikke pens, op het zilveren naamplaatje op zijn uniform stond 'O'Malley'. 'We kunnen wel in de auto gaan rondrijden, zodat jij ze kunt aanwijzen,' zei hij toen ik uitgepraat was. 'Maar dat wordt dan hoogstens een paar uurtjes praten met een maatschappelijk werker en daarna gaan die zwartjes gewoon weer vrijuit en nemen ze je te grazen.'

Ik keek weg. Door dat woord 'zwartjes' begreep ik dat de

agent machteloos en corrupt was, en ik voelde me eenzaam en bang. Hij schonk me een veelbetekenende blik en zei: 'Ik raad je aan geen aangifte te doen.'

Een paar dagen later zag ik Wayne en zijn twee vrienden op hun fiets op de stoep. Het was zaterdag en ik wilde ook naar buiten, maar ik was bang, en de schaamte die me overviel, was nog erger dan de angst. Op dat moment was er niets waar ik zo naar verlangde als naar de stem van mijn vader. Ik was ervan overtuigd dat hij zou hebben geweten wat ik moest doen, maar ik had hem al bijna een jaar niet gesproken. Toen mijn moeder thuiskwam, vertelde ik haar wat er was gebeurd en vroeg of ze een pistool voor me wilde kopen.

Hierna verzon ik een speciale manier om naar huis te komen: op school wachtte ik tot het donker werd en hield daarna, beschut door het duister, mijn gebouw in de gaten vanachter de gesnoeide struiken rond de residentiële torens van Queensview, de betere wijk die de overkant van de straat begon, waar bewakers in driewielige golfkarretjes over de paden sukkelden. Pas wanneer ik zeker wist dat Wayne en zijn vrienden nergens te zien waren, stak ik snel de straat over en legde de laatste vijftien meter naar de deur af.

In die periode had mijn moeder een relatie met een zachtaardige Israëlische scheikundige die Tzvi heette en haar meenam op vakantie naar België. Ze namen cadeautjes mee terug uit Europa: een ingelijste ets van een stadsgracht en, onverwacht, een negentiende-eeuws dubbelloopspistool. 'Je vraagt je moeder steeds om een pistool,' zei Tzvi met een ironische knipoog, 'dus heb ik er één voor je gekocht.' Even staarde ik ernaar terwijl het kippenvel over mijn lijf trok, maar toen zag ik dat de lopen met lood waren gevuld. Het was een onklaar gemaakte antiquiteit: twee trekkers met kopergroen patina, twee hanen, twee kruitkamers en een kolf van wortelnotenhout. In de badkamer richtte ik op mezelf in de spiegel, met mijn linkerhand over beide hanen in een zwierig Clint Eastwood-gebaar. Van voren gezien leek het net een afgezaagde dubbelloop.

Ik nam het pistool elke dag mee naar school. Ik wist dat de lerares als ze het ding zag de politie moest bellen, dus liep ik er de hele dag mee in mijn rugzak. Wanneer ik in Long Island City uit de metro kwam, wachtte ik tot het perron leeg was, stopte het in de zak van mijn wijde winterjas en liep naar huis met mijn hand om de kolf. Ik had er nooit goed over nagedacht wat er zou gebeuren als ik het tevoorschijn zou halen en op iemand zou richten, maar ik fantaseerde er wel voortdurend over en oefende in de badkamerspiegel met het pistool trekken alsof ik een sheriff uit het Wilde Westen was. Ik nam het bijna overal mee naartoe, omdat ik had gemerkt dat ik er minder bang door werd. Het metaal en het hout lagen warm in mijn hand.

Op een avond na schooltijd stond ik op mijn gebruikelijke uitkijkpost achter de struiken van Queensview de trottoirs van Twenty-fourth Street af te speuren. Ineens voelde ik mijn gezicht ijskoud worden. Bij het licht van het peertje boven de ingang van ons gebouw zag ik Raisa in haar eentje staan, haar handtasje met beide handen omklemmend. Net als altijd trilde ze een beetje. Semyon, die haar een paar keer per dag mee uit wandelen nam, was vast even terug naar binnen. Een paar meter verderop stonden Wayne en een andere jongen ineengedoken achter een geparkeerd busje haar in de gaten te houden. Heel langzaam kwamen ze dichterbij. Ze zag hen niet. Ik wist dat ze zo een uitval naar haar tasje zouden doen.

Toen gebeurde alles bliksemsnel. Ik smeet mijn rugzak op de grond en stormde vanachter de bosjes vandaan. Ik sprintte op hen af, de afstand in een mum van tijd overbruggend, met mijn hand stevig om het pistool in mijn jaszak. Ik moet iets geschreeuwd hebben, want Wayne draaide zich om. Ik kan alleen maar raden wat voor uitdrukking ik op mijn gezicht had, maar tot mijn verbijstering stootte hij de andere jongen aan en zetten ze het op een lopen om achter een rij geparkeerde auto's te verdwijnen. Precies op dat moment kwam Semyon naar buiten. Ik rende naar hem toe en sloeg hijgend dubbel, teleurgesteld dat ik het pistool niet had kunnen trekken. Semyon keek me verbaasd aan en vroeg: 'Wat heb jij ineens?'

Ik was vijftien toen mijn moeder me meenam naar een lezing in de aula van een middelbare school in Midtown Manhattan om Joseph Brodsky te horen spreken, de grote dichter uit haar jeugd, die net als wij inmiddels in New York woonde. Mijn moeder vertelde nog eens dat zijn poezie het voorwendsel van mijn vader was geweest om met haar af te spreken. Brodsky, een vroeggrijze man met een vormeloze trui waar de punten van zijn overhemd onder uitstaken, stond achter een lessenaar en las gehaaste verzen in hees Russisch voor, zichzelf alleen onderbrekend om de titels van zijn gedichten aan te kondigen. Toen iemand uit het publiek hem na de lezing naar de beroemdste dichters van de Sovjet-Unie – Jevtoesjenko en Voznesenski – vroeg, antwoordde Brodsky: 'Dat zijn tweederangsdichters en tweederangsmensen.' Mijn moeder leek wel betoverd. Na de lezing stond ze in de rij om Brodsky te spreken en toen bijna iedereen al weg was, bleven de twee nog wat rondhangen bij de lessenaar. Een paar dagen later belde hij om haar uit te nodigen voor een etentje.

Jarenlang zagen ze elkaar af en toe. Wanneer mijn moeder de metro naar Manhattan nam om Brodsky in zijn flat met tuin te bezoeken, bleef ze vaak slapen, en droeg ze de kleren die ze in de boetieks in de Upper East Side had gekocht, vaak op afbetaling: een klaproosrode zomerjurk van crêpe, een blauwgrijze trenchcoat met een gleufhoed. Brodsky had op zijn bureau een ingelijste foto van Billie Holiday en een van zijn kat staan. Hij vroeg mijn moeder om een toneelstuk van hem voor te lezen en sprak met haar over zijn mentrix Anna Achmatova. Het mooiste was nog dat hij haar voorstelde aan zijn vriend Tomas Venclova, de Litouwse dissidente dichter die ooit bij haar leesclub op de middelbare school in Vilnius was uitgenodigd en inmiddels een huisje voor Yale-professoren in New Haven bewoonde. Brodsky kon afstandelijk en uit de hoogte doen, en mijn moeder was zich bewust van zijn reputatie als rokkenjager, maar het leek haar allemaal niet te deren. Wanneer ze thuiskwam, hing ze haar jas over een stoel, sloot de slaapkamerdeur achter zich en schreef alles waarover ze het hadden gehad in een schriftje op.

Toen mijn moeder op een avond thuis zou komen van Brodsky belde ze om Semyon en mij te vragen haar op te halen op metrostation Broadway, zodat ze niet alleen in het donker naar huis hoefde te lopen. We liepen met zijn drieën naast elkaar toen ze vertelde dat ze met Brodsky, zijn vriend Michail Baryshnikov en diens vriendin, die balletdanseres was, naar een Japans restaurant was geweest en dat er de hele avond mensen naar Baryshnikov toe waren gekomen voor een handtekening. Ik vroeg mijn moeder of het niet raar was om in het openbaar te eten met een beroemde dichter en een Hollywoodacteur. 'Nee,' zei ze zonder lang nadenken. 'Het was helemaal niet raar.'

Thuis luisterde ze graag naar een kromgetrokken grammofoonplaatje waarop Achmatova haar gedichten voordroeg: een vermoeide, melancholische stem die nauwelijks hoorbaar was onder het geweld van alle tikken en krassen. Ze bewaarde het plaatje in een kartonnen doos bij een stuk of wat cassettes van de Beatles, de *Greatest Hits* van Ray

Charles en een oude elpee van Boelat Okoedzjava, verschenen bij het officiële Sovjetlabel Melodija, met trieste liedjes over trolleybussen en de Grote Vaderlandse Oorlog, die ze altijd speelde wanneer ze iemand uit de voormalige Sovjet-Unie op bezoek had.

Toen ze op een avond het plaatje van Achmatova draaide, knapte er iets in mij, als een versleten ventilatorriem. Ik kon het krasserige ding geen seconde meer aanhoren, met zijn verstikkende nostalgie en peilloze treurnis, naar mijn idee de primaire emoties van mijn voormalige vaderland. 'Hoe kun je hiernaar luisteren?' schreeuwde ik naar mijn moeder. 'Wat een deprimerende klerezooi!'

Ze was aan het koken en stopte met snijden, keek op en zei: 'Jij snapt er niks van. Het zou je goed doen om Russisch te lezen. Je kent de taal, waarom doe je er niet iets mee?'

'Omdat-ie waardeloos is,' kaatste ik terug, en ineens genoot ik ervan om haar te treiteren. 'Heb je me naar Amerika meegenomen om naar die ouwe Russische platen te luisteren en de hele tijd in de put te zitten?' Ik probeerde de plaat eraf te halen, maar ze kwam de keuken uit en duwde me opzij. Onze kat, een cyperse uit het asiel, schoot onder de bank.

Inmiddels was mijn moeder ook gaan schreeuwen. Ik had haar nog nooit zo kwaad gezien, ik werd er opgewonden van. 'Waarom haat je wat je bent?' riep ze. 'Ik haat jóú!' riep ik terug, en ik geloofde het zelf ook zodra ik eraan dacht dat ze me alleen thuisliet om bij Brodsky te blijven slapen. Ze pakte een leren laars, een van haar favoriete crèmekleurige kniehoge haklaarzen, en kwam op me af. Ze haalde uit en miste, maar met haar tweede uithaal raakte ze me op mijn rug. De hak kletterde op de vloer. Mijn moeder keek er ongelovig naar. 'Je hebt hem kapotgemaakt,' jammerde ze. Ik liet me lachend op de grond vallen. 'Ik wou dat je nooit geboren was,' zei ze zacht en ze ging op de bank zitten huilen met haar gezicht in haar handen. De volgende ochtend bood ze haar verontschuldigingen aan en zei dat ze het niet gemeend had, maar ik bleef nog anderhalve dag op mijn kamer zitten mokken.

Het volgende schooljaar begon ik op Stuyvesant, een middelbare school in de East Village in Manhattan die extra nadruk legde op wis- en natuurkunde. Er was een toelatingstoets voor die openstond voor kinderen uit de hele stad en toegelaten worden was een triomf: Stuyvesant was weliswaar drie kwartier met de metro, maar gratis.

Meer dan een derde van de leerlingen was immigrant en reisde net als ik heen en weer vanuit Queens of Staten Island. De autochtone leerlingen waren vooral schaaktalenten of sciencefictionliefhebbers en kinderen van sociologieprofessoren, documentairemakers, hoofdredacteuren van linkse politieke tijdschriften en andere leden van de middenklasse die aan de Upper West Side woonden. Stuyvesant bevatte ook een kleine maar opvallende populatie goedgeklede, tot in de puntjes verzorgde blanke tieners, die veelal in de Upper East Side of Midtown Manhattan woonden en lunchten bij Stavy's, een eettentje op de hoek van First Avenue en Fifteenth Street. Ze heetten Tinsley, Blair, Preston of Cole en hadden de verdwaasde, vanzelfsprekende manier van doen van kinderen met rijke ouders. Ze liepen rond met skateboards en droegen echte Ray-Bans, gingen met hun ouders naar pro-Tibetprotesten in Battery Park en brachten de zomer door in Amagansett en Sag Harbor. Het was ons allemaal duidelijk dat ze het met elkaar deden. Ze hoorden bij een onbereikbare kaste en om onze inferioriteit en jaloezie niet te laten merken, meden mijn vrienden en ik hen zo veel mogelijk.

Voor zover mijn moeder zich al afvroeg waarom ik nauwelijks met meisjes omging en nooit een afspraakje had, zei ze er maar één keer iets over. Op een weekend beschouwde ze de verwoeste gewesten in mijn slaapkamer. Het linoleum was bedolven onder een morene van pockets, honkbalplaatjes, opengeslagen *National Geographics* en vuile kleren. 'Ik heb me weleens afgevraagd of je op jongens viel,' begon ze, omlijst door de deuropening, en mijn adem stokte. 'Maar,' ging ze verder, 'je bent duidelijk veel te slordig bent voor een homo. Moet je die kamer van jou zien!' Ik gniffelde ongemakkelijk – ik had willen lachen, en misschien klonk het ook wel zo – en antwoordde dat ze absoluut gelijk had. Ze zei dat ik mijn kamer moest opruimen, ook al wisten we allebei dat ik dat niet zou doen, en trok de deur dicht.

Ik had haar natuurlijk niets over Luka verteld. Hij zat op Stuyvesant en was een minder prominent lid van onze groep nerds van buiten Manhattan, en een stille immigrant uit Joegoslavië die veel las en met zijn ouders in Fort Greene woonde. Ik viel vrijwel meteen voor hem – Luka was een slungelige jongen met grote bambiogen die toch iets elegants had – en na de lessen zaten we nog urenlang op de vensterbank in een leeg klaslokaal te praten over Hermann Hesse en William Burroughs. Luka zat met zijn kin op zijn knieën en gebruikte langzame, weloverwogen zinnen. Af en toe keek hij op en wierp me een dromerige, zachtaardige blik toe, waarvan ik ging blozen. Een tijdlang waren we bijna elke dag samen en ik begon ernaar uit te kijken om hem te zien, en daarna ging ik aan hem denken, op een rare bezitterige manier. Dat hij naar een meisje in zijn mentorklas smachtte en steeds meer over haar praatte, daar stond ik liever niet bij stil.

We hadden het over *Het kralenspel*, een saai boek waar ik niet doorheen kwam, maar dat ik omwille van Luka veinsde mooi te vinden, toen de manier waarop Hesse over de liefde schreef ter sprake kwam: de liefde voor God, universele liefde of een andere, sentimentele, kuise variant. Ik moet het idee hebben gehad dat hij er open voor stond, want ik zei tegen Luka dat ik geloofde dat ik verliefd op hem was en stak mijn hand uit om zijn gezicht aan te raken. De luikjes in zijn ogen klapten dicht en ik wist meteen dat ik een vergissing had begaan. Hij bedankte me voor mijn eerlijkheid en zei dat hij ervandoor moest. Een paar dagen later vroeg hij me om na school naar de East Cafetaria te komen, waar hij me met onze hele vriendengroep stond op te wachten. Een van de andere jongens verkondigde mismoedig dat ik tussen de middag niet meer welkom was aan hun tafel, omdat ik een 'flikker' was.

En toen kwam Hector. Ik zie hem nog voor me, zoals hij in de gang stond op de eerste verdieping van de school, met zijn strakke Lee-spijkerbroek en zijn T-shirt van Run-D.M.C. Hij was mager en had een karikaturaal diepe stem. Met zijn waardevolste bezit op, een Cazal-zonnebril met kunststof montuur die te groot was voor zijn gezicht, zag hij eruit als een kwaadaardig insect. Met al zijn branie deed Hector zich ouder en breder voor dan hij was. Hij was op Haïti opgegroeid en woonde in de Bronx bij zijn strengkatholieke moeder en een hele sliert gewelddadige stiefvaders bij wie hij af en toe wegliep.

Mijn andere vrienden waren er vooral mee bezig zo snel mogelijk te worden toegelaten tot Cornell en Dartmouth, en beschouwden Hector als een raar, louche type en mogelijk gevaarlijk. Behalve over allerlei verzonnen verhaaltjes waarin het recht van de straat zegevierde en hij de ster was, praatte Hector graag over de wapenfeiten van Kurtis Blow van Run-D.M.C. en andere favoriete rappers. Nadat hij *Knights of the City* had gezien, een film over een rappende straatbende die een platencontract probeert te bemachtigen, kwam hij de kantine binnen met een draagbare cassetterecorder waarop hij de hele film had opgenomen.

Zijn branie kon beangstigend zijn. Hij haalde eens twee buisjes crack uit zijn spijkerjasje en zei dat hij ze voor een vriend bewaarde; ze zaten in zijn zak bij zijn stiletto, die hij vaak tevoorschijn haalde om ermee in de lucht te steken. Als Hector behalve mij nog andere vrienden had, dan kende ik ze niet.

Waarom ik bevriend met hem raakte, kan ik me niet echt herinneren. Misschien kwam het door zijn schuldige hondenblik, zijn machokomedie of de stiefvaders die ik samen met hem haatte. Nadat hij van huis was weggelopen en een nacht op een bankje op Union Square had geslapen, zei ik dat hij dat weekend wel bij ons in Ravenswood kon blijven. Ik wist dat mijn moeder dat vast niet goed zou vinden, maar ze ging met een vriendin een weekend naar Montreal en er was dus niemand thuis. Hector kwam te vroeg, toen mijn moeder de auto nog aan het inladen was. Ze maakte een praatje met ons en stelde hem een paar vragen. Het viel me op dat zijn handen trilden terwijl hij onverstaanbare antwoorden mompelde. Voordat ze wegging, zei mijn moeder: 'Ik heb geen goed gevoel bij die jongen.'

Hector en ik keken naar *Friday Night Videos* en deelden een blik cornedbeef met aardappels dat ik op het fornuis had opgewarmd, waarna we op de bank gingen zitten en om de beurt uit de fles Cutty Sark dronken die hij zou hebben gestolen. 'Welke meisjes vind jij leuk?' vroeg hij. Ik noemde er een paar, die hij wel vond gaan. Hij zei dat hij een meisje met rood haar in zijn klas leuk vond, ene Megan die 'hele dikke tieten' had. 'Die ga ik pakken,' zei ik. Dat was zulke holle bluf dat we allebei moesten lachen. Of het nou aan het late tijdstip lag of aan de whisky, ik gooide eruit dat ik bij het omkleden voor gym soms naar de jongens keek. Daar vond Hector niks raars aan. Hij keek ook weleens naar de jongens. Maar meestal naar de meisjes.

We kleedden ons uit onder een deken. Het licht was uit

en ik voelde zijn adem in mijn hals. We stootten met onze voorhoofden tegen elkaar aan en grepen, een en al ellebogen, naar elkaars lijf tot we klaar waren. We bleven nog even zwijgend liggen, waarna Hector zich in een laken wikkelde en naar de badkamer liep. Ik hoorde de douche stromen en deed het licht aan. Het opklapbed dat ik voor hem had klaargezet, stond afwachtend naast dat van mij. Het was drie of vier uur in de ochtend. Er hing iets ongemakkelijks, of erger, in de lucht.

Ik lag op bed en wachtte. Hector kwam met een handdoek om uit de douche. De driehoek van zijn torso, kastanjebruin, zag er jongensachtig en smal uit. Hij knipte het licht uit. Zonder een woord te zeggen liep hij langs het opklapbed, deed de handdoek af en kwam naast me in bed liggen. Hij sloeg zijn armen om mijn borst en legde zijn wang tegen mijn nek. Zijn huid rook lekker naar zeep. Hij ging zwaarder en langzamer ademhalen en dommelde in.

Ik lag naast hem, bedwelmd door geluk. Kennelijk begreep ik zelfs toen al dat seks, hoe snel of vluchtig ook, een vraag is om liefde. Ik besefte dat er andere bronnen van liefde bestonden dan degene die ik tot dan toe had gekend. En deze was niet besmet door het verleden, door afstand en woede, en was helemaal van mij. Ik legde mijn hand in Hectors nek, luisterde naar zijn ademhaling en probeerde zo lang mogelijk wakker te blijven.

Om nog steeds onnaspeurbare redenen begon ik de bekraste plaat van Achmatova van mijn moeder te draaien en daarna ook in het gebonden boekje met Achmatova's poëzie te lezen dat ze had meegenomen uit Moskou. Uiteindelijk leerde ik een stuk of tien van haar gedichten uit het hoofd. Dat deed ik stiekem, en ik heb het mijn moeder nooit verteld. Wanneer zij al sliep, zat ik in de woonkamer met de tv zachtjes aan en begon mijn eigen berijmde, metrische gedichten in het Engels te schrijven – sentimentele, vreemd victoriaanse versies van Achmatova en Brodsky – en me af te vragen hoe het zou zijn om schrijver te zijn.

Ik vermoed dat ik met schrijven ben begonnen als een soort magisch ritueel om het kwaad af te weren. 's Nachts sliep ik meestal nog met een mes onder mijn kussen, niet alleen om me tegen enge dromen te verweren maar omdat ik ook overdag het eigenaardige idee had dat de deur van onze flat ieder moment kon openslaan, opengebroken door een onbekende kwaadaardige macht. Pas toen ik begon met schrijven – en voor het eerst ging inventariseren wie ik was – besefte ik dat die kwaadwillige macht weleens het verleden kon zijn dat ik zo graag wilde afschudden. Wanneer ik zo zat te schrijven bij het rustgevende gemurmel van de nachtprogrammering, waren er momenten dat ik het verleden in me toe kon laten zonder een gevoel van agressie, zonder de behoefte te voelen het uit te wissen, zodat ik in mijn verbeelding eindelijk toegang kreeg tot meerdere tijden en plaatsen tegelijk, dus tot het gehele bereik van mijn geheugen.

Jaren later, als masterstudent aan een schrijfopleiding in Manhattan, vertaalde ik een aantal gedichten van Achmatova in het Engels, inclusief de favoriet van mijn moeder, deel 5 van de *Noordelijke elegieën.* De vertelstem is van een vrouw die gedwongen wordt een leven te leiden dat ver afstaat van het leven waar ze op had gehoopt. Achmatova schreef het tijdens de oorlog, na haar evacuatie naar Oezbekistan, waar ze tyfus kreeg terwijl haar zoon werd gevangengezet en haar werk verboden.

Ik ben, als een rivier
door een hard tijdperk omgeleid.
Ik kreeg een ander leven. In een nieuwe bedding
loopt nu de stroom, door een nieuw landschap

en ik herken mijn eigen oevers niet.
O, hoeveel schouwspelen heb ik gemist.
Mijn plaats bleef leeg terwijl het doek
opging en viel. Er waren zoveel vrienden
die ik niet eenmaal in mijn leven heb ontmoet
en zoveel steden met een silhouet
dat mij tot tranen toe had kunnen roeren.
Maar er is één stad op de wereld die ik ken
en die ik ook met dichte ogen vind.
En hoeveel verzen heb ik nooit geschreven.
Ze zweven om mij, een onzichtbaar koor
dat mij wellicht nog eens zal wurgen. [...]
Ik ken de oorsprong van de dingen en hun eind,
het leven na het einde en iets anders
waar ik in stilte aan voorbij zal gaan.
Een vrouw, een vreemde, houdt mijn plaats bezet.
Zij draagt de naam die mij van jongs af toebehoorde
en liet mij niet meer over dan een naampje,
een holle klank, waarvan ik alles
wat in mijn macht lag, heb gemaakt.
Ik zal het graf van iemand anders krijgen. [...]
Maar als ik van daarginds
zou kunnen kijken naar mijn leven nu,
zou ik tenslotte ondervinden
wat afgunst is. [...]

Zelf wil ik graag begraven worden op Staten Island, op het United Hebrew Cemetery op de hoek van Clarke Avenue en Arthur Kill Road. Daar liggen Raisa en Semyon naast elkaar begraven, maar dat is niet de enige reden. Het is ook het vredigste plekje waar ik ooit geweest ben. Begraafplaatsen zijn vaker rustgevend, maar deze lijkt wel een afgelegen, bebost oord op kilometers van de stad, en het enige wat je hoort, zijn de vogels en de wind die door de olmen ruist. Een ver gebrom is nog net te herkennen als het geluid van auto's.

Raisa werd er begraven in 1992, drie jaar nadat ze een serie beroerten kreeg waardoor ze geen zinnen meer kon maken en ons soms niet meer herkende. Hetzelfde patroon herhaalde zich steeds: ze werd uit het ziekenhuis ontslagen, naar een verpleeghuis verplaatst en een paar dagen of weken later weer naar een ziekenhuis gebracht. Dan belde er weer een arts met mijn moeder of mij die over koorts of doorligplekken begon en een kamernummer opgaf van het ziekenhuis waar ze met een ambulance naartoe was gebracht. Na de beroerten was ze grotendeels immobiel en leken haar bewegingen spastische reacties op ongemak of pijn.

Semyon bezocht haar iedere dag. Hij miste geen enkele middag, niet door ziekte, niet door vakantie en niet door slecht weer. Bij die gelegenheden droeg hij een van de twee pakken die hij uit Vilnius had meegenomen en de gleufhoed met de helrode veer in de band, en een plastic tasje met een Russischtalige krant en *The New York Times* erin, in achten gevouwen. Na een uur in de metro, met overstap, liep hij naar Beth Israel op de hoek van Sixteenth Street en First Avenue. Hij zat de hele middag naast Raisa's zuchtende, bliepende ziekenhuisbed. Hij las voor, praatte tegen haar met een diepe, bezorgde stem en onderhandelde met haar zodat ze nog een hap appelmoes zou doorslikken, ook wanneer ze geen antwoord gaf of hem niet leek te herkennen. Soms glimlachte ze breeduit en klaarde haar hele gezicht op, en dan leek ze weer even op de Raisa die we kenden. Tientallen keren ging ik met mijn grootvader mee naar Beth Israel en liepen we naar de rij liften achter de eerstehulpafdeling, waar ik vrijwilliger was geweest toen ik nog op de middelbare school zat. Ik geloof dat ik nooit zoveel bewondering voor mijn grootvader heb gehad als tijdens die ziekenbezoekjes.

Toen ik eens in het voorjaar thuis was van de universiteit, waar ik besloten had fotojournalist te worden, maakte ik een foto van Semyon en Raisa in haar ziekenhuiskamer. Daarop zit hij in zijn krijtstreeppak naast het bed en legt zijn hand op Raisa's hoofd, een gek gebaar dat liefhebbend en beschermend bedoeld moet zijn. Aan één kant is hij vervormd door de groothoeklens. Een grote zwart-witafdruk van de foto won de tweede prijs in een plaatselijke kunstwedstrijd in het stadje in Ohio waar ik studeerde, en een paar maanden later besloot ik hem in te lijsten en cadeau te doen aan mijn moeder. Ik had er spijt van zodra ik hem aan haar gaf. Ze wierp één blik op de foto, werd vermoedelijk getroffen door de kwijnende aanblik van haar moeder, stopte hem in de doos en zette die in de kast, waar hij tot op de dag van vandaag staat.

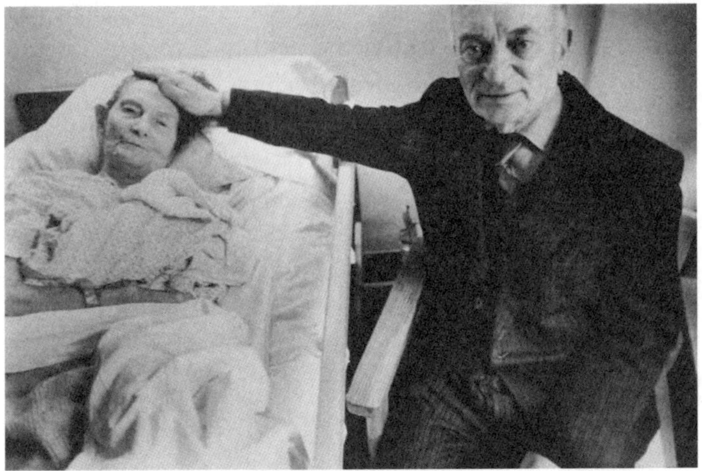

Op 24 november 1989 heb ik Raisa's stem voor het laatst gehoord. Ik weet de precieze datum nog omdat mijn moeder die dag trouwde met haar tweede man, Vitaly, een schilder die in Moskou was geboren. Het huwelijk werd voltrokken door een kantonrechter in het deelgemeentekantoor van Staten Island. Daar was het minder druk dan in Manhattan en Vitaly en mijn moeder wilden 's ochtends graag met de pont de baai oversteken. Na de ceremonie gingen we met zijn drieën op bezoek bij Raisa in een verpleeghuis in Chinatown. Haar kamer was karig gemeubileerd en donker; ik weet nog dat je de opgang van de Manhattan Bridge uit het raam kon zien. Mijn moeder boog zich over het bed en vertelde aan Raisa, luid en langzaam, dat ze getrouwd was, iets waar mijn grootmoeder lang op had gehoopt. Ze hield haar hand met de gouden trouwring op een paar centimeter van het gezicht van haar moeder. Raisa deed een paar pogingen om haar hoofd van het kussen op te tillen en bewoog geluidloos haar lippen, alsof ze een zin uitprobeerde. Toen fluisterde ze, net hard genoeg om te worden verstaan: 'Ga nooit meer uit elkaar.'

Drie lentes later, vlak voor het einde van mijn laatste jaar, belde mijn moeder 's ochtends vroeg om te zeggen dat Raisa was overleden. Ik kon meeliften naar New York met een paar leden van de Democratic Socialists of America die op weg waren naar een congres in Harlem. De uitvaartdienst werd om de hoek van de Ravenswood Houses gehouden, in een synagoge met een bakstenen gevel aan Crescent Street die Sons of Israel heette en waar mijn grootvader op zaterdag Kaddiesj zei voor zijn ouders en zijn halfbroer Roma.

Toen Raisa er niet meer was, leek Semyon vaak verloren. Hij had zich beziggehouden met het schrijven en sturen van stapels brieven aan onderzoekers en Congresleden over allerlei wetenschappelijke onderwerpen, maar ineens leek hij niet meer te weten wat hij met zijn tijd aan moest. Er waren geen ziekenhuisbezoeken meer om zijn dagen structuur te geven en hij kwam de tweekamerflat op de begane grond, waar hij inmiddels alleen woonde, nauwelijks meer uit. Het leek alsof hij de hele dag *The New York Times* las, ieder katern van voor tot achter spelde en in de kantlijn zijn commentaren en definities in blauwe ballpoint zette. Hij was voortdurend zijn sleutels kwijt, zijn spaarbankboekje en de proppen dollarbiljetten die hij in allerlei zakken had zitten. Hij keek bezoekers niet-begrijpend aan, alsof er een lang geleden gestelde vraag onbeantwoord in de lucht was blijven hangen. Zijn bleke gezicht werd grauwer. Wanneer ik op bezoek kwam, gaf hij me een paar natte kussen op mijn gezicht, dirigeerde me naar de bank en bracht me een bord met een rood appeltje en een dikke plak oranje bijstandskaas, dat hij op tafel zette naast een glas Ocean Spray-cranberrydrank. Sinds Raisa's dood lag er een gelig waas over de borden, glazen en bestek, dat ik begon te zien als het residu van de ouderdom.

Semyon was altijd gladgeschoren geweest, maar liet nu regelmatig zijn baard staan. Hij gebruikte een plastic wegwerpmesje dat in een zeepdoosje op het aanrecht lag, maar zodra het bot werd, stopte hij met scheren. Dat stoorde me en wanneer ik langsging, nam ik een zak oranje-witte scheermesjes mee. Dan stond ik naast mijn grootvader in de badkamer terwijl hij zich inzeepte voor de beslagen spiegel en verstrooid het scheermes over zijn wangen haalde. Hij had vooral een hekel aan de dikke zwarte haren die uit zijn oren groeiden, volgens hem de schuld van een overijverige barbier in Vilnius van veertig jaar eerder. Terwijl er een opera van Verdi uit mijn oude cassetterecorder schalde, krabde ik voorzichtig zijn grote oren uit met het mesje en bleef hij rustig en tevreden naast me staan, zonder zich druk te maken om een sneetje hier of daar.

Ondanks zijn verwarring, die nooit meer zou overgaan, behield hij zijn ijzersterke vertrouwen in de wetenschap. In de winter waarin ik negentien was, vertelde ik mijn moeder dat ik homo was, de opmaat tot vijf jaar ruzie over haar preutsheid en afkeuring, verwijten omdat ik haar meed en maandenlange radiostiltes tussen telefoontjes. Jaren later besloot ik het ook aan Semyon te vertellen. Die ochtend nam ik de metro naar Long Island City, keek uit het raam naar de pakhuizen en vroeg me af waarom ik een weduwnaar van zeventig die in de sjoel Kaddiesj zei voor de zielenrust van zijn lang geleden gestorven familieleden zo nodig nog in de war en overstuur moest maken.

Ik was maar net binnen of mijn bekentenis rolde er al uit. We stonden nog bij de deur. Mijn grootvader keek me met zijn groenbruine ogen, uitvergroot door zijn bifocale brillenglazen, nieuwsgierig aan terwijl ik vertelde dat ik een paar keer was uitgegaan met een jongen uit Joplin, Missouri. Hij krabde zich op het hoofd. 'Dat is een heel normale abnormaliteit,' verklaarde hij uiteindelijk. 'Goed gedocumenteerd in de wetenschappelijke literatuur. Tien procent van alle zoogdieren en zelfs vogels vertonen dergelijk gedrag.' Toen begon hij over iets anders. Ik was hem én de natuurwetenschappen nog nooit zo dankbaar geweest.

Daarom begreep ik dat er iets mis was toen hij me een paar jaar later belde om me te waarschuwen voor de kakkerlakken waar het van krioelde in het goedkope flatje in Brooklyn dat ik met mijn vriendje deelde. 'De grote kakkerlakken,' fluisterde hij samenzweerderig, 'verspreiden hiv.' Hij noemde het 'de hiev'. Ik belde mijn moeder. Zij zei dat hij de laatste tijd niet meer wist wat voor dag en datum het was, haar voor mij aanzag, en over Raisa sprak alsof ze er nog was. Soms raakte hij zomaar geagiteerd of boos. Erger nog, hij had 'onzedelijke' voorstellen gedaan aan zijn nieuwe hulp, een norse, stevige vrouw uit Port-au-Prince die hem bij haar leidinggevende rapporteerde.

Mijn moeder vroeg een bevriende psychiater in Beth Israel om hem in observatie te nemen, en zo verbleef Semyon een paar weken op de psychiatrische afdeling, één verdieping verwijderd van de afdeling waar hij Raisa jarenlang had bezocht. Van het ene antipsychoticum ging hij de verpleegsters lastigvallen, van een ander werd hij te lethargisch om uit bed te komen.

Toen ik hem met mijn vriend kwam bezoeken, liep hij rond in een trui met gaten en zag hij er verweesd uit. Hij gaf ons allebei een te stevige knuffel. De kwartfinales van het wereldkampioenschap voetbal waren die middag en we gingen met ons drieën op klapstoeltjes Duitsland-Kroatië zitten kijken in de recreatiezaal. Mijn grootvader bleef maar vragen naar de score en de spelers en vooral naar de Duitse keeper van wie hij dacht dat het Sepp Maier was, de sterspeler uit de jaren zeventig. Op een gegeven moment gaf hij mijn vriend een kus op de wang. Zijn naam, Doug, was voor Semyon te ongewoon om te onthouden, daarom noemde hij hem Dagmar, een naam die waarschijnlijk was blijven hangen uit de tijd waarin hij Duits sprak. 'Mijn Dagmar,' zei Semyon dan tevreden grijnzend. Hij had er nog niet eerder zo gelukkig uitgezien sinds Raisa's dood, en toen ik zei dat we er weer vandoor moesten, welden er tranen op in zijn ogen en kuste hij ons allebei te lang op ons gezicht voordat hij ons liet gaan.

De diagnose was een snel voortschrijdende dementie. De psychiater vond het te riskant om Semyon alleen te laten wonen en wilde vierentwintiguurszorg voor hem. Na een hele rits telefoontjes naar specialisten en maatschappelijk werkers vond mijn moeder een bed voor hem in het Bialystoker Home for the Aged, op East Broadway, in een voormalige Joodse wijk in de Lower East Side die inmiddels tot de buitenrand van Chinatown behoorde. Toen Semyon naar het verpleeghuis ging, haalden mijn moeder en ik zijn oude flat in Ravenswood leeg. Nadat we de fotoalbums, oorlogsmedailles, een doos met brieven en documenten, een paar dozen met boeken en een prima wollen jas die me perfect paste bij elkaar hadden gezocht, kwamen Semyons vroegere buren langs en zei ik dat ze mochten meenemen wat ze wilden. Raul, een vriendelijke man uit Puerto Rico met een metalen brilletje die een paar deuren verderop woonde, nam de stoffige opgezette prachtvink mee, op zijn takje op een houten voetstuk met een bordje, het cadeau van Semyons zoölogiestudenten in Vilnius. Ik nam het andere cadeau van zijn studenten mee, een blauwe glazen bokaal met in gouden letters zijn naam erop en, in het Latijn, LECTIO ULTIMA.

Op zijn betere dagen schaakte Semyon met de jongste bewoner van zijn verdieping, een voormalig advocaat van achter in de veertig die dure driedelige maatpakken droeg en aan preseniele alzheimer leed. Eens per week kwam een rabbijn hem helpen Kaddiesj te zeggen. Semyon herkende mijn moeder en mij nu eens wel en dan weer niet, en ik had hem eigenlijk vaker willen bezoeken. Wanneer ik ging, zaten mijn grootvader en ik naast elkaar op een bankje op een afgesloten terreintje buiten, en soms klaagde hij over de verpleegster die hem was toegewezen. Hij zei dat ze stal, maar daar hebben mijn moeder en ik nooit bewijs voor gevonden. Andere keren sprak hij over de oorlog, over zijn moeder en over Roma, met een gedrevenheid en levendigheid die me bleven verbazen. ‘Waarom wilden ze niet mee?’ vroeg hij me, bijna smekend, alsof ik het hem kon vertellen.

Na drie jaar in het verpleeghuis kreeg hij een hersenbloeding in zijn slaap; de artsen zeiden dat hij waarschijnlijk niet meer zou kunnen praten of zelfs maar zelfstandig eten. Terwijl ik naast zijn ziekenhuisbed stond, lag Semyon op zijn rug met zijn ogen stijf dicht, bij iedere snurkende ademhaling ging zijn borst zwaar op en neer. Toen hij zijn ogen opendeed, leken ze dof als ijs. Hij had lang geleden tegen me gezegd dat hij zijn leven niet wilde rekken als hij zijn geestelijke vermogens zou verliezen, en mijn moeder had een verklaring tot niet-reanimeren getekend toen hij opnieuw in Beth Israel werd opgenomen. Zij en Vitaly hadden een reis naar Italië geboekt, haar eerste vakantie in jaren, en ze kwam er maar niet uit of ze moest gaan of niet. Ik zei dat ze zich geen zorgen hoefde te maken: ik zou bij Semyon op bezoek gaan en contact houden met de artsen. Zijn toestand was trouwens al maanden niet veranderd.

Een paar dagen nadat mijn moeder was vertrokken, kreeg Semyon weer een beroerte. De dokter belde om te zeggen dat hij niet meer zelfstandig kon ademen en zonder beademing binnen een paar dagen of mogelijk uren zou sterven. Ik belde mijn moeder in haar hotel in Rome. Misschien uit angst of schuldgevoel veranderde ze van gedachten en wilde toestemming geven voor de beademing. 'Maar Semyons wens dan?' vroeg ik. Het Joodse geloof schreef voor dat je al het mogelijke deed om een leven te redden, zei ze, en ze voegde eraan toe dat hij nog leefde omdat God dat wilde.

'Geloof jij dan in God?' vroeg ik.

'Ja,' zei mijn moeder. 'En jij?'

Het was augustus 2001. Een week later liep ik op een zaterdag na middernacht met vrienden een bar in Brooklyn uit toen ik een telefoontje kreeg van een nummer in Manhattan. Een verpleegster zei dat mijn grootvader overleden was en op de zesde verdieping van Beth Israel lag, mochten we hem nog willen zien.

Toen ik daar aankwam, was de verpleegster op haar post de enige die ik tegenkwam op de zesde verdieping van het ziekenhuis, en op het polyritmische gepiep van de monitoren na was het er stil. Semyons kamer was fel verlicht met tl-lampen. Hij lag op zijn rug in een tot zijn borstbeen dichtgeritste witte plastic lijkenzak, bedekt door een laken alsof er nog iets decents overheen moest. Zijn huid zag er wasbleek en dof uit. Ik had nog nooit een dode gezien. Ik had sterk het gevoel dat dit mijn grootvader was maar tegelijkertijd ook niet: zijn lichaam lag er wel, maar hij zat er zelf niet in. Ik stond een tijdje naast hem totdat mijn moeder en Vitaly binnenkwamen, die een dag eerder uit Rome waren teruggevlogen. Mijn moeder hield Semyons hand even vast en kuste hem op zijn voorhoofd, en toen kwam de verpleegster binnen om te vragen of ze hem naar het mortuarium mocht brengen.

Buiten hield ik een taxi aan. Toen die de Brooklyn Bridge overstak, keek ik uit over de lichtjes van Downtown New York. Al sinds ik als tiener terugkwam van zomerkamp, maakte dat uitzicht me ongelofelijk blij, omdat het het eerste teken was dat ik weer thuis was. De stad was een en al leven en bedrijvigheid: taxi's haastten zich over de Franklin D. Roosevelt Drive, boven ons knipperden vliegtuigen en helikopters, een verlichte sleepboot tufte de East River af. Ik heb het uitzicht vanaf de Brooklyn Bridge altijd het mooiste van de hele stad gevonden. Semyon zei een keer dat New York het happy end was van de twintigste eeuw, en zo zag het er die nacht meer dan ooit uit, met Manhattans megawattlandschap tegen de maanloze hemel. Ik pakte mijn telefoon en belde mijn vriend. 'Ik ben zo thuis,' zei ik.

EPILOOG
KAMP SUCCES

Ik luisterde naar het gedender van de wielen van trein 93 over de bochtige rails en voelde dat mijn maag tot rust kwam. Mijn vader zat op het bankje tegenover me uit het raam te staren met in zijn hand een glas thee in een verzilverde houder. We hadden elkaar drie jaar niet gezien sinds ik bij zijn vader, Vasili, langs was geweest. Maar nu zaten we weer tegenover elkaar, op weg naar het binnenland in een luxecoupé, sv-klasse, dus met twee bedden in plaats van vier en geen snurkende soldaten boven ons. Mijn vader was grijzer geworden bij de slapen en de sterkte van zijn bril was veranderd, waardoor zijn ogen groter leken en hij een wat geschrokken uitdrukking kreeg, maar verder zag hij er nog net zo uit als ik me hem herinnerde. De hele middag was hij al bezig met het knopen van kunstaas, een precies werkje waarvoor hij zijn bifocale bril laag op zijn neus zette. Wanneer hij af en toe naar me opkeek, zag zijn gezicht er komisch abstract uit.

Buiten kleurde het landschap omberbruin in de schemering, maar ik kon nog steeds de witte berken onderscheiden die onder de elektriciteitsleiding door voorbijflitsten, de sparrentoppen aan de horizon als een lange rij M'en, hekjes met ontbrekende latten als een eindeloze barcode en hier en daar een stel door hun poten gezakte houten huisjes met hun buik tegen de grond, die zonder duidelijke reden steeds schaarser werden. De schoonheid van het Russische binnenland is vriendelijk en niet erg woest. Het landschap strekt zich wel eindeloos uit, maar de schaal van de componenten is bescheiden. Misschien heeft de mens in Rusland om die reden wel altijd naar het bovenmaatse geneigd, als een manier om al dat kleine grut in het gelid te krijgen, als het planten van een vlaggenmast op de steppe.

We waren op weg naar de Wolga, of om precies te zijn naar de samenvloeiing van twee rivieren, de Wolga en de Achtoeba, om te gaan vissen. Ik vond het nog steeds een vreemd idee, want ik ben geen hengelaar en ik heb het altijd een wrede en vast ook saaie hobby gevonden. Maar mijn vader reisde om de drie of vier maanden naar dit modderige stuk rivier af, vijftig kilometer ten noorden van de Kaspische Zee. De benedenloop van de Wolga is een van de weinige plaatsen in de wereld waar de meervallen echt gigantisch kunnen worden – meer dan honderd kilo zwaar en ruim drie meter lang – en mijn vader had ooit een landelijke wedstrijd gewonnen door een exemplaar van eenentachtig kilo binnen te hengelen, hoewel 'binnenhengelen' niet helemaal het juiste woord is. Op de foto bij het artikel in het tijdschrift dat mijn halfzus Masja me had gemaild, stond mijn vader naast zijn vismaat in hun rubberboot te grijnzen. Aan hun voeten lag een opgerold wezen met een enorme, benige kop, een relict uit het paleozoïcum. Mijn vader vertelde dat het hem anderhalf uur had gekost om de vis uit te putten; daarna kon hij gewoon zijn arm, met rubberen handschoen, in de bek van het monster stoppen en het bij de kaak binnenhalen. De ogen van het beest waren paars, grijs en matzwart als grafiet.

Ik had geen hengel meer vastgehad sinds ik op een Joods zomerkamp in de Catskills met balletjes Wonder Bread een paar zonnebaarsjes had gevangen, meer dan twintig jaar eerder. Maar mijn gebrek aan ervaring hield me niet tegen. Ik dubde nog of ik met mijn vader mee zou gaan op een van zijn tripjes naar de Wolga, toen ik het erover had tegen de redacteur van een tijdschrift. Hij dacht dat er weleens een goed reisverhaal in kon zitten, over een bestemming die 'onze lezers nooit echt zouden bezoeken, maar waarover ze wel zouden willen lezen'. Ik belde mijn vader om mijn plan uiteen te zetten: we zouden samen reizen, ik zou erover schrijven en het tijdschrift zou de kosten op zich nemen. Ik verwachtte half dat hij het weg zou lachen. Toen de datum van mijn vlucht naar Moskou dichterbij kwam, verwachtte ik ook dat hij van gedachten zou veranderen, zoals voor de reis naar Vinnytsia.

Bijna twee weken zou de trip duren; zo lang was ik sinds mijn negende niet meer met mijn vader samen geweest. Het grootste deel van de tijd zouden we in een hut of boot zitten, omringd door weinig meer dan hoog gras en water, en dat was precies waar ik op rekende. Het kwam me goed uit dat we langere tijd samen in een kleine ruimte zouden doorbrengen: ik wilde weten waarom hij niet met mijn moeder en mij naar het buitenland was gegaan, waarom hij geen vader en geen zoon leek te willen zijn, en waarom hij zijn geluk steeds weer in afzondering zocht. Hij had me ooit verteld dat hij daar op de Wolga 's ochtends soms de buitenboordmotor afzette en de boot urenlang op de stroom liet afdrijven. 'Ik ga het water op rond vijf uur, als het nog donker is,' zei hij, 'en dan zie ik geen mens tot ik 's middags terugkom in het park. Alleen vogels.'

Ik wist dat het niet gemakkelijk zou zijn om een antwoord te krijgen op mijn vragen. Toen mijn vader me de ochtend ervoor in Moskou van de luchthaven had opgehaald, omhelsde hij me te stevig, en daarmee ging alles meteen weer volgens het bekende patroon: hij wilde overal wel over praten, behalve over ons tweeën. Hij gedroeg zich alsof we na jaren een oude vriendschap weer oppakten, en in de treincoupé hadden we het over politiek, boeken, jazz, zijn vrouw Irina, mijn moeder en natuurlijk over vissen. Wat hij me vroeg, door het niet te vragen, was om niet op het verleden in te gaan of onze tijd samen te vergallen door uit te zoeken wie wat, wanneer en wie had aangedaan. Misschien had hij het gevoel dat het te laat was om zijn kant van het verhaal uit te leggen of te verdedigen. Misschien vond hij het hele idee van praten over het verleden beklemmend. 'Het verleden oprakelen levert niet veel meer op dan door de asbak graaien,' had hij jaren eerder in Moskou eens gezegd.

Ik ging ook mee vissen omdat ik wilde zien wat er van het land was geworden, weg van de boulevards van Moskou en Sint-Petersburg, waar de illusie van een rijk, ordelijk Rusland werd opgevoerd ten bate van overheidsfunctionarissen en buitenlandse bezoekers. Die luchtspiegeling verdampt vijf minuten nadat je het centrum uit bent, en buiten de steden is het alsof je terechtkomt in een arm agrarisch land van een halve eeuw geleden. Ik denk dat ik wilde weten hoe de meeste Russen hun land en zijn leiders zagen, en waarom de democratie, waar men tijdens de perestrojka de mond van vol had, nooit echt aangeslagen was. Volgens veel mensen die ik sprak zou dat ook nooit gebeuren.

Vanaf Moskou duurde het zevenentwintig uur om het dorp Charabali te bereiken, maar toch keek ik ernaar uit om samen in trein 93 te zitten, want de treinen zijn misschien wel het allerbeste aan heel Rusland. Anders dan al het andere daar zijn ze brandschoon en op tijd, en lange treinreizen brengen een welwillendheid in Russen naar boven die je zelden ziet in het openbaar. In het gangpad staan mannen met hun jasje uit op zwarte nylonsokken thee te drinken en naar het voorbijglijdende landschap te staren, vreedzaam als grote grazers. Op de bovenste bedden liggen schoonfamilie en grootouders onder hun jas of omslagdoek te slapen. De passagiers halen wodka, boterhammen, plastic zakjes met komkommers en radijsjes tevoorschijn, er wordt met de hele familie gekaart, de tijd vertraagt. Je kunt nergens heen en het gaat zo snel als het gaat, en de reizigers gedragen zich tevreden en beleefd, alsof in de trein de naamdag van een ouder familielid wordt gevierd.

Mijn vader en ik zaten in onze donker wordende coupé aan het metalen opklaptafeltje. We aten van de boterhammen die Irina voor ons had gesmeerd terwijl hij vissersverhalen opdiste. De meeste gingen over zijn vrienden, acht of negen Moskovieten van ruwweg dezelfde leeftijd. Ieder jaar brachten ze meerdere weken samen door in een stuk of wat aangrenzende vakantieparken op een waaiervormig stuk land met de prozaïsche naam Wolga-Achtoeba-riviervlakte. Net als de meeste andere vissers daar waren deze mannen advocaat, eigenaar van een middelgrote onderneming, hoge militair of ambtenaar en hadden ze flink geld verdiend, naar Russische begrippen althans. Ze kwamen naar het park in het nieuwste model Duitse of Japanse SUV, afgeladen met kisten singlemaltwhisky, dozen vol Cubaanse sigaren, carbonhengels en gore-tex lieslaarzen. (Mijn vader, die er het minst warmpjes bij zat, kwam meestal met de trein). Zoals wel vaker in Rusland gingen zijn verhalen vooral over dronkenschap en het absurde, en mijn vader vertelde ze met een perfecte komische timing en zoveel genegenheid dat het duidelijk was dat hij die mannen als zijn familie zag.

Dit is zo'n verhaal. Op een avond toonde een van de vissers, een kolonel van de federale douane, vol trots zijn dure nieuwe telefoon en liet die vervolgens stomdronken in het gat van de buiten-wc vallen, die hij net zelf had bijgevuld. Toen ze dat in de hut hoorden, vielen ze van hun stoel van het lachen. Een van de mannen lachte zo hard dat hij moest overgeven.

Nog één. Nadat hij tweeënzeventig uur achtereen met de vissers had zitten drinken, wilde de oudere vader van een nachtwaker van het vakantiepark op zijn brommer dwars door een drassig veld rijden. Halverwege verloor de brommer snelheid en viel hij om. Toen er voorbijgangers bij kwamen, lag de bestuurder te snurken precies op de plek waar hij was neergekomen.

En dan had je nog die vriend van mijn vader die een middag in zijn tent doorbracht met een van de plaatselijke vrouwen, die jong, redelijk knap, stuurs en slecht gekleed waren en een rotbaantje hadden, en zich in het seizoen onderwierpen aan rendez-vous met de vistoeristen. Tijdens de daad keek ze recht in het zwetende gezicht van de Moskoviet en vroeg hem naar zijn jaarinkomen.

Op dagen dat de wind en de stilte op de rivier hun parten speelden, reden de hengelaars in een karavaan van luxe-SUV's naar de omliggende dorpen. Op een keer reed mijn vader mee op de passagiersstoel van een Range Rover met crèmekleurige leren bekleding, toen de bestuurder stilhield naast een jonge vrouw die langs de kant van de weg liep. Ze had lang haar, was slank en rond de twintig. De bestuurder, directeur van een gasbedrijf, draaide zijn raampje open en vroeg op vriendelijke maar niet mis te verstane toon of ze mee wilde. Met een zijdelingse blik op het glimmende lakwerk van de auto vroeg de vrouw alleen maar: 'Mag ik even naar huis rennen en mijn tandenborstel pakken?'

'Oordeel niet te hard over ons,' zei mijn vader, die waarschijnlijk een afkeurende blik op mijn gezicht had opgevangen. 'In Moskou is iedereen overwerkt en ongelukkig. Een week lang mogen we weer een clubje jongens zijn op de rivier en hebben we de meeste lol van het hele jaar.' Ik kon nog net een glimlach opbrengen. Ik wilde niet toegeven dat zijn verhaal over een auto vol mannen die stoppen om een jongere vrouw aan te spreken, me aan dat van Vasili deed denken.

Het was eind oktober, en het licht in de coupé knipperde al vroeg aan. Mijn vader legde zijn kunstaas weg en we zaten te kijken naar het vlakker wordende landschap in de schemering. De bomen groeiden steeds verder uit elkaar, tot er bijna alleen nog maar hoog gras overbleef. De houten huisjes verdwenen. Zo ver naar het oosten in Rusland, zo dicht bij de Oeral was ik nog nooit geweest. Ik dacht terug aan die ene zomer toen ik met Tamara en Michail Michajlovitsj naar Jalta was geweest, toen ik acht was. Ik weet nog dat ik urenlang uit de raampjes van hun Zjigoeli keek en me verbaasde over de weidsheid van het land, dat maar doorging zonder dat er een eind aan leek te komen. Jaren later moest ik er weer aan denken toen ik de Chinese landschapsschilderkunst ontdekte, waarop piepkleine figuurtjes van kluizenaars in hun paviljoen nietig afsteken tegen de bergen en rivieren. Die avond in 1978 viel ik ergens in de donkere velden van Oekraïne in slaap en werd ik wakker op de Krim. Het was ochtend, en 's nachts waren de sparren en berken veranderd in cipressen en palmbomen; ik dacht dat we in een ander land waren en schreeuwde het bijna uit van verbazing. Ik wilde mijn vader over die herinnering vertellen, maar toen ik opkeek, zat hij onderuitgezakt tegen de wand van de coupé, met zijn bril op het puntje van zijn neus: hij was in slaap gevallen.

Charabali zag eruit alsof het uit modder geboetseerd was. Er hingen een paar peertjes aan een snoer die griezelige aureolen over de aangestampte aarde langs het spoor wierpen. Waar de duisternis begon, waren twee of drie bomen te onderscheiden. Daarachter zag ik een rij bunkerachtige betonnen gebouwen van één verdieping hoog, overblijfselen uit een tijd waarin deze streek het hart van de collectieve landbouw in de Sovjet-Unie was.

We stonden te wachten bij een groep andere passagiers, massieve mannen van vakantievierende leeftijd met een wazige blik. Ze waren dichtgeritst in hightechsporttextiel en hadden hun vistuig in speciale donkere koffers. Er stond een hele colonne Mitsubishi's en Lexussen klaar om hen naar de nabijgelegen vakantieparken te brengen. Mijn vader bleek te worden opgehaald met een pokdalig busje uit het Brezjnev-tijdperk. De chauffeur, Andrej, een tiener in trainingspak met een wilde bos haar, kende mijn vader van eerdere bezoeken en ze maakten even een praatje over het weer en wat er zoal wilde bijten. Ik hield me met beide handen aan mijn stoel vast. De sporen in de weg waren uitgehard tot zulke hoge kammen van opgestuwde droge modder dat het wel een prehistorische zeebodem leek. Zelfs met een slakkengangetje schudde het busje zo heftig heen en weer dat er een kist met visgerei de lucht in vloog en opensprong, waardoor de vloer bezaaid raakte met wormpjes en veertjes van het kunstaas. Er dook een identiek busje op in het licht van onze koplampen dat op zijn kant in een greppel lag. 'Vanmorgen omgevallen,' deelde Andrej vrolijk mee. 'We wachten op paarden om het eruit te trekken.' Eindelijk kwam de Achtoeba in zicht, glanzend in de kleur van oud zilverwerk, onder aan een loodrechte oever.

Andrej reed gevaarlijk overhellend langs de rivier en stopte toen voor een wachthuisje en een verlicht multiplex bord. Dankbaar dat we weer op vaste grond stonden, knepen we onze ogen dicht tegen de halogeenlampjes onder de letters 'Kamp Succes – Het grootste visserspark ter wereld!' De beheerder van het park, een zakelijk type met vierkant postuur in een handgebreide trui, kwam op een drafje de duisternis uit om ons te verwelkomen. Hij gaf ons een hand en vroeg waar we vandaan kwamen. Hij keek nog eens goed toen ik het hem vertelde. Hij zei dat ze een Tsjech, een Pool en zelfs een Japanner in de plaatselijke vakantieparken hadden gehad, maar ik was zijn eerste Amerikaan. Daar voegde hij met zichtbaar genoegen aan toe dat ik ook wel de laatste zou zijn.

Twee uur nadat we in Charabali uit de trein waren gestapt, dobberden mijn vader en ik in een boot die hij in de buurt had liggen, een glanzend vaartuig van Finse makelij, met de naam De Zilveren Bever in blauwe letters op de boeg. We lagen op de eigenlijke Wolga, vanaf de Achtoeba een klein stukje rijden langs een moerassig kanaal, en net als de *Moon River* in het beroemde lied van Johnny Mercer leek ze 'wider than a mile'. We gingen voor anker bij een groepje oude bomen dat bekendstond als de Eiken. Het was rond halfzeven in de ochtend, spitsuur voor vissers. De nieuwe dag liet een glimp van zichzelf zien aan de horizon en de stilte was stiller dan ooit. Tot het middaguur lagen we te dobberen en al die tijd zagen we geen mens. De enige die de rust doorbrak, was een everzwijn dat met veel kabaal uit de struiken kwam rennen om uit het ondiepe water aan de kant te drinken.

Na een middag op het water klommen mijn vader en ik uit de boot. We liepen over de steiger toen mijn telefoon in mijn zak trilde. Er was een plekje bij de weegschaal voor hengelaars die hun vis wilden afwegen waar ik één streepje ontvangst had. Mijn moeder belde uit New York, en we schreeuwden een paar minuten over en weer terwijl de verbinding steeds wegviel. Het ging over Petja, de zoon van mijn stiefvader uit zijn eerste huwelijk, die met me mee was gegaan naar Vinnytsia om Vasili te vinden. Mijn moeder belde om te zeggen dat Petja overleden was. Vitaly was in Moskou om de begrafenis en de wake voor zijn zoon te regelen. Ze vroeg of ik hem wilde bellen.

Toen ik Petja een paar dagen eerder had bezocht, had hij me niet herkend. Hij lag in een smal bed, verstrikt in zijn lakens. Zijn huid was een vage tint oranje. Zijn troebele ogen bewogen heen en weer in hun kassen en wanneer ze even op iemands gezicht stilhielden, lieten ze alleen angst en verwarring zien. Het was een benauwde dag en alle ramen stonden open in het Botkin-ziekenhuis, het belangrijkste centrum voor infectieziekten in Moskou. Op de zaal, die de afmetingen had van een doorsnee Amerikaanse ziekenhuiskamer, maar dan met de bedden minder dan een meter van elkaar en zonder gordijnen, lagen nog zeven mannen. Een van hen had Vitaly – Petja's vader, mijn stiefvader – bijgepraat over 'de situatie'. Petja was 's nachts uit bed gerold, vertelde de man, die trombone speelde in het op twee na beste orkest van de stad. Omdat Petja te zwaar was om te tillen was de man uit bed gekomen en had de gangen afgezocht naar een verpleegkundige. De trombonist droeg een tulband van verbandgaas om zijn hoofd en had de donkere ogen en arendsneus van een Georgiër. Aan het bed naast het zijne zat een vrouw soep te voeren aan een broze oude man die zijn ogen niet één keer opendeed.

Vitaly zat op de rand van Petja's bed en keek uitdrukkingsloos naar zijn zoon. Hij en mijn moeder waren een paar weken eerder naar Moskou gevlogen en logeerden bij Petja's moeder, Vitaly's ex Irina, een vermoeid uitziende vrouw van onbestemde leeftijd die haar vaalblonde haar met een keukenelastiekje had samengebonden. Ze was zelf naar de apotheek gegaan om luiers voor volwassenen te kopen, omdat ze in het ziekenhuis Petja's maat niet meer hadden. Ik wist niet dat luiers voor volwassenen in verschillende maten bestonden. Ik stond een tijdje naast Petja's bed te weifelen of ik mijn hand op Vitaly's schouder zou leggen. In plaats daarvan liep ik naar het toilet. De gang stonk, omdat iemand de deur van het toilet open had laten staan en de wc's verstopt waren, en niet sinds gisteren. In de badkamer stonden vier patiënten te roken en te praten; een van hen zat vast aan een infuuspaal.

Twee jaar eerder was Petja naar Grozny gereisd om voor een tijdschrift in Moskou de slachtoffers van de oorlog in Tsjetsjenië te fotograferen. Hij had naar eigen zeggen door greppels gewaad om foto's te maken van de doden, die overal lagen. In de trein terug zag hij dat zijn huid geel was geworden. Hij stapte uit op een station ergens langs de Wolga – de naam van het stadje wist hij niet meer – en liep door totdat iemand hem de weg naar een ziekenhuis kon wijzen. Een arts nam bloed af en constateerde hepatitis B. Toen Petja vroeg hoe hij dat opgelopen zou kunnen hebben, haalde de arts zijn schouders op. Petja kreeg een bed, las tijdschriften en slikte een rits pillen. Na twee weken zei de dokter dat hij beter was, raadde hem aan rust te nemen – niet meer rondsjouwen door oorlogsgebieden, zei hij – en tekende voor zijn ontslag.

Anderhalf jaar later werd hij weer geel en voelde zich nog slechter dan de eerste keer, dus liet hij zich opnemen in het Botkin. Daar vertelde een arts hem dat er voor de behandeling van hepatitis B maanden antibiotica nodig waren, geen weken. Na nog wat onderzoeken zei hij tegen Petja dat hij de lever van een tachtigjarige had en dat die falend was. Een specialist die hij voor een second opinion had geraadpleegd, bevestigde dat behandeling het leverfalen hoogstens enigszins zou vertragen. Hij kwam niet in aanmerking voor transplantatie en zou binnen een jaar overlijden, zei de specialist, misschien al over een aantal maanden. Petja was zevenendertig.

Zodra ik het hoorde, belde ik hem in het ziekenhuis op. Hij klonk versuft, maar positief. Hij had het erover dat we een treinreis zouden maken naar het verre oosten van Rusland – hij noemde het 'de rimboe' – en samen aan een boek zouden werken; hij zou de foto's nemen en ik de tekst schrijven. Ik zei dat ik het een geweldig idee vond en dat ik hem gauw kwam opzoeken. Ondertussen begonnen de gifstoffen die niet meer door Petja's lever werden afgebroken zijn hart, nieren en hersenen binnen te sijpelen. Vitaly wilde hem laten overbrengen naar een ziekenhuis in New York, maar de arts zei dat hij de tien uur durende vlucht niet zou overleven.

Toen ik hem opzocht, waren Petja's gespierde bovenarmen opgezwollen tot gelige cilinders en herkende hij zijn ouders niet meer. Behalve af en toe een visite van een vermoeid uitziende arts in een doktersjas die de kleur van uitlaatgassen had aangenomen, keek er niemand in het ziekenhuis naar hem om. Toen Vitaly tegen een verpleegster zei dat Petja gewassen moest worden, zei ze dat ze hem voor 150 roebel, ongeveer vijf dollar, wel de sleutel van de badkamer wilde geven. Vitaly ging achter Petja staan, stak zijn armen onder zijn oksels om hem op te tillen, sjouwde met hem door de gang en kleedde hem uit. In zijn overhemd, broek en op blote voeten hield Vitaly zijn zoon onder de waterstraal die af en toe warm werd. Vitaly's moeder Sofja, die Petja had opgevoed en bijna negentig was, was bijgelovig en bleef liever weg bij ziekenhuizen. Ze zei tegen Vitaly dat haar kleinzoon zeker zou doodgaan als ze naar het ziekenhuis kwam om hem te zien. Vitaly zei dat hij toch al doodging.

Ik ging bij Petja op bezoek de dag voordat we de trein naar de Wolga zouden nemen. Ik bleef te lang in de hal hangen om de groene papieren slippers aan te trekken die bezoekers verplicht moesten aanschaffen voor dertig kopeke. Irina kwam terug met de luiers en ging naar de muur zitten staren, elke tien minuten naar de badkamer vluchtend om met de invaliden te roken. Het valt haar zwaar, zei Vitaly tegen niemand in het bijzonder, alsof dat nog gezegd moest worden. Mijn moeder zat naast hem. Een ongeschoren man met zijn benen in het verband een paar bedden verderop begon me te vertellen dat hij krantenpapier in de kieren rond de ramen stopte wanneer het 's nachts te koud werd, en dat er in het bed naast hem een oude man 's nachts was doodgegaan en er niemand was gekomen toen hij op de bel had gedrukt, die waarschijnlijk toch stuk was. Pas 's ochtends was er een ziekenbroeder komen opdagen om de dode naar het mortuarium te brengen.

We moesten ervandoor en ik kneep in Petja's hand, waardoor hij stuiptrekkingen kreeg en geschrokken het plafond begon af te zoeken. Terwijl ik iets tegen hem zei, dwaalde zijn blik over de wanden. Een paar van de andere patiënten keken toe. Buiten scheen een felle zon en ik zag bouwvakkers in een harnas die de ui op de toren van de statige ziekenhuiskapel aan het renoveren waren. Met kleine rollers brachten ze methodisch nieuwe vellen bladgoud aan.

Ik stond boven de Achtoeba in de laatste rode streep zonlicht en dacht aan Petja. Ik was op zoek naar woorden. Ik kon geen Engels spreken met mijn stiefvader – dat zou maar kil en raar formeel klinken – maar ik wist niet wat je in het Russisch tegen iemand kon zeggen als zijn kind doodging. Ik vertelde mijn vader wat er gebeurd was en vroeg hem wat ik kon zeggen en hij schreef een paar zinnen op een vel papier uit zijn notitieblok. Ik koos voor de frase 'Eto nasja obsjtsjaja tragedia' (Dit is onze gezamenlijke tragedie) en oefende een paar keer door die hardop uit te spreken. Beneden bij de visweegschaal belde ik naar Moskou, herhaalde de zin tegen Vitaly en zei dat ik het heel erg vond. Hij bedankte me en we praatten nog een paar minuten voor we ophingen. Het was donker en de lucht was dik van de muggen. Ik klom de heuvel op naar onze hut, omdat we om halfzes alweer op het water moesten zijn.

Sergej Golovin had ooit als ingenieur op de collectieve boerderij Karl Marx gewerkt. Terwijl we erlangs reden, wees hij ons op het verchroomde art-decobord aan de kant van de tweebaansweg. Ik mocht Sergej meteen. Hij was de nachtwaker van Kamp Succes, een keurig geklede man van voor in de vijftig met een ironisch gevoel voor humor die een ongecompliceerde bekwaamheid en nuchterheid uitstraalde. Op dagen waarop het regende of ik te katterig was om voor zonsopgang op te staan, reed Sergej met mij door de omgeving, honderden kilometers ver in zijn smetteloze vierdeurs Zjigoeli uit de Sovjettijd, een Fiatkloon met een keurig opgevouwen deken over de achterbank.

Ooit had je hier kilometers aardappelvelden en werkte bijna iedereen op de collectieve boerderijen, vertelde Sergej, waar de beroemde Astrachan-watermeloenen groeiden, naast de al even beroemde tomaten. Begin jaren negentig zijn de velden weggewaaid. De hele USSR-machinerie was in een paar weken tijd tot stilstand gekomen en al wat er nog over was van de collectieve boerderijen waren braakliggende stofvelden: de vruchtbare grond was weggeblazen door de wind die van de rivier kwam.

Net als Charabali leken de dorpen eromheen uit modder geboetseerd. Een van de grootste, Sasykoli, bleek niet meer dan een handjevol haaks op elkaar staande ongeplaveide straten met houten of betonnen huizen erlangs, en een stuk of wat antieke auto's. Sommige huizen waren opgesmukt met half ingegraven autobanden – over de hele wereld de tuindecoratie van de armen – of met stapels van twee of drie kale vrachtwagenbanden. Er stonden losse piramiden van hooibalen. Een magere koe van onduidelijk ras doolde langs de straat en kauwde op pollen bruin gras, zonder zich iets aan te trekken van een roedel verwilderde honden die om haar heen rende. Zo net na zonsopkomst liepen er op straat vooral ochtenddrinkers met vlekken op hun bloes die langs de hekjes wankelden, knipperend tegen de zon. Een paar waren nog maar tieners, het was pijnlijk om te zien.

’s Middags zaten er mannen op bankjes en boomstammen voor hun huis. Vaak hadden ze een overall aan en een pet op, die de grijsbruine kleur van het stof in de lucht hadden aangenomen. Sommige dorpelingen werkten in de conservenfabriek in Charabali. Een handjevol anderen forensden naar hun werk in Astrachan of Wolgograd. Die waren makkelijk te herkennen aan hun betere namaakkleding, van de zwarte markt in de stad: leren puntlaarzen, Guess-spijkerbroeken en grote zonnebrillen met een gouden montuur en op de zijkant de G van Gucci.

Sergej reed van dorp naar dorp en vertelde over het uitzicht. Ook buiten de dorpen gebeurde er genoeg. We hadden geen doel en er was weinig verkeer op de wegen, waardoor Sergej af en toe langzamer kon rijden en we het landschap rustig op ons konden laten inwerken. We kwamen langs een man aan de kant van de weg met een fiets aan de hand die beladen was met zakken aardappelen. We kwamen langs twee figuren die een busje aan het repareren waren; er lagen zoveel onderdelen verspreid over het gras dat het leek alsof ze er een heel andere machine van zouden bouwen. We kwamen langs een groepje kraaien die met veel kabaal opwiekten en klonken als een stel zeurende kinderen op de achterbank. We kwamen langs vrouwen in losse schortjurken met bloemetjes die waterig-roze tomaten verkochten uit kartonnen dozen. We kwamen langs een man met een pet van spijkerstof die op een koffer zat. Op een wel heel uitgestorven stuk weg kwamen we langs een stel baldadige bruine paarden die een stofwolk achterlieten; het was niet duidelijk of ze van iemand waren. Bij een kruispunt wees Sergej naar een punt op de weg waar een auto over de kop was gegaan. Hij zei dat de sedan daar nog meer dan een week zo had gelegen.

In Boegor – de naam betekent 'heuvel'– stopten we voor een hoekig gebouw van bakstenen en aluminium beplating bekroond met vijf klokjes, een koepel, twee uientorens en een paar orthodoxe kruisen. Ze waren van plaatmetaal en zagen er zelfgemaakt uit. Nadat de bolsjewieken naar Boegor waren gekomen, legde Sergej uit, hadden ze de kerkkoepels eraf gehaald en het gebouw in een gymzaal veranderd. Een jaar of zeventig later hadden de dorpsbewoners er opnieuw een kerk van gemaakt en geld ingezameld om er weer koepels op te laten zetten, alleen was het maar net genoeg om ze van plaatmetaal te maken, en niet van goud. De koepels glommen tingrijs in de zon, als gezellige waterketels.

Ik vroeg Sergej wat de mensen hier voor werk deden sinds de collectieve boerderijen waren dichtgegaan. Nadat de lonen waren opgedroogd, vertelde hij, bleven ze naar hun werk komen en werden een tijdlang in natura betaald. Soms was dat in suiker, in overhemden van kunstzijde of in pingpongbatjes, en er ontstond een vernuftig ruilstelsel in de streek: mensen reden honderden kilometers omdat het gerucht ging dat iemand vijf dorpen verderop een rol isolatiemateriaal had om te ruilen voor wat plastic tafelkleden en een damspel. De directeur van de collectieve boerderij Karl Marx kende de directeur van een porseleinfabriek verderop naar het noorden aan de Wolga, en maandenlang kreeg Sergej zijn loon in borden uitbetaald.

'In borden?' herhaalde ik, niet zeker of ik het wel goed had gehoord. Hij haalde zijn schouders op. Sergejs huis in Sasykoli was een keurig nette houten blokhut. Van de ruime achtertuin was een moestuin gemaakt, waar zijn vrouw komkommers, tomaten, sla, bosui en dille teelde in perfecte rijen die geen vierkante centimeter grond onbenut lieten. Sergej nam me mee naar een schuur achterin, haalde het hangslot eraf en zwaaide de deuren open. Binnen lagen honderden ongebruikte witte porseleinen borden opgestapeld tot bijna aan het dak, sommige nog in vloeipapier. 'Ik dacht dat die nog weleens van pas zouden kunnen komen,' zei hij.

De paarden en de kraaien waren de beweeglijkste elementen in het landschap. Verder speelde alles in de riviervlakte zich dicht bij de grond af, stil en grijsbruin. Het enige dorp dat nog enigszins een bestemming genoemd zou kunnen worden was Selitrennoje. *Selitra* betekent salpeter en slalommend tussen twee talen sloeg ik het dorp in mijn hoofd op als Salpetersburg. Het lag niet ver van Kamp Succes en leek op de andere dorpen, afgezien van de archeologische opgraving aan de rand ervan, die al uit de jaren zestig dateerde. Toen Sergej en ik door Selitrennoje liepen en een paar tochtige straten zagen die nagenoeg onbewoond leken, vertelde hij over het verleden van het dorp. Een zwart veulen draafde voorbij en verdween zonder in te houden een zijstraat in; het maakte de indruk alsof het een doel voor ogen had, en haast. Overal om ons heen konden we de horizon zien, een vreemde gewaarwording voor een stadsbewoner. Het was een verwarrend idee dat er op de plaats van dit onbewoonbaar uitziende dorp zo'n zevenhonderd jaar geleden een stad had gestaan die destijds groter en belangrijker was dan Moskou.

De Mongoolse stad stond bekend als Saraj, of Saraj-Batoe, naar Djenghis' kleinzoon, die in de dertiende eeuw Rusland veroverde en daar op de Kaspische steppe zijn hoofdstad bouwde om te profiteren van de rivier en de handelskaravanen van de Zijderoute. Men zegt dat Batoe deze plaats uitkoos omdat er geen bomen in de buurt waren. De Mongolen waren nomaden en hadden open grasland nodig voor hun paarden, en hun waardering voor kleurrijk gebladerte was beperkt.

De Mongolen waren net zo onontkoombaar en onvoorspelbaar als het weer. Ze trokken als een wervelwind door het land en vielen onverwacht, in volle galop, de dorpen binnen. Uit middeleeuwse kerkelijke kronieken valt op te maken hoe angstaanjagend hun komst moet zijn geweest. Toen de onbekende ruiters op de steppe verschenen, namen veel Russen aan dat ze het volk van Gog en Magog waren, de mythische vijanden van Alexander de Grote, die het einde der tijden aankondigden. Wat dat laatste betreft zaten ze er niet ver naast.

Batoes veldtochten tegen de bewoners op het grondgebied van het huidige Rusland brachten dood en verderf op een schaal die vóór de twintigste eeuw ongekend was. Het had de Mongolen zestig jaar gekost om China te veroveren; in drie jaar tijd onderwierpen ze heel Rusland. In plaats van de steden te bezetten brandde Batoe ze gewoon plat, nadat hij iedereen binnen de muren had afgeslacht. Vanaf 1237 verwoestte hij Rjazan, Kolomna, Kostroma, Jaroslavl, Oeglitsj, Kasjin, Ksnjatin, Galitsj, Gorodets, Kozjolsk, Rostov, Soezdal, Volokolamsk, Tsjernigov, Smolensk, Pereslavl-Zalesski, Joerijev-Polski, Dmitrov, Torzjok en Tver; van de grotere steden stonden alleen Vladimir en Pskov nog overeind. Alleen al in Moskou sabelde zijn leger zo'n 270.000 mensen neer. De Mongolen brachten alle mannen, vrouwen en kinderen in de stad Vladimir ter dood en ontvolkten bijna de hele streek rond de Dnjepr.

In 1240 bereikte Batoe Kiev. Als mooiste stad en hoofdstad van het land van de Roes overtrof Kiev naar verluidt de West-Europese steden in zowel grootte als luister. Er stonden meer dan zeshonderd kerken en de adellijke families waren door huwelijken of bloedverwantschap verbonden met de heersers van Byzantium, Engeland en het

Heilige Roomse Rijk. Nadat Batoes soldaten een bres hadden geslagen in de stadsmuren van Kiev en bijna iedereen daarbinnen hadden gedood, roofden ze ook nog de graven leeg, strooiden de beenderen van de doden rond en trapten de schedels in. Daarna zetten ze de stad in brand. De pauselijke gezant Giovanni da Pian del Carpine die vijf jaar later door Kiev trok, zag niet meer dan tweehonderd huizen die nog overeind stonden en 'een ontelbare hoeveelheid botten en schedels die overal ter aarde lagen'.

Wanneer de Mongolen een stad naderden, zo tekende een andere kroniekschrijver op, maakten het gebrul van hun kamelen, het gehinnik van hun paarden en het gedender van hun belegeringsmachines een gesprek binnen de stadsmuren onmogelijk. Ze kondigden hun komst aan door brandende projectielen over de muren te keilen, afgeschoten door Chinese katapulten waar Djenghis' jongste zoon Toloej persoonlijk toezicht op hield. Nadat het Mongoolse leger zonder al te veel moeite door Rusland, Polen, Silezië, Hongarije, Servië en Bulgarije was geraasd, trok het verder naar het westen. Er zouden vast nog meer Europese landen gevallen zijn, als Batoe er door de dood van de Grote Kan in 1241 niet van was overtuigd dat hij het beleg van Wenen moest opheffen en terugkeren naar de Mongoolse hoofdstad Karakorum.

De Mongolen – of Tataren, zoals de Russen hen noemden – heersten meer dan tweehonderdvijftig jaar over Rusland met een verbijsterende, onvermoeibare wreedheid. Nadat ze de Perzen en de Chinezen hadden verslagen, leefden ze met hen samen, maar de Russen hielden ze op afstand. Ze vaardigden hun orders vanaf de steppe bij volmacht uit en vertrouwden uiteindelijk op lokale vorsten om schatting te innen, de uitvoering van edicten af te dwingen en opstanden van andere vorstendommen neer te slaan. Voor de sport plunderden de Tataren Russische dorpen, verbrandden ze oogsten en joegen het vee op, gingen ze op slavenjacht en namen ze gijzelaars. De kans straften de misstappen en ongehoorzaamheid van hun onderdanen wreed en vaak. Moskou werd herhaaldelijk geplunderd. Rjazan maakten ze zo vaak met de grond gelijk dat de bewoners het uiteindelijk opgaven en de stad op een andere plaats opnieuw opbouwden. De overlevenden van zo'n veldtocht werden tot slaaf gemaakt, jonge vrouwen werden in harems opgesloten en bekwame arbeiders en ambachtslieden werden naar de steppe gedeporteerd om aan Saraj en andere Tataarse steden mee te bouwen. Alleen orthodoxe kloosters bleven gespaard van de verrassingsaanvallen en brandschatting: de Tataren geloofden in de spirituele macht van alle religieuzen en lieten de bebaarde monniken met rust.

Eerlijk gezegd waren de Russische vorsten ook geen lieverdjes. Vol overgave beroofden ze hun onderdanen en bestreden elkaar eindeloos. Soms riepen ze de hulp in van de Tataren om hun rivaliteiten en vendetta's uit te vechten. De kans schepten er kennelijk genoegen in om de Russen tegen elkaar op te jutten: in 1327 leidde Ivan Kalita van Moskou een Tataars-Russisch strafleger tegen de opstandige Aleksandr Michajlovitsj van Tver (zijn oudere broer had de memorabele bijnaam Dmitri de Verschrikkelijke Ogen). Als beloning voor de overwinning kreeg Ivan de titel van grootvorst en werd hij gekroond in Vladimir. Alle vorsten moesten wekenlange reizen maken naar Saraj (en soms helemaal naar Karakorum) om hoge Tataren schatting en steekpenningen te betalen, en om geschillen bij te leggen en de gunst af te smeken van de kan en soms van diens machtige vrouwen. Aleksandr Nevski, de Russische oorlogsheld die vermaard was om zijn overwinningen op de Zweden en de Teutoonse Ridders, reisde herhaaldelijk naar Saraj om zich voor Batoes zoon Sartaq ter aarde te werpen. Nevski, die gecanoniseerd werd door de Orthodoxe Kerk, stierf op de terugweg van een van die reizen.

De Tataren blonken in meer uit dan alleen verwoesting. In de eerste helft van de dertiende eeuw bouwden ze waar Selitrennoje nu ligt een stad die in pracht en praal niet onderdeed voor andere middeleeuwse steden, een handelscentrum met moskeeën en paleizen verfraaid met ingelegde majolica, gebeeldhouwd albast en terracotta tegels. Door een netwerk van ondergrondse buizen werd water uit de Achtoeba aangevoerd, en de vele nationaliteiten die er handeldreven, hadden hun eigen wijk en markt. De Italiaanse handelaren alleen al hadden twee markten in Saraj: een voor de Genuezen en een voor de Venetianen. Op het hoogtepunt had de stad bijna zeshonderdduizend inwoners. Voor zo'n grote metropool heeft Saraj echter maar kort bestaan. Timoer Lenk plunderde de stad in 1395 en stak de bibliotheken en archieven in brand. Daarna stond ze nog anderhalve eeuw overeind, een periode waarin de Tataren verdeeld en verspreid raakten, terwijl de steppe geleidelijk aan terugveranderde in de leegte die ze hoort te zijn.

De invloed van de Tataren op het Russische leven is onmiskenbaar en enigmatisch tegelijk. Het Russisch bevat honderden woorden met een Tataarse stam, die er net zo uitspringen als de Russische hoge jukbeenderen. Ook de traditie van zich ter aarde werpen en met het voorhoofd de grond raken of aanstoten, is afkomstig van de Tataren. Ivan de Verschrikkelijke beloofde ooit: 'Als de mensen van Novgorod met hun voorhoofd voor mij op de grond stoten, zal ik hen sparen.' In tsaristische tijden toonden boeren trots de bult op hun voorhoofd die ze hadden opgelopen door voor hun meerderen te buigen. De meest onuitwisbare bijdrage van de Tataren aan de Russische cultuur is echter het despotisme van de leiders van het land en de berusting van zijn volk. Zelfs na het vertrek van de Tataren bleef de Russische geschiedenis een cyclisch drama van slachtofferschap en onderwerping waar gewone Russen de hoofdrol in speelden. De negentiende-eeuwse auteur Michail Lermontov had het in een beroemd gedicht over 'een land van slaven, een land van meesters'. Die culturele erfenis riep al vrijwel meteen na het vertrek van de Tataren reacties op: de filosoof Pjotr Tsjaadajev veroorzaakte in 1829 een schandaal toen hij schreef dat 'de heersers van dit land' de geest van 'wrede en vernederende vreemde overheersing' van de Tataren hadden overgenomen.

Enkele eigenaardigheden van de Russen die westerlingen ergeren en verbazen, zijn ook afkomstig uit vroeger tijden, soms helemaal van de Tataarse bezetting. Na het vertrek van de Tataren bleef bij de Russen het wantrouwen tegen buitenlanders bestaan. In Selitrennoje verbaasde ik me over wat je zo vaak hoort in Rusland: dat samenzwerende buitenlanders en bepaalde marginale elementen het land zouden proberen te ondermijnen en de schuld zijn van alle problemen. Afhankelijk van de periode waren die buitenlandse en binnenlandse vijanden Zweden, Litouwers, Turken, Japanners, Duitsers, vrijmetselaars, Joden, Tsjetsjenen, Amerikanen, protestanten en, recenter, Chinezen, Esten, Georgiërs, Oekraïners en lhbt'ers. Van de moslimcultuur van hun overheersers erfden de Russen de beeldspraak van het 'decadente Westen', een denkbeeldig oord waar rijke, goddeloze buitenlanders het vrome, vertrapte Rusland beschimpen en ertegen samenspannen.

Natuurlijk vraagt een alomtegenwoordig gevaar dat zowel van buiten als van binnen in het land komt om een krachtige, autocratische leider. Die mythe wordt in stand gehouden door het Kremlin en de officiële nieuwskanalen, maar bij veel Russen is het ook een soort onderbuikgevoel. Russen hebben de neiging hun land menselijke eigenschappen toe te dichten: het is altijd een zij, en ze wordt aangerand en overweldigd, maar beschikt over een eindeloze reserve aan lankmoedigheid en een vermogen het ondraaglijke toch te dragen. Natuurlijk beschrijven ze daarmee zichzelf. De grond heeft hun nooit toebehoord – die was van de eeuwige Heerser over alle Russische landen of de volkscommissaris in Sint-Petersburg of Moskou – maar Rusland wel. Misschien alleen als idee, maar dan wel een onweerstaanbaar, poëtisch idee dat een hoeksteen van de collectieve verbeelding vormde. Toch lieten de Russen het minder poëtische ambacht van het regeren aan de hoogste leider in de hoofdstad over, een sterke man die ze vaak gewoon 'vadertje' noemden, in de overtuiging dat het noodzakelijk is de bescherming van de rechtsstaat op te geven in ruil voor stabiliteit en orde.

Stalin was alleen maar de moorddadigste in een lange stoet van dergelijke 'vadertjes' (en een aantal moedertjes), en veel van de ogenschijnlijk nieuwe kenmerken van het Sovjettotalitarisme bestonden al lang voor de Sovjetstaat. NKVD-agenten als mijn grootvader leken nog het meest op de *opritsjniki* van Ivan de Verschrikkelijke, die Russen van alle klassen bespioneerden, martelden en afmaakten, met terreur als middel om het volk eronder te houden. Uiteindelijk werden de opritsjniki, net als de NKVD, zelf het slachtoffer van de achtervolgingswaanzin van hun leider. En de goelagarchipel van Sovjetstrafkampen verving een eeuwenoud systeem waarin politieke ballingen en normale gevangenen werden gedwongen in konvooi naar het oosten te lopen over de langste weg ter wereld, de Grote Siberische Postweg, en het enorme land te doorkruisen, geboeid en hongerig, geslagen door bewakers, stijf bevroren in de winter en gebeten door muggen en paardenvliegen in de verzengende zomerhitte. Stalin was zelf ook zo'n gevangene geweest en minstens twee keer uit zijn Siberische ballingschap ontsnapt.

Russische auteurs die het hebben aangedurfd om onverbloemd over hun land te schrijven, zien het vaak als een probleem waarvoor een oplossing moet worden gevonden. Twee bekende boeken over Rusland, van Tsjernysjevski en Lenin, hebben allebei de titel *Wat te doen?*, terwijl Solzjenitsyn in 1995 *De Russische kwestie aan het eind van de twintigste eeuw* uitbracht. Veel Russen geloven echter dat over de rampen in het verleden spreken hetzelfde is als hun land beledigen en neerhalen, een overtuiging die ook al teruggaat op de verovering door de Tataren. Tijdens de bezetting werd de uitkomst van militaire campagnes gezien als een goddelijk vonnis over de rechtschapenheid van het Russische volk en hun ene ware Kerk. 'Vanwege onze zonden verschenen er vreemde volkeren,' schreef een kroniekschrijver uit Novgorod over de Tataren. Maar hoe verklaarden die kerkelijke chroniqueurs uit de dertiende en veertiende eeuw dan dat Rusland verpletterend werd verslagen en zo lang bezet bleef? De middeleeuwse kronieken staan bol van de getuigenissen van plunderingen en onmenselijkheden begaan door de vreemdelingen, maar er wordt geen enkele keer naar verwezen dat het hele land was veroverd en ruim tweeënhalve eeuw bezet door buitenlandse heidenen. Kennelijk wilden de kroniekschrijvers dat liever niet weten. Dat is door een historicus de 'ideologie van de stilte' genoemd.

Misschien was het om geen gezichtsverlies te lijden tegenover toekomstige generaties, maar hoe dan ook is die neiging tot het herschrijven en vervalsen van de geschiedenis gebleven. Een jaar voordat ik Selitrennoje bezocht, werd er in Moskou met veel tamtam een schoolboek gepubliceerd. *Een moderne geschiedenis van Rusland, 1945-2006: Handboek voor geschiedenisleraren* was naar verluidt geschreven onder de directe supervisie van de president, en bij de publicatie sprak Poetin in eigen persoon een conferentie van leraren toe. Een van de vreemdere nieuwe theorieën in het boek is dat Stalins zuiveringen en het opzetten van de strafkampen noodzakelijk waren vanwege Amerikaanse agressie. 'Onder de omstandigheden van de Koude Oorlog behoorde democratisering voor Stalins regering niet tot de mogelijkheden,' legt het lesboek uit. De collectivisatie, hongersnoden en massamoorden waren de enige mogelijke reactie die de omstandigheden van de Russische samenleving nu eenmaal 'vereisten', stelden de auteurs de lezer gerust.

Poetins verlangen om de geschiedenis van het land op te smukken als een Moskouse boulevard leidde er ook toe dat de regering in 2014 een geheime opdracht uitvaardigde om de persoonlijke archieven van de goelaggevangenen te vernietigen, in sommige gevallen het laatst overgebleven bewijs van hun bestaan. Daarbij werd uitgegaan van het sprookje dat het uitwissen van historische bronnen hetzelfde is als het uitwissen van het lijden dat ze beschrijven. 'De Russische geschiedenis bevat enkele problematische bladzijden,' zei Poetin tegen de geschiedenisdocenten op de conferentie. 'Daar hebben we er wel minder van dan andere landen. En ze waren minder gruwelijk dan in sommige andere landen [...]. We kunnen niet toestaan dat ons een schuldgevoel wordt opgedrongen.'

Op mijn wandeling door Selitrennoje vond ik het moeilijk te geloven dat die lege, spookachtige plek Rusland – en de Russische volksaard – zozeer had gevormd, en dat het zo lang doorwerkende trauma van de natie hier was ontstaan. Ik heb nog vaak aan Selitrennoje teruggedacht, vooral toen ik over het onderzoek op muizen aan Emory las. Stel dat de merkwaardige, zich herhalende geschiedenis van Rusland door meer dan alleen traditie en gewoonte werd bepaald. Stel dat wij Russen niet alleen geboren zijn met een serie culturele gebruiken en aannamen, maar in een realiteit die genetisch is voorbestemd door een nationale catastrofe. Als dat zo is, dan heeft deze Tataarse nederzetting aan de Achtoeba van bijna acht eeuwen geleden een onstuitbare kettingreactie in gang gezet: de overdracht van generatie op generatie van angst, achterdocht, verdriet, neerslachtigheid en woede, die in de loop van de tijd uitmondden in nieuwe historische tragedies, nieuwe trauma's die aan kinderen werden doorgegeven.

Niets is immers makkelijker dan medelijden te voelen met een traumaslachtoffer dat veiligheid boven vrijheid verkiest. In zijn roman *Alles stroomt* beschrijft de auteur en journalist Vasili Grossman, die weleens de Sovjet-Tolstoj genoemd wordt, de Russische ziel als een 'duizend jaar oude slaaf'. In zijn observatie van Ruslands gewelddadige verleden beklaagde Tsjaadajev zich erover dat 'wij Russen als onwettige kinderen zonder erfenis op de wereld worden gezet'. Toch is die erfenis van de Russen maar al te makkelijk terug te zien in een land van individuen die bang zijn voor buitenlanders, voor elkaar en voor het vooruitzicht van meer vrijheid, en in een volk dat schijnbaar zonder reden beeft, net als de muizen aan Emory.

Het begon harder te waaien. Sergej en ik leunden op een hekje en keken uit over de steppe waar Batoe zijn stad had gebouwd. Verder naar het westen zag die steppe er anders uit en schoot het weelderige gras soms meer dan manshoog op. Hier was het vergelende gras in een strijd verwikkeld met kale plekken stoffige aarde, alsof het land niet wist wat het wilde. Sergej, anders zo kalm en ironisch, ontstak ineens in woede. Hij trok aan een losse plank in het hek met afschuw op zijn gezicht. 'De mensen hier doen alsof alles steeds verandert,' zei hij in een onverwachte uitbarsting. 'De Tataren, de bolsjewieken, de kapitalisten! Nou vraag ik je, is het leven hier ooit anders geweest? De mensen hier waren lijfeigenen of ploeterende boeren die in schuldslavernij leefden onder de vorsten, toen werden ze slaven onder de Tataren, daarna horigen onder de tsaren. En wat veranderde er toen de communisten kwamen? Er leerden meer mensen lezen, dat wel, er werden meer kinderen volwassen. Maar ook zij werkten hun leven lang op land dat niet van hen was en konden niet reizen, wisten niks over de buitenwereld.' Hij wees in de richting van de ondergaande zon. 'Misschien dat daar alles wel steeds verandert. Maar kijk hier eens, wat is hier ooit veranderd?' Hij gebaarde naar het dorpje om ons heen, met zijn hooibalen, afbladderende verf en houten huizen langs het slingerende modderpad. Je kon je goed voorstellen dat het er afgezien van het plaatmetaal en de twee of drie wegroestende auto's twee- of driehonderd jaar geleden precies zo uitzag. 'De Tataren zijn niet weg,' zei Sergej somber. 'Wíj zijn de Tataren.' Hij spuugde op de grond alsof hij de vieze smaak van die woorden kwijt wilde en liep naar zijn auto.

In Kamp Succes roetsjten mijn vader en ik de oever af naar de steiger zodra de opkomende zon de toppen van het gras in het licht zette, en maakte ik de boot los. Hij liet de buitenboordmotor in het koude water zakken en gaf gas. De Zilveren Bever kwam op snelheid en gleed over het water. De wind trok aan het oppervlak van de rivier en wanneer we loodrecht op de stroming voeren, schoot de boot over het water als een platte steen, stuiterend met een metalig tsjeng-tsjeng-tsjeng.

Mijn vader liet twee vishaken met aas in het water achter ons zakken en peddelde langs de goede plekjes. Hij was gehuld in een zwart jack van Shimano en een zwarte muts met het logo van hetzelfde Japanse merk; ik geloof dat hij het leuk vond om de sportman uit te hangen. Zo vroeg in de ochtend ontwaakte het landschap minuut na minuut en vormden alle kleine geluidjes en indrukken een schril contrast met de duisternis: het gekras van de kraaien, het gesputter van de buitenboordmotor, de stroming die gelijkmatig aan de lijn trok.

Dit waren voor mij onze mooiste uren. Mijn vader en ik samen in de boot, half versuft van de slaap, omringd door het lavendelblauw aan de horizon, zonder veel noodzaak om te praten. Deze manier van samenzijn werkte het best. Doordat we bezig waren – kunstaas knopen, aas aan de haak doen, hannesen met de buitenboordmotor – was onze nabijheid genoeg. De stiltes waren een weldaad. We zaten naast elkaar en deden zwijgend kleine, gerichte dingen, terwijl de weidse rivier, de lucht, de groepjes bomen in de verte om ons heen verschoven als een mobiel toneeldecor. 's Ochtends en in de vroege middag waren wij meestal de enigen en voelde ik dat we een oeroude biologische band deelden. Op zulke momenten kon ik geloven dat alle levenslang onuitgesproken goede bedoelingen bij elkaar een relatie vormden, en dat niets ooit veranderde, dat niemand zou weggaan en niemand zou doodgaan. Toen mijn vader naar me opkeek, zag ik dat hij het ook voelde. Ik denk nog vaak aan die ochtenden.

Onze hut bestond uit één kamer en had een afgeschermde veranda. 's Avonds gingen we na een snelle maaltijd in de kantine meestal in plastic tuinstoelen op de veranda zitten, met onze voeten op de houten balustrade, en rookten we de Winstons van mijn vader. We deelden een fles Moldavische vijfsterrencognac, te koop in de kantine voor negen Amerikaanse dollar, met een branderig-zoete nasmaak die goed bij de sigaretten paste. Binnen werden onze bedden van elkaar gescheiden door een nachtkastje en een kleedje, en voordat we in slaap vielen, praatten we nog even na, waarbij we elkaar langere tijd konden aankijken zonder dat het ongemakkelijk werd. Soms vond ik het fijn, andere keren geneerde ik me terwijl mijn vader me zo lag te bekijken en werd ik weer zijn onzekere, verlegen kind, een bijna lichamelijke sensatie die ik niet lang kon verdragen. Dan deed een van ons het licht uit, en daarna was het weer vroeg dag en ging de wekker, het teken dat het tijd was om naar de steiger te gaan.

's Avonds stak mijn vader af en toe de weg over naar het visserspark ernaast, dat Driehoek heette, waar hij graag met zijn vrienden logeerde. Hij zei dat hij Kamp Succes voor ons had uitgekozen omdat ik als Amerikaan gewend was aan meer comfort. Ik vond dat het klonk als een verwijt, maar misschien zocht ik er te veel achter. Kamp Driehoek was kaler en goedkoper, en er waren meer gemeenschappelijke voorzieningen: in plaats van in ruime tweepersoonshutten sliepen de bezoekers hier met zijn achten of tienen op een kamer, in stapelbedden. Wanneer mijn vader zijn vrienden daar ging opzoeken, vroeg hij me nooit mee. Ik wilde ze graag ontmoeten – ik liet zelfs ietwat slinks doorschemeren dat het goed zou zijn voor het artikel dat ik schreef – maar hij wuifde het weg en liep in zijn eentje de mistige bosjes in. Ik ging zitten lezen op de veranda en wachtte. Ik vroeg me verstoord af of hij niet wilde dat ik zijn vrienden leerde kennen, of zij mij. Hij kwam laat terug en de volgende morgen zei hij niet veel over wat ze gedaan hadden, zelfs niet als ik ernaar vroeg.

Een paar dagen voordat we weer bij de Wolga vertrokken, visten we met een sleeplijn tussen het riet van de ondiepe kanalen die de rivieren met elkaar verbonden. De zon scheen en de lucht was helder en alleen versierd met de kringelende condensstreep van een eenmotorig vliegtuig, als een Japanse penseelstreek. De boot pruttelde voort toen de hengel in mijn handen ineens opveerde. Ik hoorde de molen afspoelen en zette hem vast, mijn hengel boog zich tot een omgekeerde U. 'Hou hem goed vast,' riep mijn vader. In het water zag ik een zilverkleurige flits, en toen sprong de vis op om de haak los te krijgen. Ik haalde hem langzaam binnen zoals mijn vader het me voordeed, en pas toen zijn kop boven water uit kwam, zag ik dat het een snoekbaars was, een brede vis met zilverkleurige schubben en groen-zwarte ogen. 'Zes kilo ongeveer,' zei mijn vader met een goedkeurend knikje nadat ik hem had binnengehaald. De snoekbaars lag tussen ons in en sloeg kwaad met zijn lijf tegen de bodem van de boot.

We wachtten tot hij niet meer bewoog en toen pakte mijn vader zijn camera om mij met mijn eerste respectabele trofee op de foto te zetten. Ik pakte de zware vis op en hield hem met twee handen vast, terwijl hij zijn fototoestel scherpstelde. Voordat hij de sluiterknop kon indrukken begon de vis in mijn handen te stuiptrekken en glipte los. Ik had niet net als mijn vader speciale rubberen handschoenen met noppen aan, maar de gewone leren handschoenen die ik in de New Yorkse winters droeg, en na dagen vissen zaten ze onder het slijm. Ik graaide naar de snoekbaars, waardoor de boot ging schommelen, maar toen ik de vis in mijn handen had, glipten ze vruchteloos langs zijn flanken. Na nog een paar kluchtige pogingen de vis te pakken te krijgen, wipte hij over de kant van de boot en schoot de diepte in. Mijn vader keek toe, zijn ongeloof sloeg om in afgrijzen. 'Dat heb je weer mooi voor mekaar,' mopperde hij uiteindelijk, en hij stopte zijn fototoestel terug in de waterdichte zak. 'Zoiets stoms zul je mij niet gauw zien doen.'

Op de terugweg naar het park spraken we geen woord. Ik zat voor in de boot en keek naar de laagstaande middagzon die schel op het water viel. De tevredenheid en genegenheid van ons samenzijn vielen uiteen waar ik bij stond: ik werd weer overspoeld door boosheid en schaamte, maakte me klein en klemde mijn kaken op elkaar zonder mijn vader aan te kijken. De bekende hulpeloosheid was er ook weer, omdat ik tegen hem niet kon zeggen wat ik wilde met het botte, grove instrument van mijn Russisch. Later die middag op de veranda probeerden we het opnieuw. 'Je zette me voor schut,' zei ik. 'Dat doe je nou altijd. Ik zou zoiets nooit met jou doen.' Ik spuugde het eruit; ik had gekwetst willen klinken, maar beefde van woede. Mijn vader keek op, wilde iets zeggen, maar slaakte toen een lange, getergde zucht en liep naar binnen. Hij liet me op de veranda staan, overmand door woede op hem en op mezelf, en door medelijden met hem, en iets wat op verdriet leek. Plotseling werd het me pijnlijk duidelijk dat hij me de antwoorden waar ik voor was gekomen niet zou of niet kon geven, en dat er geen rekenschap afgelegd zou worden van de trauma's die hij had overgeërfd, veroorzaakt en doorstaan. Waarom zag ik dat nu pas? Al zolang we elkaar kenden, gaf hij me steeds hetzelfde antwoord: Je zult het allemaal zelf moeten doen. Mijn verdriet over zijn afwezigheid, en mijn honger naar zijn aanwezigheid waren zo sterk dat ik er nooit bij stil had gestaan dat hij in zekere zin gelijk had: ik had hem niet nodig om alle zinnen die hij onaf had gelaten af te maken. Ik kon zelf wel beslissen.

Tot de avond ontliepen we elkaar, toen kwam hij weer de veranda op waar ik zijn Winstons zat te roken. We zaten een poosje naast elkaar naar de donker wordende gele en rode vegen in het westen te kijken. 'Wist je dat mijn vader mij heeft opgezocht nadat jij en je moeder waren vertrokken?' vroeg hij. Ik draaide me om en keek hem aan.

In 1985 of 1986, dat wist hij niet meer, had hij een brief van Vasili gekregen. Vijftien jaar stilte was te lang, schreef

Vasili, het was niet goed als een vader en zoon als vreemden voor elkaar leefden. Aan het eind van de brief schreef hij dat hij een paar weken later naar Moskou zou komen, en hoopte dingen met hem te bespreken en zijn verontschuldigingen aan te bieden. 'Je liefhebbende vader,' sloot Vasili af. Mijn vader herlas de brief een paar keer, maar hij schreef niet terug.

Ondertussen was hij verhuisd van het huis waar hij met mij en mijn moeder had gewoond naar een groter appartement in het gebouw ernaast, wat Vasili niet wist. (Zijn brief lag boven op de brievenbussen.) Op de ochtend van zijn bezoek belde een buurman bij mijn vader aan. 'Er staat een oude man voor je vorige huis die op zoek is naar jou,' zei hij. Mijn vader stopte even met vertellen om een nieuwe Winston op te steken. 'Ik had alleen maar de binnenplaats hoeven over te steken,' ging hij verder. 'Hij stond op nog geen honderd meter te wachten. Ik trok mijn jas een paar keer aan en uit, liep heen en weer, rookte een heleboel sigaretten. Uiteindelijk ben ik niet naar hem toegegaan. Ik kon het niet. Het was alsof een onzichtbare hand me tegenhield. Later hoorde ik dat papa bijna de hele dag had staan wachten, in het portiek. Daarna heb ik niets meer van hem gehoord.'

Het was de eerste keer dat ik mijn vader hem 'papa' hoorde noemen en het wrong, alsof hij voor het eerst toegaf dat ze familie waren. Ik begreep dat het verhaal een handreiking van mijn vader was: niet helemaal wat ik wilde, maar wel iets echts. We spraken nog een tijdje over andere dingen, totdat hij naar bed ging. Ik bleef buiten en keek hoe de rook van mijn sigaret naar boven kringelde in het licht van de verandalamp en daar tussen de uitzinnige motten verdwaalde. Ik dacht aan Vasili in het kale betonnen portiek dat ik als kind had gekend: een voormalig KGB-officier, halverwege de zeventig, die in zijn geperste pak op zijn van hem vervreemde zoon stond te wachten. En ik dacht aan mijn vader, die zich, ijsberend met een sigaret in zijn hand, afvroeg aan welke aanvechting hij moest toegeven na al die jaren van elkaar gescheiden te zijn geweest. Die 'onzichtbare hand', die kende ik trouwens ook. Ik moest aan de ontelbare momenten denken dat ik mijn vader iets had willen vragen of vertellen, of gewoon zijn stem wilde horen, maar dat de hand – de neerslag van decennia pijn, teleurstelling en woede – me tegenhield om zijn nummer in te toetsen. En toen ik probeerde te bedenken wat ik in zijn plaats gedaan zou hebben op die morgen in 1985 of 1986, wist ik het tot mijn verbazing niet.

Die nacht had ik de droom weer. Ik sta voor ons zomerhuisje in Stepanovskoje en houd me vast aan het blauwe hekje dat langs de onverharde weg loopt waar ik water uit de put haalde en voor het eerst op een fiets zat, en ik kijk naar het lamplicht achter de groene luiken. Ik ruik de dennenbomen en de rook van de houtkachel van mijn overgrootmoeder, ik hoor Ljoedmila Andrejevna in de tuin van de buren bij haar bessenstruiken zingen, en ik zie de combine in het korenveld ver weg. Als ik nu eens wakker kon worden in deze droom, dan zou ik opgelucht zijn om weer in het dorp te zijn zoals het toen was: de gelukkigste plek uit mijn kindertijd. Maar ik word niet wakker, nooit, en het geblaf van de buldog achter het hek grijpt me bij de strot van angst. Mijn moeder, mijn vader, Tamara en Maria Nikolajevna zitten binnen en ik wil ze zo graag zien, dus gooi ik net als elke keer het hek open en vlieg naar de deur, en de buldog stort zich op mij en gromt achter mijn schouder.

Ik werd schreeuwend wakker. Het was nog nacht, maar tot mijn verbazing was er een lampje aan en zat mijn vader op de rand van mijn bed. 'Je praatte in je slaap,' zei hij, 'en toen schreeuwde je.' Ik keek hem aan. 'Sorry,' zei ik, wat een beetje absurd klonk. Ik voelde mijn hart nog in mijn oren bonken. Mijn vader keek me onderzoekend aan, met zijn ogen vergroot door zijn leesbril. 'Toen ik klein was en we in Moskou woonden, praatte je grootvader ook in zijn slaap,' zei hij. 'Soms schreeuwde of huilde hij, en dan maakte je oma hem wakker en praatte tegen hem tot hij weer in slaap viel.' Hij dacht even na. 'Ik luisterde naar hen van achter het kamerscherm. Nu net klonk je precies als hij.'

Met zijn bril op en zijn gebit uit zag mijn vader er ouder uit dan ooit. Hij schikte de deken over mijn benen, wenste me welterusten en kroop weer in zijn eigen bed. Ik knipte de lamp uit. Een paar tellen lang hoorde en zag ik helemaal niets. Aan de Wolga zijn de nachten pikdonker, en de vogels waren nog niet wakker. Toen hoorde ik mijn vader woelen en draaien in zijn bed. We lagen daar nog een hele tijd, alleen met onze gedachten, totdat we door slaap werden overmand.

DANK

Bij het schrijven van dit boek heb ik zwaarder geleund op andermans bemoediging, goede raad, gunsten, uitgestoken hand, kookkunsten, geduld en tijd dan me lief is. Ik heb een behoorlijke schuld opgebouwd. Dit boek zou er niet zijn gekomen zonder John Jeremiah Sullivan, de eerste die zei dat deze verhalen de moeite van het opschrijven waard waren, en die zo vriendelijk was om me voor te stellen aan mensen die me hebben geholpen er een boek van te maken. Dankzij Joel Lovell en Jim Nelson van *GQ* kon ik naar Vasili reizen. Nathan Lump van *T* stuurde me op visvakantie. Doug Dibbern heeft geholpen het materiaal vorm te geven, meegelezen met de vele kladversies, tijdens het schrijven zijn lijden stoïcijns gedragen en onschatbare aanmoediging, goede raad en steun geboden. Dank je wel, Doug.

Andy Ward, mijn redacteur bij Random House, is degene die dit boek op het droge heeft getrokken. Dankzij zijn meesterlijke redactie en onvermoeibare enthousiasme – en niet te vergeten zijn geduld, grootmoedigheid en zijn talent om eerlijk de waarheid te zeggen – was het een plezier om met hem samen te werken. Iedere schrijver die met Andy mag werken, is een geluksvogel. Bij Random House wil ik verder nog mijn dank betuigen aan Daniel Menaker, Jennifer Hershey, Chayenne Skeete, Craig Adams, London King, Ayelet Gruenspecht, Jordan Pace en Anna Bauer.

Jin Auh, sinds jaar en dag mijn agent en vriendin, heeft zich opgeworpen als redactrice, pleitbezorger en beschermvrouwe. Ik ben dol op haar. Bij The Wylie Agency wil ik verder graag Tracy Bohan, Sarah Watling, Sarah Chalfant en Andrew Wylie bedanken. En dank jullie wel, Bea Hemming en Dan Franklin van Jonathan Cape.

Hartelijk dank aan de briljante en uitbundige Andrew Chaikivsky, die zo formidabel is in het ontdekken van foutjes, opvultekst, aannamen en luie logica dat het bijna griezelig is. Hij heeft er een veel beter boek van gemaakt.

Ik ben de MacDowell Colony, Yaddo, Writers Omi in Ledig House, Summer Literary Seminars en Brooklyn Writers Space zeer erkentelijk voor het voorzien in tijd, ruimte en schouderklopjes toen ik die het hardst nodig had. In het bijzonder bedank ik Elaina Richardson, Candace Wait, Christy Williams, Michael Blake, David Macy, D.W. Gibson, Mikhail Iossel, Soren Stockman, Ann Ward, Scott Adkins, Erin Courtney en Jennifer Epstein.

Het manuscript is ook beter geworden dankzij de oplettendheid van een aantal meelezers die ik zeer erkentelijk ben, onder wie Alex Chasin, M.T. Connolly, Anne Fadiman, Boris Fishman, Elizabeth Kendall, Larry Krone, Michael Lowenthal, Lena Mandel, Maryse Meijer en Devika Rege. Olivia Laing heeft, als liefdevolle, bemoedigende rots in de branding, verschillende fasen van het manuscript doorgelezen en me laten profiteren van haar messcherpe blik en onberispelijke smaak. Donald Antrim heeft voorzien in een riante hoeveelheid advies, gesprekken en troost in zware tijden. Simon Sebag Montefiore, Stephen Kotkin, Dovid Katz en wijlen Richard Pipes hebben historisch perspectief en cruciale verbanden aangedragen. In de loop der jaren heeft Boris Kerdimun persoonlijke herinneringen aan Moskou in de jaren veertig met me gedeeld, naast zijn toegewijde, warme vriendschap. En wijlen Pjotr Degtjarov, die zeer wordt gemist, heeft me door Rusland en Oekraïne geloodst met een goed humeur en een vriendelijkheid om nooit te vergeten.

Een boek schrijven is een teamprestatie in de ware zin van het woord, en ik wil graag de vrienden bedanken die voor me gezorgd hebben en me aangemoedigd hebben, met grote en kleine gebaren, tijdens deze titanenarbeid: Nick Abadzis, Hilton Als, Jim Andralis, Christian Barter, Cris Beam, Marcelle Beck, Jonathan Blessing, Ester Bloom, Paul Boyer, Colette Brooks, Alan Burdick, Brooke Costello, Stanley Crouch, Kyle DeCamp, John DeVore, Lisa Dierbeck, Becky Doggett, Jeff Drouin, Laurel Farrin, Aaron Foster, Ian Frazier, St. John Frizzell, Eric Gagne, Mary Goldthwaite-Gagne, Donald Gray, Rahul Hamid, Trish Harnetiaux, Maya Jasanoff, Alexander Kopelman, Jessica Lamb-Shapiro, Michael Lashutka, Michael Lavorgna, Benjamin Lorr, Tamar Lusztig, Mitch McCabe, Richard McCann, Kathleen McIntyre, John McManus, Stephen Mejias, Hugh Merwin, Tsz Yan Ng, Garrett Oliver, Heidi Parker, Michelle Radke, Tejal Rao, Yasmil Raymond, Herb Reichert, Ragan Rhyne, Alex Rose, Karen Rush, Andrew Schulman, David Seubert, Sumakshi Singh, Andrew Solomon, Wells Tower, Ellie Tzortzi, Vint Virga, David Walker, Angela Watson, Anthony Weigh, Dave Wondrich, John Wray en Wendy Xu.

Jonathan Allen heeft de stijl van dit boek met eindeloos geduld en zorg gepolijst, het boek grondig gelezen en cruciaal redactioneel advies gegeven. In de loop der jaren heeft mijn stiefvader Vitaly Komar me veel over ons vroegere vaderland geleerd. Mijn halfzusje Maria Tsjerkassova heeft waardevolle inzichten over onze familie met me gedeeld. Dit boek noch ikzelf zou er zijn zonder mijn moeder, Anna Halberstadt, dankzij wie veel van het materiaal ging leven en die me vanaf het begin met dit project heeft bijgestaan. Ik heb zoveel aan haar te danken, en aan de andere hoofdrolspelers van dit boek, mijn overleden grootouders Raisa en Semyon Galbershtad, Tamara Kamysjova en Vasili Tsjernopyski en mijn vader Vjatsjeslav Tsjernopyski dat ik het liefst gewoon wil zeggen: спасибо.

FOTOVERANTWOORDING

Pagina 13, 26, 32: familiefoto's; pagina 38, 46 en 50: familiefoto's; pagina 69: foto van de auteur; pagina 71: familiefoto; pagina 81: familiefoto; pagina 86: foto van de auteur; pagina 99 en 101: familiefoto's; pagina 103, 104 en 106: foto's van de auteur; pagina 111, 113, 125, 132 en 133: familiefoto's; pagina 151: Unter der Linden, foto van William Vandivert; pagina 158, 161, 164, 175, 177, 183, 189 en 192: familiefoto's; pagina 208, 209, 210 en 212: foto's van de auteur; pagina 221, 223, 228, 231, 233, 236 en 254: familiefoto's; pagina 264: Brezjnev en Ford, David Hume Kennerly, Gerald R. Ford Presidential Library and Museum, publiek domein; pagina 287 en 298: familiefoto's; pagina 329, 337, 350, 351, 352, 354, 363, 366 en 368 foto's van de auteur.

Wij zijn toegewijd aan de schrijver
Wij vinden boeken een eerste levensbehoefte
Wij zijn een onafhankelijke uitgeverij
Wij doen aan boeken, niet aan content
Wij doen aan kwaliteit, niet aan schaalvergroting
Wij doen aan enthousiasme, niet aan algoritmen
Wij geven boeken uit die ertoe doen
Wij geloven dat literatuur de grenzen van de pagina overstijgt
Wij geloven in het belang van betrokken boekhandelaren
Wij geloven dat de lezer weet wat-ie wil

Uitgeverij Pluim